W0405095

Mauvais traitements

DELPHINE BAUER & ARIANE PUCCINI

Mauvais traitements

Pourquoi les femmes sont mal soignées

ÉDITIONS DU SEUIL
57, rue Gaston-Tessier, Paris XIXe

ISBN 978-2-02-143346-3

© Éditions du Seuil, octobre 2020

Le Code de la propriété intellectuelle interdit les copies ou reproductions destinées à une utilisation collective. Toute représentation ou reproduction intégrale ou partielle faite par quelque procédé que ce soit, sans le consentement de l'auteur ou de ses ayants cause, est illicite et constitue une contrefaçon sanctionnée par les articles L.335-2 et suivants du Code de la propriété intellectuelle.

www.seuil.com

Avant-propos

« Je suis une collectionneuse. » Géraldine ne retient pas un petit rire nerveux et lance un regard amusé à la ronde. De chaque côté d'elle, sur la banquette de ce café où nous la rencontrons, ainsi qu'à ses pieds, de gros sacs de courses. À l'intérieur, des dossiers en carton et des livres rouges, épais comme des bottins. Elle se saisit de l'un d'eux, avec un air gourmand, et tourne les pages chargées de petits caractères serrés. « Celui-ci date de 1977. Je peux vous dire que, pour lui, j'ai fait grimper les enchères sur internet. » Dans un autre sac, elle sort l'édition de 1982 puis celle de 1976 et les empile sur la petite table de bistro, manquant de renverser au passage sa tasse de déca vide, avalé d'un trait il y a deux heures, au début de cette discussion. « Regardez celui-ci… en 1976, c'était vraiment "roule ma poule" pour tous les médicaments, pas une seule contre-indication ou d'effet indésirable ! La France était la risée des autres pays pour ça. De la pub pour les labos, rien de plus. Ça craignait… » Le nez dans les pages, elle se délecte, semble-t-il, de cet austère alignement de notices posologiques, de cet imposant ouvrage que tout bon médecin de famille se devait d'exposer sur les étagères de son cabinet médical, avant l'ère d'internet : le dictionnaire Vidal. La bible des médicaments, le recensement exhaustif de ce qu'il est possible de prescrire aux patients français, le dictionnaire des spécialités depuis 1914, précisant indication, dosage, posologie, voie d'administration… « Dans l'édition de 1977, ils expliquent même en introduction que c'est enfin devenu un "vrai dictionnaire", du sérieux quoi. »

Du sérieux, donc, grâce à Jean-Pierre Bader, directeur de cabinet de Simone Veil, alors ministre de la Santé sous Valéry Giscard d'Estaing. Le pharmacologue avait obtenu de faire réformer le dictionnaire pour y voir figurer les effets secondaires et les contre-indications des médicaments. Car le Vidal était jusqu'en 1976 écrit sous la dictée des laboratoires pharmaceutiques, raconte la collectionneuse. « Et là, en 1977, vous voyez qu'ils ont eu chaud, se marre Géraldine qui agite des feuilles volantes glissées entre les pages. On dirait qu'ils ont mis des ajouts d'effets secondaires un peu en catastrophe cette année-là. »

Cette passion de Géraldine pour les dictionnaires Vidal peut paraître excentrique tant qu'on n'a pas pris le temps d'écouter son histoire. Depuis qu'on lui a diagnostiqué à 19 ans une tumeur au cerveau provoquant des crises d'épilepsie, sa vie, telle qu'elle nous la raconte ce soir de janvier, ressemble à une triste litanie de graves problèmes de santé, de prescriptions, d'effets secondaires, d'embrouilles médicales, d'invraisemblables coups du sort. Bien avant les Vidal, Géraldine a ainsi collectionné les notices de tous les médicaments anticonvulsivants qui lui ont été prescrits. « Je pense que je les ai tous essayés. » Elle fait mine de fanfaronner : « Les effets secondaires, ça me connaît ! »

Géraldine, abrutie par l'effet des médicaments, a lutté pour décrocher son DEUG à la fac d'anglais car il lui était parfois « impossible de tenir quatre heures éveillée sur une feuille de partiel ». Les traitements l'épuisent, elle maigrit, beaucoup, et ne pèse plus que 43 kg. « La seule explication des médecins était l'anorexie alors que je mangeais très bien. » Et malgré tout, les crises d'épilepsies se répètent – parfois six en une seule journée – jusqu'à ce qu'elle « négocie » avec un neurochirurgien de se faire opérer. « Je n'en pouvais plus des médicaments. »

L'intervention a enfin lieu et lui offre une première trêve. Une vie « normale » d'adulte débute : elle réussit à boucler des études dans les ressources humaines, et à décrocher un premier emploi dans la banque. Au bout de six ans pourtant, les crises reprennent, et elle doit subir une nouvelle intervention chirurgicale. Géraldine se voit alors prescrire un traitement minimal. À 34 ans, elle apprend qu'elle est enceinte. Sa pilule contraceptive, qu'elle a prise scrupuleusement chaque jour, n'a pas fonctionné sous l'effet de son anticonvulsivant. Avec son conjoint, ils décident de garder l'enfant. À 26 semaines d'aménorrhée, elle accouche brutalement d'une petite fille. Grand prématuré, le bébé risque de souffrir de graves atteintes dont certaines pulmonaires. « Mon compagnon et moi décidons de ne pas maintenir notre fille en vie pour ne pas qu'elle souffre. ».

Géraldine replonge dans le Vidal de 1976, à la lettre D, comme Distilbène. « Ah bien oui, évidemment, là non plus il n'y a rien… » Dans ces gros livres rouges, Géraldine semble relire sa propre histoire. L'exemplaire qu'elle feuillette a été publié deux ans après sa naissance. En 1974, quand la mère de Géraldine est enceinte d'elle, son médecin généraliste lui prescrit du diéthylstilbestrol (ou DES) commercialisé sous le nom de Distilbène, comme à 160 000 autres Françaises entre 1950 et 1977. Le médicament doit prévenir les fausses couches que la mère de Géraldine a déjà eues, à répétition. En 1977, le médicament est contre-indiqué chez la femme enceinte en France (il l'était déjà en 1971 aux États-Unis). Et dès 1983, la gynécologue Anne Cabau révèle les effets du médicament sur les « filles DES », exposées *in utero* : risques de cancer de l'utérus et du sein accrus, malformations génitales entraînant une infertilité. « Vous avez un utérus typique des filles DES, lâche à Géraldine l'obstétricienne qui l'a accouchée en urgence quelques jours plus tôt. Votre col de l'utérus est trop petit, vous n'auriez jamais pu mener cette grossesse à terme, comme ça. Personne ne vous a prévenue ? » La trentenaire manque de tomber de sa chaise. Sa mère lui confirme alors qu'elle a bien pris la molécule quand elle l'attendait.

À ce moment du récit, Géraldine semble hésiter. La croit-on ? Elle sort alors des dossiers, des photocopies, des papiers administratifs de ses gros sacs de courses, et poursuit sans perdre le fil de son récit. On s'enfonce avec elle dans des épisodes encore plus rocambolesques, faits d'une nouvelle tentative de grossesse, de contractions anormales, de douleurs tues puis vite devenues insupportables, d'un obstétricien trop pressé de prendre un avion pour l'ausculter, d'un cerclage du col de l'utérus pour contenir son fœtus qui finit par céder, suivi d'une infection de la poche utérine, de saignements, de l'obligation de retourner au boulot malgré ses demandes de congés maternité (et alors que la loi le permet aux filles DES enceintes). Géraldine perd sa seconde fille, à 22 semaines d'aménorrhée. Un drame de plus qui ne stoppe pas la série des désastres : une nouvelle grossesse sous pilule, un avortement expédié lors de sa pause déjeuner, des dossiers médicaux bizarrement amincis ou noyés dans l'improbable inondation d'un sous-sol d'hôpital, et des batailles menées avec d'autres femmes dans des associations de « victimes de médicaments », le Réseau DES France dont elle est pendant trois ans administratrice puis représentante d'usager en milieu médical, et qui défend les femmes exposées au Distilbène in utero, l'Apesac aux côtés des mères épileptiques sous anticonvulsivants pendant leurs grossesses. Elle milite également auprès d'associations féministes notamment contre les violences gynécologiques.

Géraldine déroule les événements, résignée, elle finit par en rire par moments. « Vous n'allez pas me croire », dit-elle avant d'annoncer un prochain rebondissement. Aujourd'hui, Géraldine, 46 ans, a renoncé à avoir un enfant, redoutant les effets d'une stimulation hormonale préliminaire à une fécondation *in vitro*, craignant les risques de malformation et de développement de troubles autistiques sous anticonvulsivants, des conséquences du Distilbène sur la santé de ses propres enfants maintenant qu'il est établi que le médicament provoque des atteintes sur la troisième génération. « Mais je vais bien, je dors bien, c'est peut-être ça l'avantage de se donner autant dans les associations de victimes », assure-t-elle.

Quelle probabilité avions-nous de rencontrer une femme qui a traversé autant de problèmes avec des médicaments alors que nous débutions tout juste notre enquête ? Une chance infime ? L'avenir nous a donné tort de croire cela. Elles s'appellent Marielle, Isabelle, Laurence, elles ont, elles aussi, accumulé des histoires d'intoxication, parfois sur plusieurs générations. Elles s'appellent aussi Marine, Emmanuelle, Solange, elles ont suivi une prescription, pris un médicament pour se soigner, mais leur vie a basculé. Une brisure bien souvent suivie ou accompagnée d'un mépris, parfois de maltraitances médicales, de précarité professionnelle, parfois de divorce, de solitude dans le combat et de partage avec d'autres victimes. Nous avons collecté ici leurs témoignages. Ces pages racontent par quels mécanismes elles en sont arrivées là, dans cette incroyable accumulation de malheurs.

À la lecture de l'ouvrage, il s'agira de regarder ce cachet, cette pilule, cette bouteille de sirop, rangés en bonne place dans nos armoires à pharmacie, pour ce qu'ils sont : non pas des objets neutres, censés tous nous soigner de la même manière, mais des produits pensés par les hommes, pour les hommes, et prescrits, commercialisés, encore aujourd'hui par une majorité d'hommes. Et quand ce sont les femmes qui les ingèrent, les bénéfices et les risques des médicaments ne sont plus les mêmes. Au-delà des différences biologiques qui sont étrangement occultées dans la conception des médicaments, c'est tout un système de santé, inscrit dans la société d'aujourd'hui, qui participe à ces inégalités qu'il faut examiner pour comprendre pareille coïncidence dans les vies de tant de femmes, cette plus grande toxicité des médicaments chez elles.

Il n'est pas question ici de remettre en cause l'utilité des médicaments, mais d'entrevoir des pistes d'amélioration d'une prise en charge de cette autre moitié de l'humanité que constituent les femmes. Et pas uniquement autour d'enjeux de santé reproductive à laquelle la santé des femmes est souvent réduite, mais dans tous les aspects de leur santé, à tous les âges de leur vie.

PREMIÈRE PARTIE

Donner corps à l'imperceptible

1

Si nombreuses… et pourtant invisibles

> « Une coïncidence n'est qu'une explication qui attend son heure. »
>
> Kate Atkinson, *La Souris bleue.*

« Oui, c'est vrai… maintenant que vous le dites… » Dans l'élégant cabinet parisien de l'avocat Charles Joseph-Oudin, un ange s'est invité dans la conversation. Il passe furtivement, laissant cet avocat, spécialisé dans la défense des victimes des effets secondaires des médicaments, tout à sa réflexion. Quel étrange hasard. Quelle évidence, en fait. Elle s'étalait pourtant quotidiennement sous ses yeux, posée là sur les étagères de son bureau : plusieurs milliers d'imposants dossiers barrés de lettres capitales, formant le nom des plaignants. Des plaignantes, plus précisément, dans la très grande majorité des cas. Il n'avait jamais vraiment porté attention à cette coïncidence. Elle n'avait jamais suscité, jusqu'à cet après-midi d'automne 2017, lorsque nous commençons cette enquête et, huit années après qu'il a défendu ses premières affaires, le moindre étonnement de sa part. L'avocat semble presque contrarié que cet état de fait lui soit passé sous le nez et qu'il le nargue ce jour-là sans qu'il puisse l'expliquer. Pourquoi la majorité de ses clients sont-ils des femmes ? Et dans un sursaut, son visage s'éclaire. « Parce que beaucoup d'affaires que je défends sont liées à des médicaments qui ne sont destinés qu'à des femmes », lâche-t-il, soulagé d'avoir trouvé une explication, et peut-être, d'avoir évacué toute idée de complot ourdi contre les femmes par l'industrie pharmaceutique ou même par les hommes qui restent majoritaires parmi les médecins, pharmaciens et chercheurs. Si les femmes forment le gros des bataillons des victimes des effets secondaires des médicaments, c'est simplement une affaire de probabilité, pense-t-il : elles consomment plus de médicaments, il serait donc logique qu'elles en soient les premières victimes. Pourtant le constat embarrasse toujours l'avocat, à moitié convaincu par sa propre analyse. « C'est vrai, les femmes restent les plus exposées », ajoute-t-il.

Chez Georges-Alexandre Imbert, président de l'Association d'aide aux victimes des accidents des médicaments (AAAVAM) en revanche, pas une once d'hésitation : « Oh oui, elles sont nettement plus nombreuses que les hommes parmi nos adhérents ! » Parole d'expert. L'homme a déjà vu passer des milliers de dossiers de victimes, pendant toutes ces années de batailles judiciaires pour faire reconnaître leurs préjudices. Dans un appartement envahi de dossiers médicaux venus de toute la France, il poursuit sa croisade, inlassablement, quand d'autres, à son âge, profiteraient d'une paisible retraite. Un engagement personnel, dévoué à ces milliers de petits David, face aux très puissants Goliath industriels. Pour celles qui représentent 70 % des effectifs de l'association et qu'il aide sans relâche, il a pourtant ce mot qu'il lance, mi-goguenard mi-sérieux : « Vous savez, les femmes ont tendance… un peu… comment dire… à être hypocondriaques, à se plaindre plus facilement que les hommes. »

Puis l'idée fait son chemin, à l'autre bout de la ligne téléphonique, avant qu'il n'ajoute : « Remarquez, je vais vous dire, je suis convaincu que ma mère, elle-même, a été victime d'un médicament, il y a quarante ans. Une mort subite à la suite de la prise d'un antihypertenseur. Personne n'a pu l'expliquer, mais je pense que c'est à cause du médicament. »

« Mais dis donc Annie, tu te rends compte ? Mediator : des femmes. Levothyrox : des femmes. Prothèse PIP : des femmes... Je n'avais jamais fait attention ! » Gérard Bapt, cardiologue, ancien député de Haute-Garonne et premier responsable politique à avoir soulevé l'affaire du Mediator, en tomberait presque des nues. Il est pourtant un observateur averti des récents scandales sanitaires, notamment pour avoir été membre du groupe d'étude « Santé environnementale » qu'il présidait à l'Assemblée nationale. Mais il n'avait jamais prêté attention à l'étonnant dénominateur commun à toutes ces affaires : les femmes. Dodelinant de la tête, prenant à témoin sa voisine de café où nous le rencontrons, il n'en revient pas.

Quelques semaines plus tard, nous le retrouvons à nouveau pour poursuivre notre échange. Visiblement taraudé par ce constat, l'élu lâche : « J'ai eu beau chercher une seule affaire qui n'ait concerné que les hommes, je ne vois pas. » Il en existe pourtant une, celle mettant en cause le Propecia (Finasteride), un traitement contre la calvitie qui causerait des dépressions voire des idées suicidaires. Il a été prescrit à 30 000 hommes en France. Une très regrettable goutte d'eau face, cependant, au déferlement des médicaments dont les effets secondaires n'ont concerné que les femmes.

« À toute première vue, ma première réaction : ça nous étonne cette proportion de femmes... que ce soit aussi disproportionné. Mais on n'a pas pris le temps de consulter la littérature. La question se pose », admet Bruno Toussaint, directeur de la rédaction de la revue *Prescrire*. Même au sein de cette rédaction reconnue pour son regard critique sur l'industrie pharmaceutique, la question alerte sans avoir fait l'objet de recherche.

De toute part, la présence des femmes comme principales victimes des effets secondaires désarçonne malgré les évidences. De ces constats, en France, découlent des interrogations laissées jusqu'ici sans réponses. C'est un phénomène bien souvent invisible, y compris pour les associations de victimes, avocats, chercheurs et médecins que nous avons interrogés, malgré la couverture médiatique de ces affaires : les « patients » ou les « victimes », évoqués par les autorités sanitaires ou dans les médias, cachent bien souvent une majorité de patientes qui subissent en plus grand nombre les effets secondaires des médicaments. Et pour s'en convaincre, il suffit déjà de faire un retour en arrière, sur les soixante dernières années pendant lesquelles a éclos une industrie pharmaceutique prospère, en même temps que de nombreux scandales sanitaires. Des plus anciennes aux plus récentes en passant par les plus retentissantes, les plus grandes affaires impliquant des médicaments ont ainsi touché, en premier lieu, des femmes, majorité silencieuse des victimes en France.

L'actualité n'en finit pourtant plus d'égrainer les scandales pharmaceutiques et quasiment à chaque fois, la proportion des femmes parmi les victimes devrait affoler les autorités ou la communauté scientifique.

Prenons la polémique la plus récente, celle de l'Androcur. Ce traitement hormonal est suspecté de provoquer des tumeurs au cerveau, qui peuvent se révéler cancéreuses dans environ 20 % des cas, mais dont le traitement par chirurgie n'est pas sans conséquences. Prescrit depuis 1980 contre l'hirsutisme et dans le traitement du cancer de la prostate, mais aussi hors AMM (autorisation de mise sur le marché) contre l'alopécie, l'acné ou encore comme contraceptif, le scandale n'éclate qu'aujourd'hui. 80 % des patients qui se sont vu prescrire ce médicament étaient des femmes, alors que le médicament était à son origine conçu pour soigner les hommes.

Quelques mois plus tôt, le scandale du Levothyrox constitue un autre exemple frappant, soulevant les protestations de milliers de patients sur les réseaux sociaux et à travers toute la France. Le changement de formule du médicament, fin mars 2017, prescrit en cas d'hypothyroïdie, provoquerait de nombreux effets secondaires (grande fatigue, perte de cheveux, douleurs musculaires, troubles digestifs) et parfois engendrerait des conséquences plus graves. En effet, les associations de malades considèrent que le changement de formule a causé 14 morts. Ce qu'a démenti la ministre de la Santé d'alors, Agnès Buzyn, en estimant que le lien de causalité n'avait pas été établi. En attendant, parmi les victimes de ces effets qui rendent parfois la vie littéralement insupportable, 85 % sont des femmes, selon la Direction générale de la santé[1].

Il y a plus de dix ans, une autre affaire, sans doute la plus médiatisée de cette dernière décennie, secouait les autorités sanitaires françaises : celle du Mediator. Le médicament a été prescrit entre 1976 et 2009 à des malades du diabète… et dans une vaste majorité des cas à des patientes. Une note de la CNAMTS (Caisse nationale de l'assurance maladie des travailleurs salariés) de novembre 2010 parle de 72 % de patientes[2]. Parmi elles, de nombreuses femmes y ont eu recours comme coupe-faim, loin de son usage thérapeutique d'antidiabétique. Pour avoir cherché à perdre, pour certaines, quelques kilos superflus, elles ont été exposées à des effets secondaires quelquefois graves, le Mediator provoquant des maladies cardiaques, parfois mortelles, comme les valvulopathies et des hypertensions pulmonaires artérielles. Au total, le médicament aurait pu tuer entre 1 300 et 1 800 personnes en France, selon le rapport de l'expertise judiciaire sur le Mediator[3].

Thalidomide et Distilbène : ces deux molécules ont laissé leur trace dans les annales du médicament et ont donné naissance, ou profondément réformé, la pharmacovigilance moderne tant à chaque fois le traumatisme a été grand. Le Thalidomide, cet

1. Direction générale de la santé, Communiqué de presse, « Comité de suivi des médicaments à base de levothyroxine », cinq médicaments sont désormais disponibles en France pour les patients, 2 mai 2018.

2. A. Weill, M. Païta, P. Tuppin, M. Piolot, « Benfluorex, valvulopathies cardiaques et décès », Caisse nationale de l'assurance maladie, Paris, rapport du 29 septembre 2010, adressé à l'Afssaps le 28 septembre 2010.

3. « Le Mediator aurait fait jusqu'à 1 800 morts », AFP, 12 avril 2013.

antinauséeux prescrit partout dans le monde (sauf en France, pour des raisons de lenteur administrative) aux femmes enceintes entre 1957 et le début des années 1960, comme le Distilbène, dans les années 1970, censé empêcher les fausses couches et les nausées pendant la grossesse, ont ainsi donné leur nom à des générations de victimes. Car les femmes à qui ont été prescrits ces médicaments ont exposé *in utero*, sans le savoir, leurs bébés à ces molécules nocives. Aujourd'hui, le risque d'un empoisonnement du fœtus est toujours d'actualité, avec l'affaire de la Dépakine, cet anticonvulsivant administré à des femmes bipolaires ou épileptiques depuis 1967, qui ont donné naissance à des enfants présentant des troubles cognitifs ou autistiques.

Autre affaire retentissante : le Vioxx. Un antidouleur délivré entre 1999 et 2004 qui présentait le bénéfice, par rapport aux molécules déjà sur le marché, de ne pas provoquer d'ulcères gastriques. Le médicament mis sur le marché en un temps record, aussi bien aux États-Unis qu'en France, aurait causé selon les investigations de chercheurs américains entre 26 000 et 55 000 morts rien qu'outre-Altantique. L'affaire avait provoqué l'indignation et révélé les faiblesses des autorités sanitaires face à un laboratoire, Merck, qui avait occulté les dangers de la molécule. Alors que le médicament aurait été prescrit autant aux hommes qu'aux femmes, il s'avère pourtant que les risques de développer des troubles cardiaques suite à la prise du Vioxx augmentaient de 28 % chez l'homme… et de 218 % chez la femme[1].

Dans chacune de ces affaires, les femmes ont été les premières impactées. Comment expliquer cette étrange coïncidence ? Ne faut-il y voir qu'un simple effet de loupe médiatique ? C'est d'autant plus difficile à croire qu'en plus de ces affaires retentissantes, d'autres médicaments, moins connus, font aujourd'hui l'objet de procès, sans être au cœur de l'attention médiatique,

1. J. Kelly, « Vioxx hearing raises questions about what Merck knew and when », *Medscape*, 25 novembre 2004.

tels que le Roaccutane (contre l'acné, prescrit dans trois cas sur quatre à des femmes), l'Agréal (prescrit pour diminuer les bouffées de chaleur dues à la ménopause), ou encore Essure, un dispositif de contraception définitif qui est aujourd'hui attaqué par de nombreuses patientes.

Une inégalité déjà quantifiée scientifiquement

Ce constat, qui a aussi été fait ailleurs dans le monde, a suscité, plus qu'en France, des interrogations, des observations et même des investigations plus poussées.

Aux États-Unis, le constat a été fait dès 2001 par le Government Accountability Office[1], l'équivalent de la Cour des comptes américaine. Les agents de l'institution en charge de la surveillance des administrations fédérales constataient ainsi qu'entre 1997 et 2001, sur les 10 médicaments retirés du marché américain, 8 l'étaient car ils causaient plus de dommages chez les femmes que chez les hommes. Parmi ces produits, 4 étaient plus prescrits aux femmes. Les 4 autres étaient prescrits aux hommes autant qu'aux femmes mais causaient plus d'effets secondaires chez ces dernières. Et parmi les deux derniers médicaments écartés du marché, l'un appartenait à une classe de médicaments, les antibiotiques fluoroquinolones, « connue pour causer de plus grands risques chez les femmes », selon le rapport, même si les signalements qui ont contribué au retrait du médicament n'indiquaient pas une surreprésentation des femmes.

Ailleurs, et notamment en Europe, d'autres études mettent en évidence de possibles effets secondaires plus nombreux chez les

1. United States General Accounting Office, « Drug safety : Most drugs withdrawn in recent years had greater health risks for women », 19 janvier 2001.

femmes. Ainsi en Allemagne[1], une étude datant de 2008 a permis d'observer une plus grande proportion de femmes victimes d'effets secondaires. Elle montrait ainsi que « le sexe féminin apparaît comme étant un facteur potentiel de risque pour les effets indésirables des médicaments ». Ainsi, sur 2 371 patients suivis dans deux hôpitaux allemands et un hôpital israélien, 782 avaient subi les effets secondaires d'au moins un médicament. Parmi ceux-ci, les chercheurs ont constaté que la fréquence des effets indésirables chez les femmes est 50 % plus élevée que chez les hommes tous effets confondus ; et elle grimpe à près de 100 % pour les risques cardio-vasculaires.

Une étude publiée en 2016 par la célèbre revue scientifique *Nature*[2] a observé les effets secondaires chez les hommes et les femmes parmi les 668 médicaments prescrits dans le cadre des 20 schémas de traitement les plus fréquents aux États-Unis. Parmi ceux-ci, 307 médicaments ont des effets secondaires différents selon le sexe des patients. Des études portant sur des principes actifs ciblés ont aussi montré la plus grande réaction des femmes aux effets secondaires. Ainsi, 70 % des cas de torsades de pointe (une arythmie qui peut mener à un arrêt cardiaque) faisant suite à la prise d'un traitement contre les maladies cardio-vasculaires concernent les femmes. Elles seraient aussi plus nombreuses à cesser de prendre des anti-TNF (inhibiteur du facteur de nécrose cérébrale) contre des maladies inflammatoires intestinales, suite à une allergie à la molécule, assure une autre étude conduite par une équipe de chercheurs américains[3].

1. Y. Zopf *et al.*, « Women encounter ADRs more often than do men », *European Journal of Clinical Pharmacology*, avril 2008.

2. Y. Yu *et al.*, « Systemic analysis of adverse event reports for sex differences in adverse drug event », *Nature*, avril 2016.

3. Z. Zelinkova *et al.*, « Sex-dimorphic adverse drug reactions to immune suppressive agents in inflammatory bowel disease », *World Journal of Gastroenterology*, 18, 2012, p. 6967-6973.

En Angleterre[1], en 1998, les signalements d'effets secondaires en médecine de ville dans une population de plus de 500 000 patients ont été compilés. Les chercheurs anglais ont constaté que les femmes représentent 55,2 % des remontées de pharmacovigilance, et ont 60 % de risques supplémentaires que les hommes de présenter des effets secondaires.

Aux Pays-Bas[2], les chercheurs ont vu encore plus grand : ils ont carrément observé le nombre d'hospitalisations dans tout le pays qui faisaient suite à des réactions médicamenteuses, entre 2000 et 2005. Ainsi, ils ont pu constater que 57 % des patients hospitalisés pour des effets secondaires de médicaments étaient des femmes.

En France, nous n'avons recensé, pour l'heure, qu'une seule étude portant sur les effets secondaires chez les femmes et les hommes. Elle a été réalisée il y a dix-huit ans, en 2002, sur un petit millier de signalements enregistrés en 1998 par un seul centre de pharmacovigilance régional, celui de Midi-Pyrénées[3]. Les conclusions des pharmacologues abondent dans le sens de la littérature scientifique : « Le sexe féminin est un facteur de risque dans le développement d'effets secondaires », observent-ils. Et ils relèvent que 53,1 % des signalements ont été faits par des femmes. Même l'équipe de chercheurs en convient,

1. R. M. Martin *et al.*, « Age and sex distribution of suspected adverse drug reactions to newly marketed drugs in general practice in England : Analysis of 48 cohort studies », *British Journal of Clinical Pharmacology*, 46 (5), 1998, p. 343-346.

2. E. M. Rodenburg, B. H. C. Stricker et L. E. Visser, « Sex-related differences in hospital admissions attributed to adverse drug reactions in the Netherlands », *British Journal of Clinical Pharmacology*, 71, 2011, p. 95-104.

3. J. L. Montastruc *et al.*, « Gender differences in adverse drug reactions : Analysis of spontaneous reports to a regional Pharmacovigilance Center in France », *Fundamental and Clinical Pharmacology*, 2002.

l'étude et les questionnements soulevés par elle devraient être poursuivis, à une échelle plus vaste.

Si, en France, la donnée concernant la remontée des effets secondaires des médicaments chez les femmes est encore insuffisante, le centre de pharmacovigilance d'Uppsala, en Suède, émanation de l'Organisation mondiale de la santé, qui collecte l'ensemble des signalements d'effets secondaires de ses pays membres, l'a étudiée. La question a été scrutée une première fois en 2009 dans un mémoire écrit par une stagiaire du centre, Sarah Fridén. Bien que réalisée par une étudiante, l'analyse n'en soulève pas moins des questions intéressantes. Ainsi, l'auteure avait compilé les signalements de 82 pays partenaires du centre, entre 1998 et 2008. Dans les 49 pays qui ont collecté plus de 500 signalements, il était observé une même tendance : « une prédominance des femmes dans les signalements, entre 55 et 68 % ». Les trois seuls pays qui échappent à la règle sont, étrangement, la Macédoine, et moins étrangement, la Chine et l'Inde. Ces deux géants démographiques sont en effet connus pour leur déficit en femmes, conséquence de l'élimination encore trop fréquente de celles-ci à l'état de fœtus. Une étude pointe également qu'en Inde, les femmes ont plus difficilement accès au système de santé, et donc aux prescriptions médicales[1].

Le mémoire de Sarah Fridén établit une liste des 15 substances actives dont les signalements étaient, en proportion, les plus rapportés par les femmes. Celle qui arrive en tête du classement affiche 97,69 % des signalements rapportés par des femmes. Celle qui figure en dernière position totalise 83,65 % de signalements faits par des patientes. Bien sûr, on compte dans ce top 15 des substances actives qui composent des spécialités prescrites uniquement aux femmes, comme le miconazole qui entre notamment dans la composition de médicaments prescrits contre les mycoses vaginales,

1. N. Saikia *et al.*, « Gender difference in health-care expenditure : Evidence from India Human development survey », *PLoS One*, 2016.

avec 6 711 signalements de patientes (distribué en France sous le nom Gyno Daktarin). Figure en deuxième position, le misoprostol dont les signalements ont été faits par 93,86 % de femmes. Parmi les médicaments employant cette substance active, le Cytotec (nous y reviendrons dans le chapitre 4), utilisé pour le déclenchement des accouchements ou les interruptions de grossesses. Suite aux plaintes de trop nombreux effets secondaires, ce médicament a été retiré du marché français le 1er mars 2018. Plus surprenant, dans ce classement, apparaissent trois principes actifs employés dans des médicaments qui ne sont pas spécifiquement destinés aux femmes. Notamment, l'acide acétylsalicylique (l'aspirine) qui est à l'origine de quelque 107 signalements de femmes, contre 7 hommes. Dans des volumes plus significatifs en nombre de signalements, on note le trétinoïne, qui a fait l'objet de 1 852 signalements de femmes contre 255 faits par des hommes. La substance compose de nombreux médicaments (Effederm, Erylik, Ketrel, Locacid, Retacnyl ou Zanea) prescrits pour soigner l'acné.

Dix ans après la publication de ce mémoire de master, le centre de pharmacovigilance mondial a poursuivi ses investigations aux côtés de chercheuses de l'université d'Utrecht aux Pays-Bas et de la Women's College Research Institute de l'université de Toronto[1]. La nouvelle étude qui a été publiée en 2019 s'appuie sur l'analyse de 18 millions de déclarations de pharmacovigilance enregistrées par le centre entre 1967 et 2018, auprès de 131 pays membres du Programme international de pharmacovigilance de l'OMS. Cette seconde étude, plus poussée, confirme les premières observations faites par Sarah Fridén, et les affine.

Ainsi, à l'échelle mondiale, l'écart entre les effets secondaires rapportés par les femmes et ceux rapportés par les hommes est

1. S. Watson, O. Caster, P. A. Rochon et H. den Ruijter, « Reported adverse drug reactions in women and men : Aggregated evidence from globally collected individual case reports during half a century », *EClinicalMedicine*, octobre 2019.

marqué : 60,1 % des effets secondaires à travers le monde sont déclarés chez des femmes, contre 39,9 % chez des hommes. Cette plus grande représentation des femmes s'observe dans 96 % des 131 pays membres. Ici aussi, la Chine, l'Inde, la Macédoine mais encore Andorre ou le Sri Lanka font figure d'exception puisque les hommes y rapportent plus d'effets secondaires que les femmes.

Par classe d'âge, les femmes de 18 à 44 ans sont plus durement touchées, avec 66 % des effets secondaires rapportés chez celles-ci. Même si cela « correspond approximativement à la période de fertilité dans la vie des femmes », admettent les chercheuses, ces dernières n'imputent pas cette plus grande proportion de femmes parmi les victimes d'effets secondaires à l'exposition des contraceptifs. En effet, après avoir fait abstraction des signalements d'effets secondaires dus aux contraceptifs, les chercheuses comptabilisent encore 61 % d'effets secondaires chez les femmes âgées de 18 à 44 ans, à travers le monde.

Autre biais écarté par les chercheuses : l'importance des déclarations d'effets secondaires chez des femmes âgées qui seraient plus exposées car il leur serait plus souvent prescrit des cocktails médicamenteux. « Il est aussi suggéré que le grand âge combiné à des comorbidités entraînant une polymédication et des interactions médicamenteuses est un facteur important contribuant à un plus grand nombre de déclarations d'effets secondaires chez les femmes. Mais sur Vigibase (la base de données du centre de pharmacovigilance) en réalité, il y a une proportion légèrement inférieure de déclarations parmi les classes d'âge comprises entre 65 et 74 ans et chez les plus de 75 ans, respectivement et en comparaison avec les classes d'âge des 18-44 ans et 44-64 ans. »

Comme Sarah Fridén, les auteures relèvent que concernant les classes de médicaments[1] indiqués pour le traitement de maladies

1. ATC (Anatomical Therapeutic Chemical) : classification anatomique, thérapeutique et chimique des médicaments établie par l'OMS.

avec une forte prévalence chez les femmes, celles-ci sont sans surprise majoritaires parmi ceux qui rapportent des effets secondaires. Ainsi parmi ceux où les femmes constituent 80 % des déclarations, on note les « autres spécialités gynécologiques », les « médicaments de l'équilibre calcique » ou les « traitements de désordres osseux » (employés dans le traitement de l'ostéoporose dont souffrent davantage de femmes que d'hommes), les « thérapeutiques de la thyroïde » (les femmes présentent plus souvent des dérèglements thyroïdiens que les hommes). Plus étonnamment, parmi les déclarations d'effets secondaires de médicaments appartenant à la classe « médicaments utilisés contre l'obésité à l'exclusion des produits de régimes », 84 % des femmes rapportent des effets secondaires alors qu'elles sont autant affectées que les hommes par cette maladie, selon l'OMS[1].

Si les auteures de l'étude relèvent que les femmes sont plus nombreuses parmi ceux qui déclarent des effets secondaires, elles remarquent aussi que les hommes sont majoritaires lorsque les effets sont déclarés « sérieux » ou « mortels ». « Les raisons derrière cette plus grande proportion d'effets sérieux ou létaux chez les hommes dans la Vigibase ne sont pas claires. L'une d'entre elles serait que les femmes ont plus facilement accès aux services de soins, et qu'ainsi les effets secondaires seraient pris en charge plus tôt. »

Il est vrai que les femmes, par leur suivi gynécologique, mais aussi parce qu'elles ont plus souvent la charge de la santé de la famille, sont davantage en contact avec des services de santé. En France, pays qui « conserve une position élevée en termes de consommation de médicaments par rapport à ses voisins européens », selon Sylvain Pichetti et Catherine Sermet, respectivement maître de recherche et directrice adjointe de l'Institut de recherche et documentation en économie de la

1. https://www.who.int/fr/news-room/fact-sheets/detail/obesity-and-overweight

santé[1], et où 90 % des consultations médicales se concluent par une prescription médicamenteuse, les femmes ont de fortes chances d'être exposées aux effets secondaires des médicaments. Les auteurs notent ainsi que « les femmes ont une plus forte probabilité d'avoir consommé des médicaments – prescrits ou non – au cours des vingt-quatre dernières heures (52,5 % contre 35,5 % pour les hommes) ». Il semble alors logique que chez ces grandes consommatrices de médicaments, la probabilité soit plus grande de consommer des médicaments potentiellement dangereux.

En France, les femmes hors des radars

Mais qu'en est-il réellement en France ? Pour l'heure, il est difficile de le savoir puisque ni l'ANSM, contactée à ce sujet, mais qui n'a pas répondu à nos questions, ni aucun centre régional de pharmacovigilance français n'a communiqué d'information ou d'étude sur les effets des médicaments selon les sexes, réalisées à partir de données collectées dans la population française, hormis celle publiée il y a dix-huit ans par le centre de Midi-Pyrénées (citée plus haut). Si en France, sur les cinquante dernières années, selon l'étude menée sur la base de données du centre mondial de pharmacovigilance d'Uppsala, 56 % des effets secondaires sont rapportés par des femmes, aucun chiffre n'indique avec précision quelle tranche d'âge est la plus concernée, ni quelles substances causent ces signalements, ni quelle est leur gravité. Aussi, une question persiste, chez les champions des médicaments que sont les Français : les femmes seraient-elles plus exposées à des spécialités pharmaceutiques

1. S. Pichetti et C. Sermet, « Le médicament aujourd'hui », *ADSP*, n° 97, décembre 2016.

plus dangereuses du fait de leur plus grande consommation de médicaments ?

Pour le savoir, nous avons cherché des chiffres qui mettraient en lumière l'exposition des femmes à des substances dangereuses. Nous avons croisé les bases de données que l'assurance maladie met à disposition gratuitement en *open data*[1], recensant toutes les prescriptions médicamenteuses remboursées, par sexe, en médecine de ville mais aussi à l'hôpital, entre 2014 et 2019[2], avec le « Bilan 2020 des médicaments à écarter » de la revue *Prescrire*. Cette revue scientifique française qui ne reçoit aucun financement de la part de l'industrie pharmaceutique scrute depuis 1981 toutes les publications et essais cliniques pour fournir une information indépendante à ses lecteurs – essentiellement des prescripteurs – sur l'innocuité, l'efficacité ou la dangerosité des médicaments. La revue fait référence auprès des professionnel·le·s de santé pour son sérieux et la finesse de ses analyses. Elle avait notamment appelé à retirer du marché le Mediator, cet antidiabétique commercialisé par les laboratoires Servier, dès 2003, alors que l'Agence nationale de sécurité du médicament (ANSM) ne le fera que six ans plus tard, en 2009. Chaque année depuis huit ans, elle publie une liste de médicaments dont elle estime que la balance bénéfices-risques est défavorable pour le·la patient·e. Dans cette liste, *Prescrire* inclut les médicaments réellement actifs « mais qui, compte tenu de la situation clinique, exposent à des risques disproportionnés

1. Toutes les données sont intégralement accessibles gratuitement d'un clic sur le site de l'assurance maladie en ligne : http://open-data-assurance-maladie.ameli.fr/medicaments/index.php

2. Les bases de données utilisées sont Open Medic, qui recense tous les remboursements de médicaments délivrés en officine de ville, et Open PHMEV, pour les remboursements de médicaments prescrits par les établissements publics et les ESPIC, les établissements de santé privés d'intérêt collectif.

par rapport aux bénéfices qu'ils apportent » ; les médicaments trop anciens « dont l'utilisation est dépassée, car d'autres plus récents ont une balance bénéfices-risques plus favorable », les médicaments récents, « dont la balance bénéfices-risques s'avère moins favorable que celle de médicaments plus anciens » et enfin, les médicaments « dont l'efficacité n'est pas prouvée au-delà de celle d'un placebo, et qui exposent à des effets indésirables particulièrement graves ». Concernant tous ceux-là, *Prescrire* conseille à ses lecteurs de « les écarter de leurs prescriptions en attendant que les autorités sanitaires ne les retirent du marché ». En neuf ans, la liste s'est allongée d'une trentaine de substances, pour atteindre 105 en 2020.

En croisant ces deux bases de données, nous avons constaté que les femmes sont, de manière disproportionnée, davantage exposées à des substances dangereuses.

Sur les 105 médicaments décrits comme « à éviter » par *Prescrire*, 35 apparaissent parmi les médicaments remboursés par l'assurance maladie[1]. Et parmi ceux-là, une écrasante majorité est plus prescrite aux femmes : 30 précisément, contre 5 qui sont prescrits majoritairement aux hommes. Qui plus est, parmi ces 30 substances, cette surreprésentation des femmes est particulièrement marquée : le taux de prescription à des patientes est de 60 % pour les deux tiers des médicaments listés (19). Et même, ce taux dépasse les 70 % pour 9 d'entre eux, soit quasiment un tiers. Ce ciblage de spécialités envers les femmes peut surprendre au premier abord. Car parmi ces 9 spécialités dangereuses ou « à éviter » ingérées par des femmes, seulement 3 traitent des maladies qui sont connues pour les toucher en premier lieu : la sclérose en plaques (avec le tériflunomide) qui concerne dans les trois quarts des cas des femmes[2] ; et la maladie d'Alzheimer (avec le

1. Voire en annexe du livre tous les chiffres obtenus par substances.

2. Selon l'Inserm : https://www.inserm.fr/information-en-sante/dossiers-information/sclerose-en-plaques-sep

mémantine et donépézil) quand 60 % des patients atteints sont des patientes[1]. Parmi les autres spécialités prescrites à plus de 70 % de femmes, figurent des médicaments que nous ne pensions pas forcément être prescrits à une si large proportion de patientes. On relève ainsi deux anti-inflammatoires non stéroïdiens (AINS), le ténoxicam (prescrit à 71 % à des femmes, soit 53 000 boîtes, cette spécialité peut causer des troubles digestifs et cutanés « sans être plus efficace que d'autres AINS » selon *Prescrire*), et le célécoxib (prescrit à 70 % à des femmes, soit 307 000 boîtes). On compte aussi, parmi les médicaments prescrits à des femmes dans plus de 70 % des cas, deux antidépresseurs : le citalopram (71 % de femmes, soit 540 000 boîtes vendues) qui peut provoquer, selon la revue scientifique, des troubles cardiaques (des torsades de pointe et des allongements de l'intervalle QT de l'électrocardiogramme), et le venlafaxine (71 % de femmes, soit près de 3 millions de boîtes écoulées) qui peut causer des hypertensions artérielles, des tachycardies, des troubles du rythme cardiaque, des allongements de l'intervalle QT de l'électrocardiogramme et même, en cas de surdose, des arrêts cardiaques, toujours selon la revue *Prescrire*.

Et cela n'est qu'un premier aperçu de l'exposition des femmes à des substances dangereuses ou inutiles : la portée de nos radars se limite aux médicaments remboursés par la Sécurité sociale. Tous ceux qui ne le sont pas restent dans une zone d'ombre, dans laquelle il nous est impossible de connaître la proportion de femmes concernée par leur prescription. Une inconnue loin de nous rassurer, car si une grande partie de ces 105 spécialités ne sont précisément pas remboursées, c'est parce que la Commission de la transparence de la Haute autorité de santé (HAS), qui décide du taux de remboursement de chaque médicament, doute de leur nouveauté, de leur efficacité, voire de leur innocuité.

1. Selon l'Inserm : https://www.inserm.fr/information-en-sante/dossiers-information/alzheimer-maladie

Dans ce bilan annuel de *Prescrire*, on relève ainsi des succès commerciaux qui trouvent souvent leur place dans les pharmacies familiales : comme des myorelaxants employés contre le mal de dos (dont le méthocarbamol qui peut causer des troubles digestifs ou cutanés) mais aussi des spécialités accessibles sans ordonnance pour soigner des rhumes et des nez bouchés, comme la pseudoéphédrine[1]. La revue *Prescrire* met en garde : les médicaments contenant cette substance « exposent à des troubles cardio-vasculaires graves voire mortels (poussées hypertensives, accidents vasculaires cérébraux, troubles du rythme cardiaque dont fibrillations auriculaires) et à des colites ischémiques ». Ces effets indésirables sont ainsi « disproportionnés pour des médicaments destinés à soulager des troubles bénins et d'évolution rapidement favorable ». Et la liste est encore longue de médicaments induisant problèmes cardiaques, hépatiques, ou conduisant au suicide.

Ce premier aperçu des risques auxquels sont exposées les femmes n'a pas valeur de démonstration scientifique, il n'en a d'ailleurs pas la vocation. Mais il dessine déjà un faisceau d'indices qui laisse deviner que les femmes sont statistiquement plus nombreuses à subir les effets secondaires des médicaments. Il vient confirmer cette première intuition, cette observation empirique selon laquelle les femmes sont ainsi, en France comme ailleurs dans le monde, au cœur de très nombreux scandales pharmaceutiques. Derrière ce constat, qui devrait être étayé par plus de recherches en France, s'ajoute un fait qui a été établi scientifiquement : les femmes ne réagissent pas aux médicaments de la même manière que les hommes. Face aux médicaments, les femmes ne sont pas des hommes comme les autres.

1. Commercialisée sous les noms Rhinureflex, Rhumagrip, et au sein de gammes ombrelles Actifed, Dolirhume, Humex, Nurofen, Rhinadvil.

2
Les femmes ne sont pas des hommes comme les autres

> « La femme n'est victime d'aucune mystérieuse fatalité : il ne faut pas conclure que ses ovaires la condamnent à vivre éternellement à genoux. »
>
> Simone de Beauvoir, *Le Deuxième Sexe*.

N'y a-t-il rien de plus similaire qu'un cœur et un autre cœur ? Un rein et un autre rein ? Un hématocyte et un autre hématocyte ? D'un battement de cœur à un autre, quelle importance qu'il se produise chez un homme ou chez une femme ? Assurément, la mécanique du corps humain est décrite et enseignée sous un angle universaliste. De la digestion à la circulation sanguine, de la respiration à nos battements de cœur, l'humain n'est qu'un, exposé sous la forme d'un même squelette dans nos salles de cours de biologie, d'un même écorché dans nos ouvrages scolaires. Évidemment, cette silhouette pendouillant devant le tableau de classe ne relevait pas les caractères physiques qui différencient *a priori* un homme d'une femme : la différence moyenne de taille, parfois de masse musculaire et de pilosité, et aussi d'organes reproducteurs. Fallait-il préciser ces différences en dehors du chapitre consacré à la reproduction sexuelle ? La médecine et la recherche ne se contentent plus de ces apparences. Aujourd'hui, il est admis que la femme n'est pas un homme comme un autre et pas seulement quand on s'intéresse à l'angle reproductif. D'un tibia à l'autre trouvé sur un ancien site funéraire, les archéo-anthropologues font la différence entre celui d'un homme ou d'une femme. De même, d'un métabolisme à l'autre, les subtilités se font désormais jour. Et avec elles, il apparaît que les pathologies, qu'elles concernent un homme ou une femme, ne se manifestent pas de la même manière. Dès lors, c'est toute la perception du corps de la femme et la manière de la soigner qui sont revus à travers un nouveau prisme. Ainsi, les pathologies cardiaques chez les femmes se révèlent sous un nouveau jour.

Des corps similaires… mais différents

Contrairement aux idées reçues, la première cause de décès féminin n'est pas le cancer du sein… mais les maladies cardio-vasculaires[1], dont les femmes meurent huit fois plus. Sur les 147 000 personnes qui décèdent chaque année en France de maladies cardio-vasculaires, 54 % sont d'ailleurs des femmes[2]. Ce n'est donc pas par hasard si la Fédération française de cardiologie a lancé en 2017 une campagne spécifique à ce propos, voyant là un véritable enjeu de santé publique. « Les maladies cardio-vasculaires sont trop souvent perçues comme spécifiquement masculines, touchant l'homme de 50 à 60 ans, fumeur, sédentaire, avec de l'embonpoint. Ce préjugé reste très présent, alors que de plus en plus de femmes jeunes sont touchées. Cette progression est liée à l'évolution de leur mode de vie depuis trente ans. En vivant au même rythme que les hommes, elles ont adopté les mêmes mauvaises habitudes : tabac, mauvaise

1. Selon l'Observatoire du cœur des Français, de la Fédération française de cardiologie, mars 2018.

2. *Ibid.*

alimentation, stress, manque d'exercice physique... », peut-on lire sur leur site[1].

Mais en plus de recenser, à raison, ces importantes données sociétales, un certain nombre de différences émergent sur le plan physique. Les maladies du cœur chez les femmes touchent généralement les petits vaisseaux sanguins plutôt que les grandes artères coronaires, qui sont donc plus vulnérables au cholestérol. Les femmes souffrent davantage de maladies inflammatoires que les hommes, ce qui favorise la formation de caillots. Leur diabète est aussi plus agressif : il augmente deux fois plus que chez l'homme le risque de mortalité cardio-vasculaire[2]. Enfin, les femmes réagissent plus fortement aux hormones du stress qui ferment leurs artères. Une étude[3] publiée le 15 janvier 2020 par l'équipe de la professeure Susan Cheng, de la Smidt Heart Institute-Cedars Sinai à Los Angeles, a aussi mis en lumière que « les petites et grandes artères vieilliraient plus rapidement chez les femmes que chez les hommes. Les femmes montr[ent] des signes d'élévation de la pression artérielle plus tôt dans leur vie, comparées aux hommes ». Conséquence, « à un même niveau d'hypertension artérielle, une femme de 30 ans encourt plus de risques de souffrir d'une maladie cardio-vasculaire comparée à un homme du même âge ». Et Susan Cheng de conclure : « Notre travail confirme deux points : les femmes présentent une physiologie et une biologie différentes de celle des hommes. Il met aussi en lumière les raisons pour lesquelles les femmes sont plus fragiles face

1. https://www.fedecardio.org/La-Federation-Francaise-de-Cardiologie/Nos-combats/le-risque-cardio-vasculaire-chez-les-femmes

2. « Diabète, le risque cardiovasculaire est plus élevé chez les femmes », Doctissimo, 15 novembre 2019.

3. « Study: women's blood vessels age faster than men's », Cedars Sinaï, 15 janvier 2020.

à certaines maladies cardio-vasculaires, à différentes périodes de leur vie[1]. »

Lors d'une attaque cardiaque, les symptômes ressentis peuvent différer selon que l'on est un homme ou une femme. « Alors que chez l'homme, la maladie coronaire se manifeste traditionnellement par une douleur thoracique irradiant dans le côté gauche, la femme se plaint juste d'essoufflement et de fatigue, ou d'une vague douleur dans l'épaule, le cou ou le creux de l'estomac[2]. » Les conséquences de ces signes avant-coureurs méconnus, y compris des médecins eux-mêmes, ne sont pas sans gravité. « Les femmes, et parfois les professionnels de santé, ont tendance à minimiser les risques. Cela s'explique en partie par des symptômes qui sont différents de ceux des hommes et encore mal connus. Ainsi en cas d'infarctus du myocarde, les femmes présentent des symptômes atypiques dans près d'un cas sur deux, au-delà des douleurs dans la poitrine ou dans l'épaule[3]. »

Additionnées, ces spécificités peuvent avoir des conséquences graves sur l'évaluation des diagnostics chez les femmes. Une étude publiée fin août 2016 par des chercheurs de l'université de Leeds (Royaume-Uni) a révélé que les femmes présentaient par rapport aux hommes un risque réel d'être mal diagnostiquées[4]. Or l'erreur de diagnostic initial a un impact concret sur les chances de survie. Une autre étude du Karolinska Institute

1. « Des vaisseaux sanguins des femmes plus fragiles que ceux des hommes ? », site de *Destination Santé*, 22 janvier 2020.

2. M.-C. Colinon, A. Duperrin, « Les femmes face aux maladies du cœur », *Notre Temps*, 5 février 2016.

3. L'Observatoire du cœur, document « Cœur & femmes », publié par la Fédération française de cardiologie, mars 2018.

4. « Impact of initial hospital diagnosis on mortality for acute myocardial infarction : A national cohort study », *European Heart Journal*, 29 août 2016.

(Suède) et de l'université de Leeds (Royaume-Uni) a montré que les femmes auraient trois fois plus de risques que les hommes de mourir dans l'année suivant une attaque cardiaque, car elles sont moins correctement diagnostiquées[1].

Quant aux médicaments qui leur sont prescrits, 34 %[2] d'entre elles ne recevraient pas les traitements adéquats pour désencombrer leurs artères qui, pourtant, se bouchent plus facilement que celles de leurs congénères masculins. Et quand la vie de la patiente n'est pas en jeu, il est notable qu'à symptômes égaux, on prescrit aux hommes des examens complémentaires afin de bien investiguer les risques cardiaques… et aux femmes des antidépresseurs, mettant les douleurs féminines liées à des pathologies cardiaques sur le compte de l'anxiété[3].

Ainsi, les médicaments ne seraient pas si neutres que cela. Ils ne sont pas prescrits avec le même regard, ils arrivent après des diagnostics parfois biaisés, et parviennent dans des corps qui réagissent différemment. Mais en quoi ces comprimés, gélules ou suppositoires qu'on n'a jamais imaginés comme sexospécifiques, pourraient-ils avoir des effets différents sur les organismes féminins et masculins ?

L'aspirine s'impose comme le médicament standard par excellence. Celui que l'on prend, dans une espèce de réflexe mécanique, en cas de fièvre ou de maux de tête. Régulièrement, sans se poser aucune question, allié tranquille du quotidien. Cet exemple est éclairant : qui sait que, consommée régulièrement et en petite quantité, l'aspirine réduit le risque d'accident cardio-vasculaire (rupture d'un vaisseau dans le cerveau) chez les femmes de 17 %, et celui d'infarctus (crise cardiaque) chez

1. « Women more at risk of dying after a heart attack », site de l'université de Leeds, 16 juillet 2018.

2. *Ibid.*

3. K. Narraway, « L'histoire de Karen : "On me parlait d'anxiété" ».

les hommes de 32 %[1] ? Les effets de ce médicament ne ciblent pas les mêmes organes selon que l'on est une femme ou un homme. Il est par ailleurs très fortement déconseillé aux femmes de prendre de l'aspirine pendant leurs règles car cet antidouleur a aussi pour effet de fluidifier le sang… et donc d'augmenter les pertes d'hémoglobine. Le même phénomène de différence de réaction du corps se produit pour les vaccins : une demi-dose contre la grippe provoque chez les femmes une réponse immunitaire équivalente à celle déclenchée chez les hommes ayant reçu une dose complète[2]. Avec une dose « classique », elles sont deux fois plus à subir des effets secondaires. Leurs corps réagissent donc différemment !

Nous pouvons faire les mêmes constatations en ce qui concerne les médicaments psychoactifs (qui agissent directement sur le cerveau). « En se basant sur l'ensemble des études sur le sujet réalisées depuis la fin des années 1970, les chercheurs de l'Institut de santé mentale de Mannheim, en Allemagne, ont souligné que l'effet antipsychotique est supérieur chez les femmes et que les hommes doivent avoir recours à des doses plus élevées[3]. » Il apparaît qu'en assimilant différemment ce type de médicament, les femmes présentent également davantage d'effets secondaires que les hommes, qui perturbent notamment l'appareil locomoteur (muscles, os, cartilages), le système cardio-vasculaire, la composition sanguine ou l'équilibre hormonal.

1. « Les femmes et les hommes inégaux devant l'aspirine », 18 janvier 2006.

2. E. Monnier, « Défi n° 5 – profils immunitaires : fabriquer des vaccins sur mesure », site de *Science & Vie*, 19 novembre 2018.

3. Julie P., « Médicaments antipsychotiques : une différence homme-femme ? », 4 octobre 2017.

Des médicaments qui fonctionnent différemment

Cet aspect de la pharmacologie, peu étudié en France, pose pourtant des questions qu'osent affronter certaines médecins, chercheuses ou pharmacologues, notamment dans les pays du nord de l'Europe ou aux États-Unis. Parmi ces pionnières, Alyson McGregor. Cette urgentiste américaine est cofondatrice d'une unité de médecine d'urgence orientée sur le genre à l'école de médecine Warren Halpert (université de Brown, à Providence dans l'état de Rhode Island aux États-Unis). Elle est également à la tête d'un réseau national appelé « Sex and Gender Women's Health Collaborative » qui collecte des études sur les différences sexuées en médecine. Lors d'une conférence TEDx qu'elle donnait en octobre 2015, intitulée « Pourquoi les médicaments ont-ils souvent des effets secondaires dangereux pour les femmes ? », elle affirme que « les femmes ne sont pas simplement des hommes avec des seins et des tuyaux ». Alyson McGregor constate pourtant qu'aujourd'hui encore, le corps de référence dans la science reste masculin. À tout le moins, un corps neutre. « On prescrit les mêmes médicaments, les mêmes tests, sans jamais penser au sexe ou au genre de nos patients. Pourquoi le ferait-on ? On ne nous a jamais dit qu'il y avait des différences entre les hommes et les femmes », confesse-t-elle. La médecin urgentiste fait ici un constat : celui d'un savoir universitaire qui a « gommé » les différences biologiques, sur fond de volonté de réduction des inégalités entre les sexes.

La méconnaissance ou l'ignorance volontaire de ces différences métaboliques, encore quasiment invisibles en France, pourrait nous aveugler. Et la question ne relève pas de l'anecdote. Parfois, la vie des femmes – et de celles et ceux qui les entourent – est en jeu.

Le 27 juin 2012, une septuagénaire renverse et tue Owen, un adolescent de 14 ans, sur une route départementale au nord de Brest. Il décède des suites d'un traumatisme crânien. Les analyses toxicologiques révèlent que la conductrice était sous l'effet de plusieurs médicaments dont un puissant somnifère, contenant une molécule apparentée aux benzodiazépines appelée zolpidem. Un pictogramme représentant une voiture placée dans un triangle rouge indique pourtant sur les emballages de cette classe de médicaments : « Attention danger : ne pas conduire ». Malgré cette mise en garde, la conductrice a pris le volant. Lors de l'audience, elle lance : « J'ai eu l'impression de me réveiller au moment du choc », évocation de l'état second dans lequel elle semble avoir été plongée. Finalement, elle sera condamnée à deux ans de prison dont six mois ferme, « un beau résultat concernant une femme de 79 ans », souligne l'avocate des parents d'Owen, Nadine Lémeillat, qui se bat pour que, comme en Angleterre, l'utilisation de médicaments de classe 3 au volant soit considérée, à l'instar de l'alcool ou du cannabis, comme une circonstance aggravante. « Il faut faire progresser la loi », affirme-t-elle, et mieux former les médecins qui ne mettent pas en garde suffisamment les patient·e·s contre les risques d'une conduite sous zolpidem. À ses yeux, le nombre d'accidents de la route liés à cette molécule est clairement sous-évalué, car il n'y a pas de prise de sang automatique pour la déceler. Un véritable problème de santé publique, puisqu'en 2010, 25 millions de boîtes de zolpidem (Stilnox et divers génériques) ont été vendues à 2 millions de personnes en France[1]... Et que, souligne Nadine Lémeillat, « si les hommes consomment alcool, coke et cannabis, les femmes ont davantage tendance à être sous antidépresseurs », une information qui passe sous les radars et qui, déplore-t-elle, n'intéresse que peu les politiques.

Quelques années plus tard, un nouveau drame de la route se produit, dont l'ampleur a défrayé la chronique.

1. « État des lieux de la consommation des benzodiazépines en France », janvier 2012.

Le 14 décembre 2017, une conductrice de bus scolaire entre en collision avec un TER à Millas, dans les Pyrénées-Orientales. L'accident cause la mort dramatique de six collégiens. Dans la région, c'est un véritable choc. La presse s'empare de l'affaire qui devient « le drame de Millas », tentant d'établir les responsabilités : la barrière du passage à niveau était-elle abaissée comme le pense le Bureau d'enquêtes sur les accidents de transports terrestres (BEA-TT)[1] ? Y a-t-il eu, au contraire, défaillance technique ? La chauffeuse a-t-elle traversé le passage en pensant, à tort, qu'il était libre ? La question des responsabilités pénales se pose encore, mais pour le BEA-TT, la « cause directe » de cet accident a été provoquée par « le non-arrêt de l'autocar au passage à niveau malgré les feux rouges clignotants et la barrière ». Plusieurs raisons sont évoquées pour expliquer ce manquement, telles que « la visibilité réduite de la signalisation lumineuse de position » et « l'arrêt des sonneries du passage à niveau au moment où les demi-barrières étaient abaissées ». Mais, comme pour la septuagénaire évoquée plus haut, serait-il possible qu'un autre facteur puisse entrer en jeu, un facteur lié à la prise d'un médicament ?

Discrètement, un élément du dossier se faufile dans l'échafaudage des hypothèses. En avril 2019, l'avocate de plusieurs familles de victimes, Jehanne Collard, déclare qu'elle souhaite mettre en examen le médecin traitant de la conductrice. La raison invoquée ? À ses yeux, il aurait administré abusivement un somnifère, l'Imovane (à base de zolpidem), à la conductrice qui le prenait depuis sept ans… alors qu'il ne doit pas être prescrit plus de quatre semaines selon la notice. Cette dernière stipule des effets secondaires comme la somnolence, une sensation d'ivresse ou des problèmes de coordination des

1. Rapport d'enquête technique sur la collision entre un train de voyageurs et un autocar survenue le 14 décembre 2017 sur le passage à niveau n° 25 sur la commune de Millas (66), mai 2019.

mouvements. Des désagréments fâcheux lorsqu'on ne conduit pas, mais potentiellement mortels si l'on prend le volant. La notice délivrée par le laboratoire Sanofi, qui le commercialise, précise pourtant que la prise de la molécule est déconseillée « moins de 12 heures avant une activité nécessitant de la vigilance ».

Si l'hypothèse d'une erreur dans la prescription est invoquée par l'avocate des familles, aux États-Unis c'est le dosage des médicaments à base de zolpidem, lorsqu'il est administré aux femmes, qui a été au cœur du débat.

Les accidents de voiture, voilà justement le déclencheur d'une décision historique prise aux États-Unis, par la Food and Drug Administration (FDA), l'équivalent de notre Agence nationale de sécurité du médicament. Constatant que, parmi les patients sous Ambien (un somnifère contenant la même molécule, du zolpidem, également connu en France sous le nom de Stilnox), les femmes étaient trois fois plus nombreuses que les hommes, à dose égale, à somnoler huit heures après la prise de leur médicament avec, à la clé, une recrudescence d'accidents de la route, la FDA a annoncé le 10 janvier 2013 qu'elle exigeait que les fabricants de somnifères qui contiennent du zolpidem réduisent de moitié la posologie pour les femmes. Désormais, elles ont droit à un comprimé de 5 mg, rose (on aurait pu s'en passer), et les hommes, à un comprimé de 10 mg (bleu, évidemment[1]...). Les autorités de santé américaines soutiennent donc la pertinence d'une posologie spécifique au sexe de la patiente.

En mai 2013, c'est un autre document, issu de l'agence américaine spécialisée dans l'abus de substances psychotropes et la santé mentale, la SAMHSA, qui dénonce de nouvelles

1. https://www.leparisien.fr/societe/rose-et-bleu-aux-etats-unis-23-06-2016-5906247.php

inquiétudes liées au zolpidem. Selon ce rapport[1], le nombre des urgences hospitalières liées à ce principe actif a augmenté de 220 % entre 2005 et 2010, pour atteindre les 20 000 cas annuels. Dont les deux tiers concernent… des femmes, notamment parce que leur organisme mettrait plus de temps à éliminer le médicament. La question de la différence de métabolisme des médicaments entre le corps des hommes et celui des femmes est, à nouveau, soulevée.

En décembre 2018, la revue de l'association de lutte contre le sida AIDES, intitulée *Remaides*, publie un dossier spécial intitulé « VIH : quelles différences pour les femmes ? ». L'association rappelle que « les hommes et les femmes sont anatomiquement différents. Concrètement, cela signifie que les quantités de muscles, de graisses et leur répartition dans le corps ne sont pas les mêmes. Ce constat a déjà un impact sur l'efficacité et la tolérance de certains traitements ». Conséquences : « diffusion et devenir des médicaments dans le corps, efficacité, susceptibilité aux effets indésirables, comorbidité, risque d'interactions médicamenteuses, tous ces paramètres diffèrent souvent fortement entre les hommes et les femmes ».

En somme, le médicament n'est pas seulement un agent extérieur injecté, avalé ou appliqué. C'est une substance active qui réagit avec les corps. Et si les corps sont différents, les effets sont différents. Logique.

C'est la thèse que soutient la docteure canadienne Cara Tannenbaum, directrice scientifique de l'Institut de la santé des femmes et des hommes, un poste où elle travaille avec les chercheur·e·s et les intervenant·e·s canadiens qui s'intéressent à la recherche sur le genre, le sexe et la santé. Pour cette professionnelle de santé, la prise de conscience de l'existence de

1. https://www.samhsa.gov/data/sites/default/files/DAWN079/DAWN079/sr079-Zolpidem.htm ; https://www.fda.gov/media/84992/download

biais de genre, raccourcis liés à nos représentations, y compris en médecine, débute en même temps que sa carrière. Alors en exercice dans une unité coronarienne, elle constate que « le traitement pour les infarctus du myocarde était différent pour les hommes et les femmes. Les hommes allaient directement faire des tests supplémentaires et de la chirurgie tandis que les femmes se voyaient prescrire un traitement d'hormonothérapie (traitements médicamenteux à base d'hormones, notamment les traitements hormonaux de substitution, donnés après la ménopause pour "compenser" l'arrêt de production des hormones ovariennes). Je ne questionnais pas trop ces pratiques car tout le monde le faisait, même si en lisant la littérature, je ne trouvais pas vraiment d'étude clinique randomisée là-dessus. Mais la vraie question qui a changé ma carrière a été celle-ci : pourquoi est-ce qu'on donne à toutes les femmes la même dose ? La corpulence des femmes différait, certaines prenaient d'autres médicaments en même temps… Voilà comment a commencé ma cascade de réflexions sur la personnalisation des posologies. Quand on a appris que l'hormonothérapie faisait du tort aux femmes (voir chapitre 4), le monde de la science a réalisé qu'on ne faisait pas assez d'études sur elles. D'un coup on s'est demandé : peut-être que les femmes ne sont pas juste des hommes plus petits ? Peut-être qu'il faut vraiment creuser cette question ? »

Profondément convaincue que le métabolisme joue un rôle réel dans le mode d'action des médicaments, Cara Tannenbaum explique, lors d'un entretien Skype : « On sait que les femmes ont plus de matière grasse que les hommes. Les médicaments sont soit hydrophobes (non solubles dans l'eau) soit hydrophiles (solubles dans l'eau), alors si on a plus de matières grasses, on accumule plus de médicaments. On est aussi plus petites, nos organes, dont nos reins, sont plus petits, alors on élimine moins rapidement les médicaments et les récepteurs qui se lient au médicament sont affectés par nos gènes et nos hormones.

Donc au niveau scientifique, on peut émettre l'hypothèse que les médicaments réagissent différemment chez les hommes et chez les femmes. Au niveau de la science théorique, basée sur nos connaissances, il y a déjà une bonne raison de se dire que nous devons étudier cette question. Ensuite, au niveau de ce qui se passe dans la vraie vie, il existe des programmes de surveillance gouvernementale quand les médicaments sont retirés du marché. Le Government Accountability Office [GAO, l'équivalent de notre Cour des comptes][1] a fait une enquête [aux États-Unis] pour voir si les médicaments qui étaient retirés du marché affectaient les femmes plus que les hommes. Et la réponse était oui ! Les hypothèses qu'on pensait être vraies se réalisaient. Ces questions ne portent pas seulement sur le dosage. » Et d'asséner, sûre d'elle : « La question plus large est : devrait-on donner des médicaments complètement différents pour les femmes et les hommes ? Pour moi, c'est l'avenir. »

1. https://www.gao.gov/new.items/d01286r.pdf

3
Oubliées des essais cliniques

> « Nous, les femmes, nous sommes la moitié du ciel, et même un peu plus. Nous entendons être la moitié de tout, pas vos moitiés, la moitié de tout. Et surtout, surtout, être au moins la moitié partout où se prennent les décisions. »
>
> Christiane Taubira.

La lumière de printemps qui pénètre la pièce aux larges baies vitrées est intense et rassurante, loin du chaos et de la tourmente que le sida a entraînés dans son sillon à la fin des années 1980. Dans son bureau du siège du Planning familial, lové au cœur du 11e arrondissement parisien, Catherine Kapusta-Palmer[1], 57 ans, coordinatrice du programme national « Femmes et sida », nous accueille, calme et résolue, de nombreuses bagues glissées sur ses doigts qui s'animent quand elle parle. À l'occasion de notre entretien, cette activiste de la lutte antisida se replonge dans ses souvenirs de jeunesse. En 1987, la jeune femme vit pleinement sa vingtaine. Quand elle débarque à Paris, elle rêve de travailler dans la mode. C'est le moment des premières amours, aussi. Malheureusement, cette même année, elle apprend sa séropositivité, contaminée par son compagnon. Sa vie « explose en

1. Toutes les citations sont issues d'un entretien d'avril 2018.

vol ». Désormais tout sera différent, l'épée de Damoclès trônant constamment au-dessus de sa tête. Aux yeux de la société, elle devient une femme *malade*. Et, de surcroît, souffrant d'une « maladie sexuellement transmissible », souligne-t-elle.

À cette époque, les connaissances scientifiques sur le sida sont pratiquement inexistantes, mais la condamnation morale, notamment pour les femmes, s'avère immédiate. « La photographie de la maladie était celle d'une maladie d'hommes. C'était ce qu'on appelait le *cancer gay*. Quand elle concernait les femmes, ça n'était que pour parler de prostituées, de femmes de mauvaise vie, puis très vite, de femmes étrangères. » Face aux traitements antirétroviraux balbutiants, elle ressent assez vite que les choses « ne se passeraient pas de la même manière pour moi que pour les hommes », tant au niveau de la physiologie qu'au niveau du regard de la société. Elle se souvient, par exemple, de la fréquence des problèmes gynécologiques, qui, à cette période « étaient assez inexpliqués et inexplicables, et pas du tout pris au sérieux par les médecins », mais aussi des douleurs articulaires, des diarrhées, des problèmes digestifs. Une kyrielle d'effets secondaires difficiles à supporter.

En 1999, après la mort de son compagnon, elle trouve une brochure d'Act Up chez son médecin infectiologue. Séduite par la fougue de l'association, par son engagement en faveur des droits des homosexuel·le·s, mais aussi des invisibles, des minorités, des migrant·e·s, des détenu·e·s, des travailleur·euse·s du sexe, des toxicomanes, etc., elle décide de rejoindre ses rangs. Car si Catherine Kapusta-Palmer a connu la douleur des deuils, elle a aussi ressenti les espoirs suscités par l'arrivée des trithérapies. Cependant, parallèlement à la perspective d'une vie qui allait pouvoir continuer, elle souffre de l'apparition des effets secondaires spécifiques. Quand elle se présente à la Commission femmes d'Act Up, elle est sous antirétroviraux depuis trois ans. Son message est clair : « J'ai des effets secondaires et ils ne sont pas les mêmes que ceux des hommes. » Quel soulagement quand elle constate que les autres femmes ressentent des effets similaires ! Enfin, elle a cette certitude : elle n'est pas folle. Et elle n'est pas seule.

Elle a tristement subi ce que toutes les autres femmes atteintes de la maladie ont subi : elle a été gommée du tableau clinique. « Puisque dans les essais cliniques, seuls des hommes étaient présents, nous, les femmes, avons testé les médicaments antirétroviraux dans la vie réelle. Et nous nous sommes rendu compte que ce que nous ressentions n'était pas la même chose que ce que les hommes expérimentaient. » Autrement dit, pour Catherine Kapusta-Palmer, dans la recherche contre le sida, les femmes ont fait office de cobayes.

Mises à l'écart dans la recherche sur le sida

Les malades sous antirétroviraux sont très sujets à des lipodystrophies, des altérations du tissu graisseux. Cette anomalie de la répartition des lipides peut prendre la forme d'une lipoatrophie (en cas de manque de graisse) ou de lipohypertrophie (en cas de surplus). « Il s'est avéré que les femmes avaient plutôt des lipohypertrophies, et les hommes des lipoatrophies », détaille Catherine Kapusta-Palmer. Résultat : « Le premier effet secondaire très visible chez les femmes s'est traduit par une masculinisation du corps, avec une répartition des graisses sur le ventre comme un homme, sur le bidon, avec la taille qui disparaît. Mon corps s'est transformé en quelques mois seulement. » Alors qu'elle n'a pas modifié son alimentation, l'image que lui renvoie le miroir la mine tous les jours un peu plus. « Le rapport que l'on a à son propre corps change, l'aspect physique joue dans les relations avec les hommes, avec son compagnon. » C'est une véritable souffrance.

Quand Catherine Kapusta-Palmer en parle à son médecin, il réduit son désespoir à une considération superficielle. « Il me disait “C'est rien, c'est esthétique. L'essentiel c'est que vous êtes vivante. Faites un petit régime. De toute façon, vous aimez ça, vous les femmes, les régimes.” » Elle est ulcérée mais encaisse. Or, « il s'est avéré que les lipodystrophies ne concernaient pas seulement la répartition des graisses sur le corps mais aussi les graisses périphériques aux organes, avec des répercussions sur le cholestérol, les triglycérides. Et puis, les problèmes cardio-vasculaires sont apparus », poursuit-elle. Quand Catherine Kapusta-Palmer commence à ressentir des douleurs dans la poitrine et se trouve particulièrement essoufflée, son médecin lui répond qu'il s'agit de crises d'angoisse. Entre-temps, Act Up reçoit des informations provenant des États-Unis sur des effets secondaires cardio-vasculaires. Mais son docteur signe et persiste : il s'agit d'anxiété. C'est sur les conseils d'une amie médecin qu'elle se rend aux urgences : à peine arrivée, elle fait un infarctus. Puis un deuxième dans la foulée. Elle frôle la mort. Nous sommes en 2002, elle a 40 ans. « Face aux problèmes cardio-vasculaires, les femmes étaient plus en danger puisqu'on ne s'en préoccupait pas. On pensait qu'elles bénéficiaient d'une “protection naturelle” jusqu'à la ménopause », lâche-t-elle. Sans études cliniques ventilées selon le sexe, comment bien estimer ces effets secondaires sur les patientes ? Après une période d'hospitalisation, elle reprend contact avec son médecin. « Quand j'ai rediscuté avec lui, les échanges furent presque humiliants. Jamais cela n'était allé aussi loin dans la non-écoute. Les infos, je les avais, en tant que patiente. Comment pouvait-il dire qu'en tant que médecin, lui ne savait pas ? »

Catherine Kapusta-Palmer se rappelle une autre anecdote révélatrice de la faible inclusion des femmes dans les essais cliniques. En 2000, la militante Marjolaine Dégremont (future présidente d'Act Up, à ce moment-là membre de la Commission femmes) souhaite vivement rentrer dans un essai clinique dermatologique, organisé par une infectiologue de la

Pitié-Salpêtrière[1]. Le but était de tester le New Fill, un produit de comblement, jamais encore essayé sur des patients sous antirétroviraux. « Quand j'ai appris l'organisation de cet essai, j'ai sauté dessus ! », confie-t-elle, à la terrasse ensoleillée d'un café du 20e arrondissement, où elle travaille comme artiste-sculptrice, dans un atelier haut de plafond rempli de céramiques. Mais elle se retrouve la seule femme à y être intégrée. « Dès la première injection, Marjolaine Dégremont ne réagit pas du tout pareil que les hommes. Idem pour la seconde injection, en pire. Il y a une femme dans l'essai et c'est elle qui pose problème. Elle allait fausser les données, donc on la vire ! », se rappelle Catherine Kapusta-Palmer. « Dès la première injection de New Fill (censé combler les affaissements de la peau, causés par les traitements en boostant la production de collagène), je vois mon visage terriblement gonflé. Je ressemble à un hamster. J'étais catastrophée », confie Marjolaine Dégremont. Dès lors, elle décide de ne pas poursuivre les injections, mais souhaite néanmoins bénéficier du suivi échographique proposé aux autres participants, afin de tenter de comprendre comment et pourquoi son corps a réagi de la sorte. « Mais la professeure m'a rétorqué que ce n'était pas possible. J'ai été virée de l'essai », sans autre forme de procès, assure-t-elle.

Les membres d'Act Up réagissent vite. Quelques jours après seulement, ils font une descente, « silencieuse » précise la sculptrice, afin de ne pas déranger les malades, dans le service de la professeure. Le petit groupe de militants débarque en collant des tracts associant le nom de la professeure au terme « misogyne », et où ils expriment leur déception de voir écartée « la question des femmes » de la recherche clinique sur le VIH. Branle-bas de combat dans le service. Devant l'insistance des militants, la professeure réintégrera finalement Marjolaine Dégremont. « Il faut dire qu'à l'époque, les médecins étaient terrorisés par Act

1. http://site-2003-2017.actupparis.org/spip.php?article242

Up », confie l'artiste, un peu amusée, avec des grands yeux verts aux éclats jaune. Cet épisode n'a visiblement pas marqué Christine Katlama, qui, contactée par mail, se rappelle vaguement « d'une patiente qui n'avait pas pu suivre le protocole qui prévoyait des injections à des temps déterminés », selon elle, à cause de son emploi du temps. « Le New Fill a dû lui être cependant administré », suppose-t-elle.

Quoi qu'il en soit, le fait qu'elle ait été la seule femme de l'essai pose toujours question à Marjolaine Dégremont. « Il aurait été intéressant d'intégrer d'autres femmes, au moins pour voir si elles réagissaient comme moi. Cela aurait eu du sens, car beaucoup de femmes souffraient, comme moi, de lipodystrophies. Mais elles ne connaissaient aucune solution. Les promoteurs se simplifient la vie en n'incluant que les hommes. » Et elle garde en travers de la gorge l'idée initiale : celle de ne tester le produit de comblement, à l'époque « complètement inconnu », que sur une seule joue et se rappelle qu'à la présentation du produit, on lui a glissé, sans doute parce qu'elle était une femme, « qu'il faudrait en mettre un peu partout, pour combler ses rides, regonfler un peu la bouche, trop fine »… Elle avait 38 ans.

Catherine Kapusta-Palmer reconnaît ne toujours pas comprendre ce qui constituait un contresens à ses yeux. « Si une femme pouvait fausser les données, c'est bien que les données n'allaient pas être les mêmes. Donc ça veut bien dire qu'il y a une différence ! » En tout cas, potentielle. « Mais si l'on ne cherche pas, on ne saura pas », dénonce-t-elle.

Il y a quelques années, Catherine Kapusta-Palmer est de nouveau confrontée à un refus de prendre la donnée « femme » en compte. Son médecin d'alors la contacte pour rentrer dans un essai concernant les traitements cardiaques, avec un bras séropositif et un bras séronégatif de participants. « En tant que femme, je suis très heureuse qu'on me propose de rentrer dans cet essai. Mais quand je demande : “Alors, vous allez ventiler les résultats selon le sexe ?”, le médecin me répond : “Quoi ? Non, ça ne sert à rien." Je lâche alors : "Mais comment ça, ça ne sert à rien ? Avant même de faire les tests, vous le savez ?" » De nouveau, cette colère sourde, le sentiment d'être mise de côté, parce que femme. La mise en parallèle de ces deux exemples, séparés de vingt ans, est éloquente : malgré des voix dissonantes, rien n'aurait donc changé pour favoriser l'inclusion des femmes dans la recherche ?

L'expérience de Catherine Kapusta-Palmer ne relève malheureusement pas d'une exception. C'est tout un système qui se dessine, dans lequel les particularités des femmes ne sont pas prises en compte.

Les femmes sous-représentées dans les essais cliniques

Dans leur ouvrage *Femmes et santé, encore une affaire d'hommes ?*[1], Catherine Vidal, neurobiologiste, et Muriel Salle, historienne, se sont penchées sur la question de l'inclusion féminine dans les essais cliniques. L'essai clinique est une étude scientifique réalisée en thérapeutique médicale humaine pour évaluer l'efficacité et la tolérance d'un traitement. Autrement dit, une étape indispensable avant qu'un laboratoire puisse demander une autorisation de mise sur le marché (AMM), c'est-à-dire, l'autorisation de le commercialiser[2].

1. C. Vidal et M. Salle, *Femmes et santé, encore une affaire d'hommes ?*, Paris, Belin, 2017.

2. Il se déroule en quatre phases. La phase 1 est le préliminaire à l'étude d'efficacité d'un médicament. Elle a lieu après la phase préclinique (recherche sur des animaux ou des cellules). Il s'agit d'évaluer la tolérance et l'absence d'effets indésirables chez des sujets le plus souvent volontaires sains. La phase 2 ou étude pilote consiste à déterminer la dose optimale du médicament et ses éventuels effets indésirables. Cette fois, des malades sont inclus. La phase 3 ou étude pivot est l'étude comparative d'efficacité proprement dite. Elle compare le traitement

La recherche clinique est légalement très encadrée (régie selon le code de Nuremberg adopté en 1947, la déclaration d'Helsinki en 1964, de Tokyo en 1975, puis de Manille en 1981) afin d'éviter de répéter les expérimentations inhumaines menées par les nazis pendant la Seconde Guerre mondiale, plaçant ainsi les essais cliniques sous le joug d'une supervision éthique. En ce qui concerne les femmes, l'affaire du Thalidomide et son cortège de bébés mal formés (voir chapitre 4) est devenue l'erreur à ne pas reproduire : les femmes, susceptibles d'être enceintes, sont écartées de la recherche (non seulement pendant les phases 1 et 2, potentiellement les plus risquées, mais par extension à toutes les étapes) afin de ne pas porter préjudice à un éventuel fœtus. Et si le cas des femmes enceintes enrôlées au cas par cas dans des essais est évoqué dans le règlement européen relatif aux essais cliniques de médicaments à usage humain du 16 avril 2014[1], en France, la recherche, qui a été codifiée par la loi Huriet-Sérusclat en 1988, ne se positionne pas sur la présence des femmes dans les cohortes. Rien, dans ce corpus législatif et réglementaire, ne fait référence à la parité de représentation entre femmes et hommes au sein de ces essais cliniques. Une donnée jugée inutile ?

---

soit à un placebo, soit à un traitement déjà existant. Les groupes sont de taille importante, souvent plusieurs milliers de participants. Il s'agit de programmes extrêmement onéreux, mais qui permettent au promoteur de l'essai de demander aux autorités compétentes une autorisation de mise sur le marché. Enfin, la phase 4 ou postmarketing rend possible le suivi à long terme d'un traitement alors qu'il est déjà vendu sur le marché. C'est elle qui doit permettre de dépister des effets secondaires rares ou des complications tardives. Elle est pourtant souvent « oubliée » car très onéreuse pour les laboratoires. Conséquence : cela fragilise la pharmacovigilance, la surveillance des médicaments et de leurs éventuels effets indésirables.

1. Dont le texte est disponible dans le Journal officiel de l'Union européenne, du 27 mai 2014.

Pour Philippe Amiel, sociologue et juriste, spécialiste des questions de santé, « au niveau scientifique, depuis les années 80, on pense que la physiologie des femmes et des hommes est différente, que les femmes ont des problèmes hormonaux, qui créent, dans le cadre d'une étude clinique, des facteurs de confusion. Raison pour laquelle on se cale sur le modèle de l'homme blanc (avec un problème de représentation des personnes issues de la diversité), d'âge moyen… en estimant que ce modèle serait généralisable à l'ensemble de la planète », explique-t-il. Résultat : « Les enquêtes menées au niveau international et en France montrent que, sur l'ensemble des protocoles de recherche clinique, seulement 33,5 % des participants sont des femmes[1] », avancent Muriel Salle et Catherine Vidal. En termes d'inclusion, on est donc loin de la parité… Les deux auteures auraient pu même préciser que, dans la recherche sur le sida, la participation des femmes dans les essais peine à atteindre les 15 %[2]… alors qu'elles correspondent à la moitié des nouvelles contaminations actuelles dans le monde et qu'elles pourraient subir jusqu'à sept fois plus d'effets secondaires que les hommes[3] !

À l'instar de ceux sur le sida, nombreux sont encore les essais où les femmes sont largement sous-représentées. C'est le cas de ceux portant sur les pathologies cardiaques. D'après les deux auteures déjà citées, « cette sous-représentation est particulièrement visible dans les recherches sur les facteurs de risques d'hypercholestérolémie, d'ischémie (insuffisance de la circulation sanguine) et de crises cardiaques ». Or, nous l'avons vu, ces dernières sont la première cause de décès des femmes en France. Sur le site de la Fédération française de

1. M. Salle et C. Vidal, *Femmes et santé…*, *op. cit.*

2. Selon les chiffres du collectif TRT5 qui rassemble 11 associations de lutte contre le sida.

3. D. Bême, « VIH : les femmes laissées pour compte », Doctissimo, 27 juin 2014.

cardiologie, on peut lire que « si le sexe est reconnu comme déterminant dans la prévalence, la sévérité, la symptomatologie et l'évolution de nombreuses maladies, il conditionne aussi largement la réponse aux médicaments et traitements[1] ». D'où la nécessité de les inclure davantage. « Les femmes sont encore largement sous-représentées : une étude datant de 2006 montre que, sur 46 essais cliniques analysés ayant eu lieu en 2004, les femmes représentaient moins du quart des patients enrôlés[2]. Et, bien que de plus en plus touchées par les maladies cardio-vasculaires, une étude de 2008 montre qu'elles ne constituent que 10 à 47 % des cohortes de 19 essais cliniques liés au cœur[3]. »

Même quand les femmes sont seules destinataires d'un médicament, il arrive qu'elles soient oubliées de la recherche clinique. Dans les années 1990, une chercheuse que nous avons interviewée mais qui préfère rester anonyme se rappelle avoir été employée par un grand laboratoire. « Nous travaillions sur les phases précoces, 1 ou 2, concernant une molécule dont une des indications était destinée à soigner l'endométriose. À la fin, l'essai clinique a été arrêté, parce que, à part l'équipe qui cherchait, dans les équipes dirigeantes, ils trouvaient qu'on ne s'en sortait pas, que c'était compliqué, que les critères d'évaluation n'étaient pas simples, bref que ça n'en valait pas la peine. En théorie, l'essai a été arrêté faute de résultats, mais la réalité, c'est que ça ne motivait personne. Quand j'y repense, tout autour de moi, pour présenter les résultats, il n'y avait que

1. https://www.fedecardio.org/La-Federation-Francaise-de-Cardiologie/Presse/l-egalite-femmehomme-passe-aussi-par-le-coeur

2. S. E. Geller, M. Goldstein Adams et M. Carnes, *Journal of Women's Health*, 15 (10), janvier 2007, p. 1123-1131.

3. *Journal of the American College of Cardiology*, vol. 52, n° 8, 2008, correspondance n° 673, 19 août 2009, p. 672-675.

des hommes. Je ne peux m'empêcher de penser qu'il y a un lien », estime-t-elle.

Et quand l'essai n'est pas arrêté, les femmes sont parfois quasi absentes d'essais cliniques qui les concernent pourtant en premier lieu. L'Addyi (voir chapitre 5) est commercialisé depuis août 2015 en Amérique pour traiter la baisse de libido chez les femmes. Or il s'avère que les essais cliniques qui ont été menés et dont les résultats ont été communiqués à la FDA, en vue d'une autorisation de mise sur le marché, faisaient état d'une cohorte composée de 2 femmes... et 23 hommes[1]. Les instigateurs de l'essai ont expliqué qu'ils avaient eu du mal à recruter des femmes, réticentes à se livrer à deux prises d'alcool le matin, après le réveil (protocole nécessaire afin de tester la dangerosité du mélange médicament/alcool). Pour autant, les données sont inquiétantes : l'étude a montré une baisse de la pression sanguine, des vertiges et des évanouissements quand le produit était lié à une prise d'alcool. Des informations qui auraient sans doute gagné à être creusées davantage, alors même que les femmes réagissent plus vite et plus intensément à l'alcool que les hommes[2].

Mais cette sous-présence des femmes est-elle vraiment étonnante, sachant que, dès les premières étapes de la recherche préclinique (*in vitro* sur des cellules, ou *in vivo* sur des animaux), la donnée féminine est pratiquement gommée ?

À toutes les étapes de la recherche

« Il faut la parité chez les souris de laboratoire ! » Cette revendication étonnante émane d'un article de *Sciences et Avenir*

1. M. Delacharlery, « Les effets du Viagra féminin testés principalement... sur des hommes », LCI, 31 août 2015.
2. https://aide-alcool.be/alcool-assimilation

publié en septembre 2018[1] et qui relate les révélations d'une équipe de chercheurs internationaux. Leur étude montrait que le système immunitaire des souris mâles et des souris femelles fonctionnait différemment. Le système nerveux central (encéphale et moelle épinière) coordonne les fonctions motrices et permet à l'organisme de répondre à un stimulus. Pour le protéger contre l'attaque d'agents pathogènes (bactéries ou virus), des cellules gliales (ou microglie) sont en charge de phagocyter (détruire) ces agents. Et c'est là que la réponse immunitaire diffère chez les souris mâles et femelles. Chez les individus masculins, la réponse de la microglie est plus rapide que chez les femelles. « En conséquence, les résultats basés sur des études utilisant des souris mâles pourraient sous-estimer la force des doses nécessaires pour obtenir le même effet chez les femmes que chez les hommes lors de l'élaboration d'un médicament. Selon les experts, cela pourrait avoir un impact considérable sur le développement de nouveaux traitements », précise l'article. Résultat : « Cette découverte suggère que les traitements destinés à diverses affections neurologiques pourraient être moins efficaces pour les femmes et que le dosage des médicaments devrait être ajusté en fonction du genre du patient », peut-on encore lire.

En 2011, déjà, deux chercheurs de l'université de Californie, Annaliese Beery et Irving Zucker, soulignaient dans une étude abordant le biais sexuel dans la recherche scientifique, que dans 80 % des disciplines biologiques (dont 85 % des études en neurosciences), les chercheurs utilisaient majoritairement des rongeurs mâles[2].

On le voit, dans le petit monde de la science, l'idée de la présence d'un biais sexuel, y compris au niveau préclinique, fait

1. https://www.sciencesetavenir.fr/sante/le-biais-sexuel-des-essais-pre-cliniques-nuit-a-l-efficacite-des-medicaments_127393

2. A. Beery, I. Zucker, « Sex bias in neuroscience and biomedical research », *Neuroscience & Biobehavioral Reviews*, janvier 2011.

son chemin. En France, les choses évoluent doucement. Yann Hérault, directeur de l'Institut clinique de la souris (ICS), basé à Illkirch, en Alsace, s'est lui aussi penché sur la question. En 2017, un consortium de chercheurs internationaux dont il fait partie publie une étude qui rappelle l'importance de la prise en compte du sexe[1]. Dans leur résumé, les chercheurs précisent que, dans deux tiers des études, les résultats ne sont pas ventilés par sexe, alors même, soulignent-ils, que « l'expression des maladies varie majoritairement selon le sexe en fréquence, variété ou densité ».

Dans une interview téléphonique, Yann Hérault revient sur les spécificités du travail mené. Les chercheurs impliqués ont utilisé le rendement élevé de données issues de plus de 34 000 souris (sauvages ou mutantes) en analysant 234 variables biologiques dans plus de 15 centres indépendants. Ils ont trouvé qu'une « large proportion des traits des mammifères étaient influencés par le sexe ». L'étude montre en effet qu'environ 13 % de ces mesures sont différentes entre mâles et femelles. Et quand ils se sont intéressés aux variables continues, par exemple, le taux de glucose ou l'HCG (hormone gonadotrophine chorionique), ils ont établi que, dans 18 % des cas, il existait des différences où le sexe entraînait une modification de l'expression du génotype (partie de l'information génétique). Ces différences se traduisent par des effets de taille, c'est-à-dire qu'elles sont plus fortement exprimées pour un sexe que pour l'autre, et dans 3,5 % des cas par des directions contraires, c'est-à-dire en ayant un effet positif pour un sexe et négatif pour l'autre. Ce sont des questionnements intéressants, reconnaît-il, car les chercheurs ont pris une mauvaise habitude : celle de « tirer des conclusions un peu trop généralistes en faisant des études sur seulement l'un des deux sexes ». Il est conscient que, dans certaines approches, il est

1. N. A. Karp, J. Mason, A. L. Beaudet *et al.*, « Prevalence of sexual dimorphism in mammalian phenotypic traits », *Nature communications*, juin 2017.

inutile de prendre en compte cette donnée. Par exemple, « nous n'allons pas étudier le cancer du sein chez le mâle. Ce cancer, nous pouvons le modéliser chez les animaux et uniquement sur les femelles. Mais dans certains cas, il faut vraiment veiller à avoir dans toutes les analyses, ou au moins dans les parties les plus concluantes, l'effet entre les deux sexes ». À ses yeux, « ce changement de paradigme révise notre façon de penser ».

Yann Hérault se félicite qu'on parle de plus en plus de médecine de précision ou personnalisée, « où il faut non seulement prendre en compte les variables de l'environnement mais aussi les particularités individuelles, et au premier titre, le sexe ». Alors pourquoi ne le fait-on pas ? Des freins, puissants mais hors d'âge, sont toujours à l'œuvre. Le premier d'entre eux est historique.

Apparu à la fin des années 1950 en Allemagne, le Thalidomide promettait de mettre fin aux nausées ressenties par nombre de femmes enceintes. Le laboratoire Grünenthal afficha ce médicament comme une solution révolutionnaire contre les écœurements, distribua des milliers d'échantillons aux médecins en le présentant comme efficace et inoffensif, pour les pousser à le prescrire sans sourciller[1]. En réalité, il s'agissait d'un sédatif. Dès 1960, le miracle se fissure. Des médecins commencent à faire le rapprochement entre la fréquence inhabituelle de bébés mal formés chez leurs patientes et la prise du médicament. En 1961, l'Allemagne, convaincue de son caractère tératogène, le retire du marché, ainsi que la Grande-Bretagne. Tous les pays ne feront pas preuve de tant de réactivité. Mais le mal est fait : si l'on peine à estimer le nombre de victimes totales – certains bébés sont morts avant même d'être nés –, les évaluations parlent raisonnablement de 15 000 bébés mal formés dans le monde entier.

Le scandale du Thalidomide créa une onde de choc si considérable que les fondements mêmes de la recherche biomédicale

1. www.thalidomide.ca, site de l'association canadienne des victimes de la Thalidomide.

balbutiante en furent bouleversés. Refusant de prendre à nouveau des risques pour les femmes, le secteur de la recherche décida d'exclure presque totalement des essais cliniques les femmes en âge de procréer (voir chapitre 7). Une décision censée protéger les femmes et leurs éventuels fœtus des effets tératogènes (qui provoquent des malformations fœtales) de certains médicaments. Antoine (le prénom a été changé) est attaché de recherche clinique et travaille en cancérologie. Il est chargé de mettre en place le protocole rédigé par le promoteur de l'essai clinique, un laboratoire ou une institution, d'inclure les patients… et patientes. Interrogé sur la présence des femmes dans les essais cliniques en oncologie, il nous écrit par mail : « L'un des principaux critères de chaque essai clinique est la contraception, et donc l'impossibilité de tomber enceinte lors de l'essai clinique (pour éviter les risques sur le fœtus d'un médicament aux effets inconnus à ce stade). À noter qu'il s'agit d'un critère global sur tous les essais cliniques qui est voulu par les autorités de santé. Les femmes qui sont en âge de procréer auront donc sûrement moins envie de participer à un essai si elles savent qu'elles ne doivent pas tomber enceintes au cours de l'étude… » Et si, comme il le souligne, « des caractéristiques telles que l'âge, le sexe et l'historique médical sont connues pour les personnes incluses dans les essais cliniques, des analyses spécifiques sur les hommes ou les femmes peuvent être faites si besoin ». Peuvent… Et ne sont en aucun cas automatiques.

L'obstacle biologique est aussi déterminant, et l'éternelle légende des hormones féminines joue sa ritournelle habituelle : les cycles menstruels et hormonaux des femmes fausseraient les résultats. Mais la docteure Cara Tannenbaum, professeure à la Faculté de médecine et à la Faculté de pharmacie de l'université de Montréal, n'est pas convaincue : « En science, on essaie d'éliminer les facteurs confondants et variables. Étudier les mâles semblait plus simple parce que les femelles ont des fluctuations hormonales liées au cycle menstruel. Aujourd'hui, on sait que les variations hormonales chez les hommes sont aussi importantes que chez les femmes. »

Loin de la biologie, des freins de nature sociétale apparaissent également. Le site français dédié à la myélodysplasie[1] (maladies de la moelle osseuse) invoque, lui, « le manque de disponibilité des femmes ayant charge de famille, renvoyant ainsi à un déterminant essentiel des inégalités entre hommes et femmes dans nos sociétés. Plus spécifiquement, une étude sur les essais dans le domaine cardio-vasculaire aux États-Unis fait apparaître un facteur discriminant décisif : la crainte des risques pris par le patient au cours de l'essai, davantage ressentie par les femmes et faisant obstacle pour celles-ci à leur participation ».

Mais ces différents arguments tiennent-ils encore la route ? Il est permis d'en douter devant la multiplication des scandales qui touchent les femmes. Des voix s'élèvent pour exiger plus d'égalité dans la recherche préclinique et répartir la prise de risque comme les bienfaits liés à ces essais. Loin d'être une posture purement idéologique, les conséquences de cette sous-représentation sont, pour la docteure Cara Tannenbaum, plus que réelles. « La première conséquence de la sous-représentation des femmes dans les tests est que l'on comprend mal leur santé et leurs maladies. On risque aussi de passer à côté de découvertes importantes en plus de causer du tort aux patientes, et même des décès », estime-t-elle.

Il existe néanmoins des cas où les effets secondaires sont pris en compte. Bizarrement, c'est quand ils concernent les hommes, comme le relate *Sciences et Avenir*[2]. En octobre 2016,

1. http://www.myelodysplasies.org/la-myelodysplasie/patients-et-essais-cliniques-2/

2. L. Loumé, « Contraception masculine : un essai clinique stoppé à cause d'effets secondaires trop lourds », *Science & Avenir*, 3 novembre 2016.

les résultats d'un essai clinique de phase 2, mené par des chercheurs allemands et financé par l'OMS, portant sur un contraceptif masculin par injection, sont publiés. Le contraceptif s'avère efficace à 96 %, un taux comparable à celui des méthodes contraceptives féminines. Mais il ne risque pas d'arriver sur le marché, car ses effets secondaires sont jugés trop lourds. Parmi les 320 participants, 20 volontaires ont dû arrêter prématurément l'essai. Acné (pour 46 % des hommes), intérêt accru pour le sexe (38 %), troubles de l'humeur (20 %), autant de désagréments qui empêchent une future commercialisation. Les laboratoires pharmaceutiques, n'oubliant jamais la question de la rentabilité, ont peu de chance de s'emparer de la découverte : les hommes, déjà réticents à prendre une contraception, risqueraient d'abandonner les injections si elles ne sont pas exemptes d'effets secondaires. « Bien que plus de 75 % des hommes se disent satisfaits par cette méthode, les résultats suggèrent qu'un traitement avec moins d'effets indésirables doit encore être trouvé », analyse Douglas Colvard, docteur en biologie reproductive dans un article du *Figaro*[1]. Ce dernier reconnaît que les femmes utilisant une méthode contraceptive expérimentent pourtant les mêmes effets secondaires au quotidien. Et ce, depuis des décennies. Elles continuent malgré tout d'y avoir recours.

Des avancées lointaines

Devant cette inégalité de traitement, le vent de révolte est d'abord venu des féministes américaines, dès les années 1970. « Avant l'avènement [du féminisme], la recherche médicale était orientée presque exclusivement vers l'étude des problèmes de

1. R. Cannone, « Contraception hormonale masculine : des résultats prometteurs », Figaro.fr, 3 novembre 2016.

santé des hommes », reconnaît Ilana Löwy[1], historienne. « Les essais cliniques de thérapies nouvelles étaient conduits presque exclusivement sur des individus de sexe masculin – le plus souvent blancs et issus des classes moyennes. Les médecins – eux aussi presque exclusivement blancs et de sexe masculin – savaient donc comment traiter les personnes qui leur ressemblaient, mais beaucoup moins les autres malades », poursuit-elle.

La question des effets secondaires apparaît d'ailleurs en filigrane des revendications des féministes. Ainsi, « dans un ouvrage grand public, paru en 1969, une militante féministe s'appuie sur des travaux scientifiques pour dénoncer les effets secondaires de la pilule contraceptive. Quelques années plus tard, deux autres affaires défraient la chronique : d'une part, il est prouvé qu'un stérilet, le Dalkon Shield, provoque de graves infections gynécologiques et, de l'autre, il s'avère que le diéthylstilbestrol ou Distilbène (DES), un analogue de l'œstrogène, administré aux femmes comme pilule du lendemain et pour prévenir les accouchements prématurés, est responsable de cancers gynécologiques chez les filles des femmes qui en ont pris. À l'occasion des procès intentés aux deux fabricants, le mouvement féministe organise des manifestations qui visibilisent les problèmes de santé spécifiques aux femmes auprès de l'opinion publique américaine[2] ». Dans ce sillon naîtra le National Women's Health Network (fondé en 1975), qui a, dès sa création, eu vocation à insuffler plus de transparence dans le processus d'homologation des médicaments. C'est grâce à ce réseau que des notices plus complètes apparaîtront dans les boîtes de pilules pour détailler l'ensemble de leurs potentiels effets secondaires. Ces combats de haute volée se traduisent aussi en amont de la chaîne de fabrication des médicaments.

1. *In* « Le féminisme a-t-il changé la recherche biomédicale ? Le *Women Health Movement* et les transformations de la médecine aux États-Unis », *Travail, genre et sociétés*, n° 14, 2005/2, p. 89-108.

2. *Ibid.*

En 1993, les activistes féministes américaines réussissent à obtenir des National Institutes of Health[1] (institutions gouvernementales des États-Unis qui gèrent la recherche médicale et biomédicale) de « consacrer les mêmes ressources et les mêmes efforts à l'étude des pathologies des deux sexes », une loi appelée « Revitalization Act ». Dans un document interne des NIH[2], on peut lire : « Il est de plus en plus reconnu que la qualité et la généralisation de la recherche biomédicale dépendent de la prise en compte de variables biologiques clés, telles que le sexe. » Conséquence, les instituts américains de recherche s'attachent à enrôler femmes et hommes dans la recherche clinique, en faisant dépendre de la parité des patients enrôlés dans des études l'attribution des subventions. Témoin des changements de son époque, Yann Hérault, le chercheur français interrogé plus haut sur son étude sur les souris, se félicite que les NIH aient « changé leur politique en demandant aux chercheurs qui font des études, même précliniques, de prendre en compte les deux sexes dans les études, et de, soit traiter le sexe comme une variable supplémentaire, soit d'avoir des groupes où les deux sexes sont étudiés ».

Ces éléments nourrissent la pensée de l'épidémiologiste canadienne Abby Lippman, notamment dans son rapport « L'inclusion des femmes dans les essais cliniques : se pose-t-on les bonnes questions[3] ? », commandé en 2006 pour examiner les avancées réalisées depuis 1997 au Canada après la publication de certaines directives par Santé Canada. À ses yeux,

1. En charge de la recherche biomédicale publique aux États-Unis, équivalent français de l'Inserm.

2. Intitulé « Consideration of sex as a biological variable in NIH-funded research ».

3. A. Lippman, « L'inclusion des femmes dans les essais cliniques : se pose-t-on les bonnes questions » ?, Action pour la protection de la santé de la femme, 2006.

« on sait que les femmes se voient parfois prescrire des médicaments qui n'ont été mis à l'essai que dans une population masculine et qui par conséquent peuvent avoir chez elles une action différente ou tout simplement nulle[1] ». Si elle insiste sur la nécessité d'inclure davantage de femmes, elle évoque aussi d'autres critères – comme l'âge et la « race » – très largement sous-évalués par les promoteurs des essais cliniques. Car, il faut faire « preuve de prudence et s'abstenir de conclure que toutes les femmes sont identiques ou que le fait d'être une femme relève d'un aspect (d'une "essence") commun à toutes les femmes ». Pourtant, force est de constater que les exemples de ces « ratés » ne manquent pas : « On a découvert en mars 2005 que l'aspirine, contrairement aux attentes, avait une action distincte sur les femmes, alors que les essais menés sur des sujets masculins avaient attesté de leur utilité dans la prévention des accidents vasculaires et des crises cardiaques mortelles[2]. » Dans sa conclusion, elle s'inspire nettement du modèle américain et recommande l'inclusion des femmes dans les essais et une analyse sexospécifique des données comme « condition préalable à l'étude des demandes d'approbation et de financement » ou encore « au besoin, d'étudier séparément les questions liées au sexe et au genre, en prêtant une attention particulière à l'interaction entre ces deux facteurs et d'autres caractéristiques propres aux femmes ».

La France, en comparaison, fait pâle figure. Du côté du secteur privé, bien que le Leem (syndicat des entreprises du médicament) nous précise que « l'analyse quantitative réalisée à partir de clinicaltrials.gov (base de données publique la plus exhaustive à ce jour) ne montre pas de différence hommes/femmes pour l'accès aux études cliniques », il semble que le biais se cache ailleurs… Précisément dans le type d'études très genrées dans

1. *Ibid.*
2. *Ibid.*

lequel sont enrôlées les femmes. Elles sont majoritaires dans les essais portant sur les cancers du sein, les troubles hormonaux, gastriques et les vaccins anti-HPV, forment la totalité des bataillons dans ceux sur les cancers ovariens et du col de l'utérus, mais sont minoritaires dans les essais sur le HIV et absentes, évidemment, des essais concernant le cancer de la prostate. Le Leem conclut en précisant que la parité dans les recrutements est « une contrainte difficilement gérable, pas forcément justifiée », avec le « risque d'être contre-productif pour la recherche ».

Du côté de la recherche publique, l'Inserm (Institut national de la santé et de la recherche médicale) affiche bien une volonté de prendre en compte le genre, comme en témoigne l'existence d'un groupe de réflexion créé en 2014 et dédié à ces questions. D'après le nombre d'essais supervisés par son institution, Hélène Espérou, directrice de la recherche clinique à l'Inserm, affirme que « la majorité des études comptent des femmes, mais moins de femmes que d'hommes. On n'est pas à 50-50. À mon avis, de façon abusive, on retire une grosse partie de la population ». Et quand on en vient aux médicaments, « cela représente un vrai biais », estime-t-elle, évoquant les études pharmacocinétiques et les volumes de distribution différents chez les femmes et les hommes, et pas nécessairement bien pris en compte dans l'analyse des résultats.

Car dans les faits, le reconnaît Hélène Espérou, « la question du sexe n'est pas prise en compte en tant que telle dans les essais ». À sa connaissance, ventiler les résultats par sexe n'est « pas une question qu'on se pose ». « Le groupe de réflexion n'a peut-être pas pris en compte l'ampleur qu'il devait avoir », confie-t-elle, notant globalement une certaine réticence à aborder ces questions parmi les chercheurs. Elle a cependant remarqué que « ce sont souvent des hommes au pouvoir qui désignent les études cliniques. Donc ils ne posent pas la question du genre… Mais je constate que de plus en plus de femmes occupent des postes d'investigatrices ». Le signe que les temps changent ?

Le risque du deux poids, deux mesures

Il existe pourtant bien des pays où les femmes peuvent être plus nombreuses que les hommes dans les essais cliniques : les pays du Sud. Dans une étude réalisée au Sénégal sur l'inclusion des femmes dans les essais sur les antirétroviraux[1], publiée en 2011, il apparaît que les femmes enrôlées dans l'essai clinique sont clairement surreprésentées. « Contrairement aux pays du Nord, où dans les années 1990, les associations critiquaient l'absence de femmes dans les essais, les femmes sont quatre fois plus nombreuses que les hommes parmi les participants lors du dernier d'entre eux mené à Dakar », peut-on lire dans le résumé. Carole Damien, militante du collectif associatif TRT-5 (lutte contre le sida) émet une hypothèse, qui vient confirmer les conclusions de l'étude : « Souvent quand une femme découvre qu'elle est séropositive, c'est à l'occasion d'une grossesse. Si elle est séropositive, le circuit de dépistage passe par le biais de la maternité. On les fait entrer dans les études et c'est un moyen d'être beaucoup plus suivies, ça permet de les mettre sous traitement, et au bout de six mois, la femme n'est plus contaminante. Pour traiter l'épidémie, c'est intéressant », estime-t-elle.

Mais cette entrée en la matière par le biais de la maternité montre également combien les femmes « sont exclues de la construction des grands problèmes de santé publique comme le VIH, l'alcoolisme, les toxicomanies ou les maladies cardiovasculaires », sauf si elles sont mères ou enceintes, souligne la sociologue Monique Membrano[2].

1. S. Le Gac, J. Coutherut, A. Desclaux *et al.*, « Réalités et enjeux de la participation des femmes dans les essais cliniques sur les antirétroviraux : expérience au Sénégal ».

2. M. Membrano, « Les femmes dans le champ de la santé : de l'oubli à la particularisation », *Nouvelles questions féministes*, vol. 25, n° 2, 2006.

« J'espère que les essais se déroulent de façon éthique », ajoute Carole Damien… Une crainte née de la « délocalisation » de certains essais vers l'Inde, la Chine ou la Russie, dans une logique de réduction des coûts et, parfois, de plus grande flexibilité des règles éthiques.

Comment ne pas voir là un risque de double standard ? Dans une étude sur les essais cliniques dans les pays en voie de développement[1], on peut lire que l'inclusion des femmes dans des essais sur le ténofovir (inhibiteur de la transcriptase inverse, utilisé dans le cas du HIV) ne s'est pas faite sans problème grave. « Six études randomisées contre placebo ont été planifiées au Botswana, en Thaïlande, au Ghana, au Cameroun, au Nigeria et au Malawi, pour étudier ce médicament dans cette indication. Or ces études ont été arrêtées assez rapidement sur décision des promoteurs pour cause de "non-atteinte des standards scientifiques nécessaires" ou par décision des autorités comme ce fut le cas au Cameroun après que cinq femmes ont été infectées par le VIH pendant l'étude[2]. »

En juin 2016, l'ONG suisse Public Eye publie une étude sur la migration des essais thérapeutiques réalisés par des multinationales pharmaceutiques. Elle pointe du doigt le cas particulier d'une patiente égyptienne atteinte d'un cancer. En Égypte, où la moitié des 90 millions d'habitants ne sont pas assurés, souligne l'ONG, « rentrer dans un essai clinique est souvent l'unique moyen d'accéder à des traitements sinon trop onéreux[3] ». Dans l'entretien mené avec Public Eye, cette patiente évoque l'efficacité du traitement mais aussi les effets secondaires (troubles

1. « Les essais cliniques dans les pays en développement et émergents », thèse de Clarisse Lamy, présentée pour l'obtention du titre de docteur en pharmacie en 2012.

2. *Ibid.*

3. https://www.publiceye.ch/fr/thematiques/medicaments/nos-enquetes/egypte

gastro-intestinaux, cataracte...). Alors qu'elle avait bien donné son consentement à voir ses propos cités, elle porte finalement plainte contre l'ONG.

Pour Patrick Durisch, responsable santé de l'ONG, le laboratoire Roche, promoteur de l'essai, serait derrière ce revirement de situation. Sous prétexte de vouloir en savoir plus sur les effets secondaires décrits par cette femme, neuf représentants de Roche et du personnel soignant l'auraient rencontrée dans un hôtel du Caire[1]. « Le même jour, elle signe une prise de position dans laquelle elle accepte de porter plainte contre nous et une procuration à un avocat bâlois, ayant travaillé pour Roche, pour la représenter », dit Patrick Durisch. Pour lui, « il est clair qu'elle a été intimidée. D'autant plus qu'elle craignait d'être exclue de l'essai clinique », poursuit-il. Il estime qu'elle avait trop à perdre en maintenant son témoignage, pourtant honnête et mesuré sur les effets secondaires qu'elle ressentait. C'était sa réalité. Le laboratoire Roche, que nous avons contacté, se veut rassurant, mais semble éluder la question : « Toutes les études que nous avons menées en Égypte ont été examinées par les comités d'éthique locaux indépendants et approuvées par le ministère égyptien de la Santé. En outre, toutes les études cliniques de Roche sont menées conformément aux principes de la Déclaration d'Helsinki. Chaque essai est mené selon un protocole complet qui inclut le respect total des directives de bonnes pratiques cliniques (BPC). Celles-ci garantissent la sécurité des patients et sont applicables à tous les pays du monde. »

Mais même dans les pays du Nord, l'inclusion des minorités ethniques dans la recherche clinique ne s'est pas faite – et ne se fait toujours pas – sans poser de nombreuses questions, principalement d'ordre éthique. Le sociologue américain Steven

1. https://www.publiceye.ch/fileadmin/doc/Pharma/20170401_LaLiberte_Roche-aurait-intimide-un-cobaye.pdf

Epstein rappelle dans son article « Différences corporelles et identités collectives : la politique du genre et de la race dans la recherche biomédicale aux États-Unis[1] » que « c'est à la fin des années 1980 et au début des années 1990 que la "sous-représentation" des femmes et des minorités raciales et ethniques en tant que sujets dans la recherche clinique est apparue comme un problème social reconnu aux États-Unis ». Le Revitalization Act de 1993 impliquait que « le NIH, la plus grande source de financement au monde pour la recherche médicale [était] mis devant l'exigence de garantir dès 1995 l'inclusion de femmes et de membres des minorités raciales et ethniques dans toute étude clinique financée par l'agence[2] ». Le but était désormais que la recherche s'engage à ne plus simplement « extrapoler à d'autres groupes sociaux les résultats d'études réalisées sur les corps d'hommes blancs[3] », jusqu'ici considérés comme la norme. Une précaution importante pour ne pas invisibiliser certaines populations, mais sujette à caution par la difficulté intrinsèque à définir ce que ces catégories « raciales » recouvrent, étant donné que les généticiens sont arrivés à la conclusion que la catégorie raciale est infondée en biologie.

L'histoire de la recherche médicale américaine a été cependant largement jalonnée d'expériences scientifiques racistes, où les minorités, majoritairement les Africains-Américains, ont été considérées comme des cobayes. À ce titre, l'étude de Tuskegee a fait proprement scandale. Commencée en 1932 sur 600 métayers afro-américains, enrôlés sans leur consentement et dont une partie étaient atteints de syphilis, elle devait durer six mois et

1. S. Epstein, « Bodily Differences and Collective Identities: The Politics of Gender and Race in Biomedical Research in the United States », *Body & Society*, Sage Publications, Londres, Thousand Oaks et New Delhi, vol. 10, 3-4, 2004, pp. 183-204.

2. *Ibid.*

3. *Ibid.*

s'est finalement étalée sur quarante ans dans des conditions indignes : les médecins en charge de l'étude n'ont pas alerté certains patients qu'ils étaient malades et ne leur ont pas fourni de traitement alors que les effets bénéfiques de la pénicilline étaient connus depuis 1940. Le tout afin de voir les évolutions de la maladie, quitte à les laisser en mourir… L'affaire éclata en 1972, lorsque Peter Buxtun, médecin en santé publique, alerta la presse sur ces graves dérives. Les répercussions en furent importantes et marquèrent le début d'une réflexion avec le rendu du rapport Belmont (1979) qui établit les principes fondamentaux en bioéthique en ce qui concerne l'expérimentation humaine.

Et quand on pense aux femmes, l'exemple d'un contraceptif par injection, le Depo-Provera, montre aussi combien la question soulevée par l'origine, non seulement ethnique mais sociale, des femmes recrutées a joué en leur défaveur. Comme le rappelle Judith A. M. Scully, professeure de droit à l'université Stetson[1] : « En 1967, le Depo-Provera s'est vu refuser une autorisation de mise sur le marché par la FDA pour son lien avec le développement de cancer sur des animaux de laboratoire. Malgré ce refus, le Depo-Provera a été utilisé sur 14 000 femmes à la clinique Grady, à Atlanta, en Géorgie, entre 1967 et 1978. 50 % des femmes enrôlées dans cette expérience étaient des femmes noires et pauvres. Beaucoup de ces femmes-cobayes furent incluses sans connaissance de la situation et sans leur consentement, et la plupart n'ont pas été informées des effets secondaires liés au Depo-Provera. » Plusieurs de ces femmes auraient même développé des cancers, et quelques-unes seraient décédées pendant les essais cliniques, croit savoir Judith A. M. Scully. Pourtant, les rapports soumis à la FDA ne mentionnèrent pas ces morts. » Alors, devant un risque de dévoiement

1. https://www.cambridge.org/core/books/black-women-and-international-law/black-women-and-the-development-of-international-reproductive-health-norms/EF867AD00FCF1B548F342D29C704E5BD

de la recherche clinique, comment ne pas être précautionneux lorsqu'on évoque l'inclusion de personnes non blanches ?

En France, le débat ne se pose pas dans les mêmes termes, puisque le terme de « race » a été supprimé de la Constitution en 2018[1] en accord avec le consensus scientifique actuel d'une espèce humaine unique. Pour autant, si l'on admet que certaines prédispositions génétiques peuvent jouer un rôle dans le développement de pathologies spécifiques (mais là encore, les marqueurs génétiques comme le trait drépanocytaire, majoritaire chez les Noirs, semblent n'être pas liés à la « race » mais bien un « produit de la géographie et de pratiques endogamiques socialement organisées », rappelle Steven Epstein), elles ne représenteraient dans tous les cas qu'une donnée parmi des milliards présentes chez un individu et ne devraient jamais prendre l'importance qu'elles n'ont pas, puisqu'il existe davantage « de variation génétique à l'intérieur des prétendues races qu'entre elles[2] ». Cela revient à dire que « la race est une construction sociale » pour reprendre les termes du médecin afro-américain et directeur médical d'un centre anticancéreux, Harold Freeman, cité par Epstein. Par conséquent, assurer une recherche clinique plus représentative des genres et des origines, pourquoi pas, mais sans jamais oublier que les distinctions sociales (taux de pauvreté, accès à la santé, morbidité, alimentation, modes de vie, etc.) sont des facteurs éminemment plus déterminants. Encore plus pour les femmes, et ce, quelle que soit leur couleur de peau.

1. https://www.liberation.fr/checknews/2018/07/13/pourquoi-le-mot-race-reste-t-il-dans-la-constitution-malgre-sa-suppression_1666333 L'article de *Libération* précise que le terme a bien été supprimé de la Constitution de 1958 par un vote, mais que deux occurrences restent présentes dans le préambule de la Constitution de 1946, pour lesquels les parlementaires n'ont pas déposé d'amendement, sans doute parce qu'il s'agit d'un texte « historique ».

2. Voir S. Epstein (https://journals.openedition.org/gss/3250)

DEUXIÈME PARTIE

Le paradoxe des usagères, ciblées mais mal soignées

4
Quand les laboratoires s'attaquent au marché féminin

> « En médecine, la mode change aussi souvent qu'en haute couture, le médicament miracle d'aujourd'hui sera le poison mortel de demain. »
>
> Groucho Marx,
> *Mémoires d'un amant lamentable.*

En 2007, sur les 20 000 essais cliniques réalisés annuellement dans le monde, 70 % étaient financés par l'industrie pharmaceutique, révèle Abby Lippman, une épidémiologiste canadienne et professeure au département d'épidémiologie, de biostatistique et de santé au travail de l'université McGill (décédée en 2017), bien connue pour son approche féministe des médicaments. « L'importance des investissements en jeu donne lieu à des essais cliniques davantage inspirés par l'éventualité des brevets et des profits que par le désir d'améliorer la santé des femmes », lâche-t-elle dans un travail de recherche sur les essais cliniques[1].

Les femmes, plus grandes consommatrices de médicaments que les hommes, représentent en revanche une cible de choix et à moindres frais. Alors que la médecine de genre, encore

1. Abby Lippman, « L'inclusion des femmes dans les essais cliniques : se pose-t-on les bonnes questions ? », art. cité.

balbutiante en France, met au jour les spécificités physiologiques des femmes, les laboratoires y voient des opportunités économiques trop belles à saisir, scrutant la santé des patientes, souvent par la lorgnette de la santé reproductive. À chaque nouvelle étape de leur vie, les laboratoires veulent être présents. Ainsi, tout comme l'industrie a développé des cartables bleus pour les garçons et roses pour les filles, des voitures à destination des hommes ou des femmes (selon la taille, la couleur, la ligne…), l'industrie pharmaceutique n'hésite pas à jouer la carte du marketing de genre[1], quitte à renforcer des stéréotypes préexistants. Après tout, pourquoi se priver d'une cible de consommatrices, lorsque, parfois, il n'en coûte qu'un bon coup de peinture ? « Aucun secteur n'y échappe, confirme Vinciane Mouronvalle-Chareille, consultante qui accompagne les entreprises vers un marketing sans stéréotype et une communication ouverte et responsable. Aujourd'hui, dans les représentations du corps médical, le médecin est toujours un homme, blanc, d'une cinquantaine d'années, en blouse blanche, muni d'un stéthoscope, au chevet d'une vieille mamie rabougrie ou qui veut sauver des enfants noirs en Afrique. Et là on ne parle pas du produit, mais d'un contexte social. » Alors pourquoi les médicaments échapperaient-ils à la règle ?

Les femmes, un marché juteux pour les laboratoires

Dulcolax est une marque de laxatifs commercialisés par le laboratoire Sanofi. Véritable best-seller, représentant un

1. Ou marketing sexué. Pratique qui vient des États-Unis, où il est beaucoup plus développé et consiste à orienter une politique marketing en fonction du genre. Il peut donner lieu à des polémiques lorsqu'il s'appuie ou renforce des stéréotypes de genre.

chiffre d'affaires de 225 millions d'euros en 2015 et vendu dans plus de 40 pays avec une solide présence aux États-Unis[1], le Dulcolax représente la première marque de laxatifs sans ordonnance au monde. Au Canada, le modèle « classique » se présente dans une simple boîte sans apparat, aux couleurs déclinées dans un camaïeu de vert. *A priori*, un médicament parfaitement mixte pour un inconvénient – la constipation – partagé par les femmes et les hommes. Pourtant, sur le site dédié aux médicaments de la gamme Dulcolax[2], on peut lire que « la constipation touche plus souvent les femmes que les hommes. C'est pourquoi les fabricants de Dulcolax ont conçu les comprimés Dulcolax pour femmes ». Le laboratoire décline ainsi son médicament en une version féminine. Par un simple ripolinage, l'emballage du Dulcolax pour femmes se pare désormais d'une couleur rose.

Mais s'il est vrai que la constipation touche environ deux fois plus les femmes que les hommes, la démarche d'un médicament féminin tient mal avec l'argumentaire du site. « La formule des comprimés DulcolaxMD pour femmes est différente de celle des comprimés de laxatifs DulcolaxMD. Cependant, ces produits contiennent la même quantité de l'ingrédient actif bisacodyl, soit 5 mg, et possèdent le même mode d'action », y lit-on. Ainsi, qu'est-ce qui le distingue réellement de la formule classique ? « Les comprimés DulcolaxMD pour femmes sont des comprimés entérosolubles roses tandis que les comprimés de laxatifs DulcolaxMD sont des comprimés entérosolubles jaunes. Ces produits peuvent être utilisés par les hommes et les femmes », peut-on toujours y lire. Banco ! En jouant sur un marketing de

1. https://www.boehringer-ingelheim.fr/communiqu%C3%A9s-de-presse/sanofi-et-boehringer-ingelheim-sont-parvenus-des-accords-definitifs-en-vue-de

2. https://www.dulcolax.ca/fr/comprimes-laxatif-dulcolax-pour-femmes

genre peu subtil, la couleur, et peu justifié, même quantité de principe actif, Sanofi peut vendre un médicament spécifique aux femmes…

Contacté, le laboratoire Sanofi justifie sa démarche. « Des recherches ont montré qu'au Canada, les femmes appréciaient les produits qui leur étaient destinés. Sanofi a donc décidé de conserver ce nom de marque pour ces consommatrices », nous précise-t-on. Si les femmes n'en avaient pas assez, elles seront aussi ravies de lire qu'« à base d'actif bisacodyl et de docusate sodique ce laxatif vous assure un soulagement rapide qui peut se révéler hyper utile pour entamer un régime ! » Commentaire anodin ou renforcement du stéréotype de la femme en quête de minceur ?

Retour en France. Dans un document interne de juillet 2015, la Haute autorité de santé déclare que le service médical rendu (SMR) est faible et « insuffisant pour une prise en charge par la solidarité nationale » et que, « compte tenu de données d'efficacité faibles ou non pertinentes, d'événements indésirables fréquents et de la présence d'alternatives thérapeutiques, Dulcolax n'a pas sa place dans la stratégie thérapeutique de la constipation occasionnelle ou par dyschésie rectale (fait de devoir pousser beaucoup pour expulser une selle) ».

De l'autre côté du globe, en Australie, une décision du gendarme australien de la concurrence (ACCC) devrait faire date : en 2015, l'ACCC avait saisi la justice en dénonçant les pratiques du fabricant britannique Reckitt Benckiser. Depuis plusieurs années, le géant pharmaceutique vendait sous conditionnement différent un même médicament, le Nurofen, censé lutter contre divers types de douleur. Parmi ces douleurs « particulières », celles liées aux règles, et donc ciblant spécifiquement les femmes, alors que la molécule et son dosage restaient strictement identiques. Le prix des tablettes, en revanche, était jusqu'à deux fois supérieur à la version « classique » du médicament.

En 2016, le groupe a été condamné[1], après un rejet de son appel par la Cour suprême, pour publicité mensongère à une amende finale de 4,3 millions d'euros par la Cour fédérale australienne. Une décision ferme censée « assurer que Reckitt Benckiser et d'autres "malfaisants potentiels" y réfléchissent à deux fois et décident de ne pas agir contre l'intérêt du public », selon les mots du président de l'institution.

En France, il existe toujours un NurofenFEM, avec son emballage rose ostentatoire et sa composition identique à la version « classique ». Il cible femmes et douleurs de règles. Son prix reste systématiquement plus cher que le produit classique, conformément à la taxe rose, cette différence de tarif qui rend plus onéreux les produits et services étiquetés pour femmes[2]. À notre connaissance, aucune action similaire à la situation australienne n'est en cours en France, et à notre question, « la féminisation de ce médicament était-elle abusive ? », l'ANSM n'a pas apporté de réponse. De plus, sur le site de la base de données publiques des médicaments[3], il est précisé que : « Si vous êtes une femme, NurofenFEM 400 mg, comprimé pelliculé peut altérer votre fertilité. Son utilisation n'est pas recommandée chez les femmes qui souhaitent concevoir un enfant. » Un comble.

Les laboratoires sont donc champions pour « marketer » un médicament et orienter sa prescription vers les femmes ou pour faire connaître de nouvelles maladies. Parmi les pathologies qui les touchent de plus en plus depuis quelques années, la

1. https://www.accc.gov.au/media-release/reckitt-benckiser-ordered-to-pay-17-million-in-penalties-for-misleading-conduct-regarding-nurofen-specific-pain-products

2. http://sante.lefigaro.fr/actualite/2015/12/14/24407-nurofen-epingle-pour-publicite-mensongere

3. http://base-donnees-publique.medicaments.gouv.fr/affichageDoc.php?specid=68354856&typedoc=N

bronchite pneumopathique chronique obstructive, la BPCO. Cette bronchite inflammatoire et dégénérative était généralement diagnostiquée, et de manière stéréotypée, chez les ouvriers fumeurs d'âge mûr, exposés à des fumées toxiques. Mais aujourd'hui, les experts prédisent une épidémie qui touche déjà 210 millions de malades dans le monde. En cause, la pollution mais aussi les changements des modes de vie des patients. « Il y a vingt ans, la proportion de femmes atteintes de la maladie était d'environ 20 %, elle est désormais de 40 % en France », assure la Société de pneumologie de langue française[1]. Les femmes, de plus en plus fumeuses selon l'Inpes (Institut national de prévention et d'éducation à la santé) dans la tranche d'âge 45-64 ans, seraient concernées, d'autant que l'effet du tabagisme se ferait plus durement ressentir chez elles. D'autres causes sont aussi identifiées, notamment l'exposition aux détergents et aux fumées domestiques. En clair, les femmes au foyer ne seront pas épargnées par l'épidémie. Les patientes atteintes de BPCO seraient ainsi plus jeunes que les hommes.

L'industrie pharmaceutique investit en masse dans le traitement de cette maladie. L'enjeu n'est pas négligeable : le marché mondial représentera 12 milliards d'euros d'ici 2023[2]. En France, les demandes d'autorisation de mise sur le marché pour des médicaments traitant la BPCO se multiplient. AstraZeneca a déboursé 135 millions d'euros pour la construction d'une usine à Dunkerque[3], qui emploiera plus de 450 personnes, dédiée à la fabrication du Symbicort, une spécialité utilisée dans le traitement de la pathologie. « Aujourd'hui, il existe quelques

1. http://splf.fr/wp-content/uploads/2017/10/dossier-de-presseBPCO-VF.pdf

2. https://www.lesechos.fr/2016/10/maladies-respiratoires-le-pari-francais-dastrazeneca-236101

3. https://www.usinenouvelle.com/article/astrazeneca-annonce-un-investissement-de-135-millions-d-euros-a-dunkerque.N375455

médicaments qui améliorent un tout petit peu les symptômes et les crises d'encombrement. Pour les firmes, cette situation est intéressante car ils ont un client pour dix ou vingt ans, en somme jusqu'à sa mort », considère Bruno Toussaint, directeur éditorial de la revue indépendante *Prescrire*.

Mais le laboratoire devra batailler pour se faire une place sur le marché face à la concurrence. GSK, Novartis, Boehringer Ingelheim et Teva, notamment, sont aussi sur le coup. Et pour s'assurer un marché suffisamment grand à se partager, les laboratoires ont intérêt à faire connaître cette maladie qui serait sous-diagnostiquée. « Deux personnes sur trois ignorent qu'elles sont porteuses de cette maladie », affirme encore la Société de pneumologie de langue française. Colloque sur le diagnostic et la prise en charge des patientes à destination des médecins, campagne d'ampleur dans la presse santé féminine, lancement d'une journée mondiale de la BPCO mettant en avant les femmes… les moyens sont là pour faire parler de la BPCO comme nouvelle pathologie concernant les femmes. Une campagne d'ampleur d'autant plus puissante qu'elle bénéficie du sponsoring des laboratoires. Ceux-ci vont jusqu'à rémunérer grassement les chercheurs travaillant dans le champ de la BPCO.

Les traitements contre la BPCO ne sont pas dénués d'effets secondaires, à voir leur nombre figurant sur la liste des médicaments sous surveillance renforcée de l'ANSM. « Les bêta-stimulants impliquent un danger cardio-vasculaire, car ils dilatent les bronches mais accélèrent le rythme cardiaque et font monter la pression artérielle, précise Bruno Toussaint. Tandis que les atropiniques augmenteraient aussi le risque cardio-vasculaire. D'autant plus que souvent, étant fumeurs·euses, ces malades ont déjà davantage de risques cardio-vasculaires que les autres. » Qu'en est-il des conséquences des traitements sur les femmes ? Les données restent, comme pour tous les autres médicaments, muettes sur le sujet, faute d'essais cliniques adaptés. Mais des pneumologues, en même temps que de constater que les conséquences de la maladie diffèrent chez les femmes, soulèvent la question d'un traitement adapté. « Les données montrent une augmentation de la mortalité chez les femmes comparativement aux hommes. Il semble donc que la BPCO chez la femme présente plus souvent un phénotype particulier, caractérisé par une atteinte bronchique plus que par l'emphysème et un retentissement fonctionnel et sur la qualité de vie plus marquée. L'anxiété et la dépression semblent plus marquées avec un retentissement accru sur la qualité de vie. L'efficacité des traitements pourrait être différente, en particulier en ce qui concerne le sevrage tabagique et la réhabilitation respiratoire[1] », constate une étude conduite par la professeure Chantal Raherisson-Semjen, pneumologue au CHU de Toulouse. Et d'ajouter : « Il est nécessaire de disposer d'études portant spécifiquement sur ces différences afin d'améliorer le diagnostic et la prise en charge. »

En dépit des moyens employés par les laboratoires pour faire connaître la maladie, le chemin reste encore long pour offrir un traitement adapté aux femmes. Aucune certitude qu'un traitement conçu pour les hommes convienne également aux patientes. Pour le savoir, les laboratoires devraient conduire de nouvelles études sur le sujet. Trop coûteuses, sans doute ?

Les risques des prescriptions hors AMM

Jusqu'au 1er mars 2018, date de son retrait du marché français, le laboratoire Pfizer commercialisait le Cytotec (misoprostol), à l'origine conçu comme un antiulcéreux, mais majoritairement utilisé dans le secteur gynécologique, hors autorisation

1. C. Raherisson *et al.*, « Existe-t-il des spécificités chez les femmes atteintes de BPCO ? », *Revue des maladies respiratoires*, juillet 2010.

de mise sur le marché. Dans un communiqué du 19 octobre 2017[1], l'industriel affirmait prendre « très au sérieux la sécurité des patients et les cas d'usage non conforme de ses produits ». Depuis des années, il était employé pour déclencher artificiellement des accouchements, mais aussi dans le cas d'avortements médicamenteux ou d'interruption médicale de grossesse. En 2013, l'ANSM avait pourtant émis des mises en garde contre son recours dans le déclenchement du travail, s'inquiétant de risques, certes rares, de ruptures utérines ou d'hémorragies graves chez les parturientes, comme ce fut le cas pour Aurélie Joux.

Le 13 novembre 2010, cette trentenaire arrive à l'hôpital de Poissy/Saint-Germain-en-Laye (Yvelines). Les équipes soignantes lui administrent une dose de 50 µg de Cytotec par voie vaginale. Dès l'introduction du médicament, elle ressent de violentes contractions. À tel point que son utérus se déchire de bout en bout et que son enfant reste plusieurs jours entre la vie et la mort. Aujourd'hui, Timéo, né en état de mort apparent, est handicapé à 80 %. Elle décide de poursuivre l'établissement en justice. En décembre 2016, Aurélie Joux remporte une victoire à l'issue d'un combat débuté en 2011 lorsqu'elle saisit la Commission régionale de conciliation et d'indemnisation des accidents médicaux (CRCI). La responsabilité de l'établissement est reconnue en 2013, mais l'hôpital refuse d'indemniser Timéo, comme le précise le site Internet de l'association Timéo et les autres, créée par Aurélie Joux, Anne Loirette et leurs époux à la suite de leur traumatisme. Trois ans plus tard, le tribunal administratif de Versailles confirme cet avis et condamne l'hôpital à indemniser Timéo et sa famille. Aux yeux de l'instance, il ne fait pas de doute qu'en « administrant à l'intéressée du Cytotec, en dehors de tout essai thérapeutique et à une dose trop importante,

1. https://ansm.sante.fr/S-informer/Communiques-Communiques-Points-presse/Cytotec-misoprostol-arret-de-commercialisation-a-compter-du-1er-mars-2018-Communique

puis ultérieurement du Syntocinon sous forme de perfusion, le CHI de Poissy-Saint-Germain-en-Laye a commis des fautes de nature à engager sa responsabilité. » Depuis, l'hôpital a fait appel du jugement. Le procès aurait dû avoir lieu au printemps dernier, mais a été repoussé pour cause de covid.

En dehors de toute AMM spécifique à l'utilisation gynécologique, le médicament était-il bien adapté ? Comme le précise le docteur Thierry Harvey, chef de service à la maternité du groupe hospitalier des Diaconesses, qui a toujours refusé de l'employer à ces fins, par voie orale, « le comprimé de 200 µg [devait] être divisé manuellement en huit, alors qu'il fai[sai]t seulement 1 cm de longueur, pour donner précisément 25 µg à la parturiente. Un dosage très aléatoire… », estime-t-il. Il fallait sinon dissoudre le médicament et donner un huitième du verre d'eau… Mais le Cytotec avait un gros avantage : il n'était pas cher ! En effet, un comprimé coûtait 0,30 euro. « Le prix d'un caramel mou », ironise Anne Loirette, elle aussi victime du médicament, très impliquée dans l'association Timéo, « tandis que le Propess (alternative à base de dinoprostone, une molécule différente) coûte 90 euros ! ».

Des économies d'échelle qui auraient joué en faveur du médicament, utilisé chez quelques milliers de femmes chaque année[1] jusqu'à son retrait. Pour Anne Loirette, il est clair que son utilisation gynécologique était « seulement motivée par des questions financières. Si l'on donne des fortes doses, c'est plus rapide et les salles de naissances sont plus rapidement évacuées ». En mai 2015, lors des 43e assises nationales des sages-femmes, le professeur Patrick Rozenberg, qui exerce justement à Poissy, s'exprime sur le Cytotec et parle d'économies d'au moins un million d'euros par an. Mais ces économies, confie-t-il lors d'un

1. Environ 34 000 femmes par an, selon les chiffres d'Anne Loirette, calculés approximativement en partant des 160 000 accouchements déclenchés environ chaque année, dont environ 2 % sous Cytotec.

entretien, ne sont qu'anecdotiques comparées au coût total de la prise en charge d'un accouchement, entre 5 000 et 10 000 euros. La vraie raison, selon lui, se trouve ailleurs : c'est parce que le médicament était utilisé comme abortif qu'il a été entaché d'un halo de scandale et a attiré l'attention des médias. C'est la raison pour laquelle le laboratoire aurait aussi été réticent face aux coûts de nouvelles études cliniques nécessaires pour demander une AMM spécifique, mais aussi parce qu'aux États-Unis, « les lobbies antiavortement sont très bruyants et que le laboratoire ne voulait pas de cette publicité », suppose le professeur Rozenberg. En effet, Pfizer n'a jamais effectué de nouvelle demande d'AMM pour un usage du Cytotec spécifique au déclenchement du travail. Contacté à ce propos, le laboratoire n'a pas donné suite à nos demandes d'interview. Le coût engendré par de nouvelles études cliniques n'aurait sans doute pas été compensé par le faible prix du Cytotec. « Pfizer, que voulez-vous qu'il fasse d'un comprimé à moins d'un euro, que l'on va utiliser en général une fois chez la femme enceinte ? C'est une niche », lançait le professeur Rozenberg, toujours lors de ces assises, après avoir publié une tribune dans *Le Monde* le 21 mars 2013[1] dans laquelle il écrivait : « L'industrie a renoncé à l'énorme investissement d'une demande d'AMM dans la "niche commerciale" que représente la grossesse, qui n'est pas une maladie. Soigner 1 000 patientes par an pendant un temps très court représente un trop faible objectif économique. En outre, l'industrie, encore marquée par les affaires du Thalidomide ou du Distilbène, anticipe la volte-face des institutions et ses conséquences économiques lorsque survient une complication grave exceptionnelle. Ainsi, c'est le rapport bénéfices-risques des laboratoires qui s'impose aux dépens de celui de la patiente. »

1. https://www.lemonde.fr/sciences/article/2013/03/21/la-non-affaire-du-cytotec_1852159_1650684.html

Le professeur Rozenberg estime que le Cytotec a été victime d'un procès injuste de la part de l'opinion. L'innocuité d'un médicament ne dépend pas seulement de l'AMM, défend-il. Après tout, l'Organisation mondiale de la santé elle-même ne recommande-t-elle pas son utilisation dans le déclenchement du travail, preuve de sa sûreté et de son efficacité ? Le 26 février 2008[1], l'organisation publie une recommandation indiquant qu'« une faible dose (25 µg) de misoprostol par voie vaginale semble efficace pour la maturation cervicale et l'induction du travail ». D'autres institutions réputées comme l'American College of Obstetricians and Gynecologists soutiennent également son utilisation. « Toutes les études vont dans le même sens », rassure Patrick Rozenberg. S'il croit dur comme fer aux services rendus par le Cytotec pour éviter les césariennes, il ne « doute pas d'un mauvais usage du misoprostol » dans certains cas. Des accidents qui seraient liés à de mauvaises pratiques et non à un mauvais médicament, en somme. Et certainement pas de quoi condamner le Cytotec. Car pour le professeur, bien que l'antiulcéreux puisse être à l'origine de rares ruptures utérines, il n'est pas plus dangereux que d'autres médicaments utilisés également dans le déclenchement du travail, comme l'ocytocine, ou comme traitement à la menace d'accouchement prématuré, comme la tocolyse, deux spécialités utilisées sans AMM mais qui, elles, ne sont pas liées à la question abortive… Alors si, à ses yeux, le débat sur le Cytotec n'a pas lieu d'être du point de vue scientifique, parlant même d'une « non-affaire », sa médiatisation aura au moins mis en lumière une évidence : les avis sur un médicament sont rarement binaires. Encensé par les gynécologues et honni par les femmes qui en ont été victimes, allié des pro-avortements et critiqué pour les mêmes raisons, le Cytotec s'est retrouvé au cœur de la sphère gynécologique, bien loin de son destin d'origine.

1. https://extranet.who.int/rhl/fr/topics/pregnancy-and-childbirth/induction-labour-6

Cette information concernant l'utilisation hors AMM des médicaments n'est pas surprenante. L'économiste Philippe Abecassis, spécialiste de l'économie de la santé, décrit un phénomène passé sous le radar. Contactée à propos de la possible surreprésentation des femmes parmi les consommatrices de médicaments hors AMM, l'ANSM n'a pas donné suite. « Après l'affaire du Mediator, quelques études ont montré qu'il existait en effet une proportion plus importante de femmes que d'hommes dans les utilisations hors AMM des médicaments », avance Philippe Abecassis. Et, souligne-t-il, ces usages se basent sur « une absence d'efficacité non validée ». Donc potentiellement plus risquée pour les utilisatrices, comme le confirme un rapport de la Cour des comptes[1].

Suite au retrait du Cytotec, un « petit frère » est arrivé sur le marché en avril 2018, qui a su pallier ces difficultés : l'Angusta 25 µg (misoprostol) indiqué dans le déclenchement du travail a obtenu son AMM en janvier 2018 en France, commercialisé par le laboratoire Azanta. Pour cette compagnie, pas besoin de nouvelles études : sur la notice du « Transparency Committee Opinion Summary » émis par la HAS[2], il est clairement spécifié qu'« aucune étude sur le misoprostol n'a spécifiquement étudié Angusta 25 µg. Elles ont été menées sur les données médicales antérieures du Cytotec à différentes doses (dans la forme des fractions de la tablette orale issues du Cytotec). La bioéquivalence[3] entre ces deux produits médicaux n'a pas été démontrée ».

1. Ce rapport de novembre 2019 pointe le recours à une utilisation hors AMM des médicaments comme étant liée à « un risque sanitaire plus élevé » (p. 88).

2. https://www.has-sante.fr/upload/docs/application/pdf/2019-03/angusta_summary_ct168291.pdf

3. Deux principes actifs sont dits bioéquivalents lorsque, administrés à la même concentration, ils engendrent normalement les mêmes effets

La ménopause, maladie imaginaire ?

Vendre des médicaments, absolument. Quitte à ne pas avoir d'AMM spécifique, comme dans le cas du Cytotec. Quitte à pathologiser des états naturels, comme avec la ménopause. Dans sa thèse « Critique de l'âge critique. Usages et représentations de la ménopause[1] », soutenue en 2011 à l'EHESS (École des hautes études en sciences sociales), le psychiatre et anthropologue Daniel Delanoë affirme que la ménopause représente un « sentiment de perte majeure du fait de l'arrêt des règles et de la fécondité, ainsi qu'une perte du capital santé, du capital esthétique et surtout du capital symbolique », mais que pour « la majorité des femmes, la ménopause constitue plutôt un non-événement, une évolution physiologique sans conséquence particulière quant à leur valeur sociale notamment ». Il précise qu'une minorité estime que c'est un soulagement, et que pour une autre c'est une période difficile à passer. Mais en dégainant l'arme imparable du marketing, les laboratoires ont réussi à faire des femmes ménopausées des femmes malades, soumises au regard des hommes, puisque « les hommes quant à eux attribuent volontiers des changements psychiques négatifs à la ménopause ».

La ménopause n'est devenue un concept médical en Occident qu'au XIXe siècle, accompagnée d'un discours paternaliste et dévalorisant pour la femme : une fois les règles achevées et la possibilité d'enfanter révolue, la femme rejoignait officiellement

[traduction : « *No studies on misoprostol have studied ANGUSTA 25 µg specifically. They were carried out on the proprietary medicinal product CYTOTEC at different doses (in the form of fractions of tablet oral solution made up from CYTOTEC). The bioequivalence between the two medicinal products has not been demonstrated.* »]

1. https://journals.openedition.org/amades/958

l'âge rebutant de la vieillesse. Dans les années 1940, aux États-Unis, la ménopause devient une véritable maladie. Pour « traiter » la ménopause, il convient aux laboratoires de trouver un remède. Il arrive sous la forme des traitements hormonaux substitutifs (THS), censés pallier l'arrêt de la production d'hormones, et ainsi, ralentir la course à la vieillesse. Finies rides, ostéoporose, sautes d'humeur et bouffées de chaleur ! « Le premier traitement contre la ménopause, le Premarin, introduit en 1942 aux États-Unis, créa un phénomène marketing et culturel d'une envergure inédite, avec force articles, livres, émissions de télévision. Les laboratoires produisant les traitements hormonaux ont réalisé des films éducatifs à l'intention des médecins empreints de paternalisme et exploitant les peurs des femmes[1]. » Dans les années 1960, un gynécologue new-yorkais du nom de Robert Wilson promit aux femmes sous THS une jeunesse éternelle, la beauté et une vie sexuelle épanouie. Relativement inconnu, son livre *Feminine Forever* (féminine pour toujours) « autour duquel sont organisées de nombreuses conférences destinées à des groupes de femmes activistes et de médecins[2] » devint un véritable best-seller. Pour ce médecin, « à 50 ans il n'y a ni ovule, ni follicule, ni thèque (enveloppe du follicule), ni œstrogènes, c'est une véritable catastrophe galopante ». Alors que, grâce aux œstrogènes, « les seins et les organes génitaux ne décrépiront plus : il sera agréable de vivre avec des femmes comme cela qui ne deviendront pas tristes et ne perdront pas leur pouvoir de séduction ». Le positionnement

1. É. Abécassis et C. Bongrand, *Le Corset invisible*, Albin Michel, 2008. Cet ouvrage, dont nous ne partageons pas la vision d'ensemble du rôle de la femme dans la société, aborde néanmoins quelques points intéressants sur la « pathologisation » de la santé de la femme, notamment dans le chapitre intitulé « L'invention de la ménopause ».

2. S. Panico, « Traitement hormonal de substitution chez la femme ménopausée », *Revue médicale suisse*, 2004, vol. 0.23595.

du docteur Wilson « coïncide avec un énorme bond en avant de la vente des œstrogènes, mis sous brevet et produits par la Wyeth-Ayerst[1] ».

Mais après sa mort, Ronald Wilson, son fils, dévoila pourtant que son père avait été payé… par les laboratoires pharmaceutiques[2] ! « Ronald Wilson révèle que la Wyeth-Ayerst avait payé les frais de rédaction, de publication et de diffusion du livre *Feminine Forever*, et financé la fondation personnelle de son père, la Wilson Research Foundation, qui a ses bureaux sur Park Avenue à Manhattan. La Wyeth-Ayerst n'a voulu ni confirmer ni démentir cette révélation, indiquant que les documents de l'époque n'existent plus », résume l'article de la *Revue médicale suisse*. Mais tant que le conflit d'intérêts resta caché, son argumentaire fonctionna parfaitement, tant auprès des médecins que des femmes elles-mêmes. Elles furent ainsi des dizaines de millions dans le monde à avoir recours aux THS, sans se poser davantage de questions[3].

Ce traitement mis au point par le laboratoire Wyeth fut racheté par le géant Pfizer en 2009. Un article du *New York Times*[4] met en avant la longévité et l'efficacité de la stratégie qui fut celle du laboratoire Wyeth. « Mis ensemble, ils [des documents internes] décrivent une compagnie qui a, pendant des décennies, dépensé des dizaines de millions de dollars pour influencer les médecins, les professionnels des sociétés savantes, des publications scientifiques, des cours et des publicités de célébrités, inondant des docteurs et des patients d'une

1. *Ibid.*

2. R. Bazell, « The crual irony of trying to be "feminine forever" », février 2007.

3. Dans les années 1990, on estime qu'entre 40 et 50 % des femmes étaient sous THS.

4. N. Singer, D. Wilson, « Menopause, as brought to you by big pharma », 12 décembre 2009.

mer de messages de santé positifs qui, selon les avocats des plaignantes, ont écarté leur attention des risques de cancer. »

Des risques de cancer, des plaignantes ? Le traitement était-il trop beau pour être vrai ? Le discours dithyrambique autour du traitement hormonal de substitution est en effet profondément ébranlé en 1975, à la publication d'une étude dans le *New England Journal of Medicine*, qui établit un lien entre le cancer de l'utérus et la prise d'œstrogènes. Dans les années 1990, des essais cliniques démarrent et les premiers résultats arrivent en 2002 avec l'étude Women's Health Initiative (WHI) publiée dans *JAMA* (*Journal of the American Medical Association*), qui inclut presque 17 000 femmes américaines ménopausées âgées de 50 à 79 ans entre 1993 et 1998[1]. Mais cet essai fut brutalement interrompu en 2002 quand il s'avéra que les femmes y participant et prenant des hormones présentaient une incidence plus élevée de cancer du sein et de problèmes cardio-vasculaires que le groupe témoin.

Au moment où éclate la polémique sur le bon usage du TSH, au milieu de la décennie 1990, la France adopte une attitude plutôt attentiste. L'Association française de l'étude de la ménopause, ainsi que les producteurs de THS (Hoechst-Roussel puis Aventis) contestent les conclusions du WHI, qui vont à l'encontre de leurs intérêts… Et même si l'Académie de médecine de Paris puis l'Afssaps (l'Agence nationale de sécurité du médicament et des produits de santé, ancienne ANSM) reconnaissent ces résultats, les associations féministes ne prennent alors que peu ou pas la parole, estimant que les résultats américains ne sont pas transposables en France car l'hygiène de vie, l'alimentation des Américaines sont différentes. Autant de facteurs potentiels influençant les maladies.

Selon Ilana Löwy et Jean-Paul Gaudillière, historiens des sciences et de la médecine, les Françaises ont trop fait confiance

1. « Risks and benefits of estrogenplus progestin in healthy postmenopausal women », *Journal of the American Medical Association*, juillet 2002.

à leurs gynécologues parce que ceux-ci avaient combattu à leurs côtés pour le droit à l'avortement et à la pilule, et de ce fait, « ont souvent été perçu·es comme des allié·es et non pas comme des ennemi·es ou des expert·es indifférent·es à la santé des femmes[1] ». Une sorte d'exception française propre aux médicaments ?

Les débats n'étaient pas finis. Dès 2004, une méta-analyse remet en question les résultats alarmants de la WHI. Elle indique que si les participantes étaient âgées de moins de 60 ans, la mortalité des personnes prenant ces THS, traitements hormonaux substitutifs, était au contraire plus faible que chez les femmes ne prenant pas de THS. Des résultats carrément contradictoires ! « En janvier 2012, quatre articles publiés dans *The Journal of Family Planning and Reproductive Health Care* ont décortiqué scrupuleusement la méthodologie de ces grands essais cliniques et les chercheurs ont trouvé de nombreuses failles », explique David Zavaglia, docteur en biologie cellulaire et moléculaire, interrogé par Allodocteurs[2]. « Ces chercheurs n'affirment pas que les THS sont inoffensifs, mais ils précisent qu'il n'y a pas de preuve claire que les traitements hormonaux augmentent le risque de cancer », poursuit-il.

Les résultats du WHI ont à nouveau été remis en question en 2017, avec une étude qui démontre une absence de surmortalité chez les femmes ayant pris des THS pendant cinq à sept ans et suivies sur dix-huit ans[3]. L'existence de ces études contradictoires ne permet pourtant pas d'assurer que les THS sont

1. I. Löwy, J.-P. Gaudillière, « Médicalisation de la ménopause, mouvements pour la santé des femmes et controverses sur les thérapies hormonales », *Nouvelles questions féministes*, 2006/2, vol. 25, p. 48-65.

2. D. Zavaglia, « Ménopause : les traitements hormonaux sont-ils dangereux ? », 8 novembre 2011.

3. J. E. Manson, A. Aragaki, J. E. Rossouw *et al.*, « Menopausal hormone therapy and long-term all-cause and cause-specific mortality », *Journal of the American Medical Association*, 2017.

réellement inoffensifs chez les femmes. Le docteur Zavaglia recommande donc la prudence. « Il est difficile de conclure de façon certaine sur l'absence de risque. En fait, il existe tellement de combinaisons de molécules possibles pour le THS qu'il faut les scruter au cas par cas. [...] Comme ces traitements apportent un certain bénéfice, notamment vis-à-vis de l'ostéoporose, on peut les prescrire au cas par cas, à la plus faible dose possible et pendant la durée la plus courte possible. Il est également conseillé de les démarrer le plus tôt possible après la ménopause pour limiter les risques », conclut-il. Ainsi, le THS qui a fait les choux gras des laboratoires pendant quarante ans, ne fait plus autant recette. Pourtant, en 2001, Wyeth vendait encore des hormones pour 2 milliards de dollars annuels.

Dénominateur commun de beaucoup de femmes ménopausées, le traitement des bouffées de chaleur leur assurait un marché juteux. Noyée dans la bataille du marché, la santé des femmes a-t-elle été bradée ? Il est en tout cas évident que la notion floue de « médicament de confort[1] » (destiné à soulager les patients atteints par des pathologies bénignes) a été ici confrontée à ses propres limites.

L'Agréal ou le remède pire que le mal

Les femmes ménopausées n'ont malheureusement pas seulement fait face aux turpitudes liées au traitement hormonal de substitution. Un autre exemple de prescription a transformé la vie de ces femmes ménopausées en calvaire : l'Agréal (véralipride).

« Ma vie est devenue un enfer depuis trois ans » ; « Je souhaitais mourir », « Ma vie a basculé dans l'horreur ». Sur le forum

1. Concept d'ailleurs inexistant, puisque tout médicament comporte des risques d'effets secondaires.

du blog Pharmacritique[1], les témoignages de femmes ayant pris de l'Agréal se suivent et se ressemblent. Ce médicament, prescrit pour calmer leurs bouffées de chaleur à l'orée de la ménopause, s'est révélé un véritable cauchemar. En septembre 2018, Me Didier Jaubert dépose une procédure d'action de groupe en santé pour défendre les victimes de l'Agréal. Plus de dix ans après l'arrêt de sa commercialisation, le 22 octobre 2007, l'action en justice est loin d'être finie. Alors qu'une audience devait avoir lieu à l'automne 2019, Me Jaubert a demandé un report afin de pouvoir inclure au dossier un nouveau document issu de l'Agence européenne du médicament.

L'Agréal obtient son autorisation de mise sur le marché (AMM) français en 1979. Cinq autres pays européens le commercialisent au même moment. Selon les estimations de l'ancienne agence du médicament (Afssaps), 24,4 millions de cures de vingt jours par mois d'Agréal ont été administrées en France[2] en vingt-sept ans de commercialisation.

Dès 2005, les autorités de santé espagnoles sont alertées par des événements psychiatriques indésirables, des dépressions, des tremblements inexpliqués, des mouvements incontrôlés. En France, le retrait ne sera effectif que deux ans plus tard. Contactée à ce sujet, l'ANSM n'a pas donné suite. Mais le laboratoire Sanofi précise les conditions du retrait. « Une enquête nationale de pharmacovigilance a été menée par les autorités de santé française en 2005 » qui « a conclu que la balance bénéfices-risques du médicament restait favorable ». Un courrier d'information a en outre été diffusé aux professionnels de santé en avril 2006 par le laboratoire exploitant, en accord avec les autorités sanitaires, affirme Sanofi. C'est « en raison de divergences d'appréciation entre les autorités

1. https://pharmacritique.com/2008/10/16/medicament-poison-agreal/
2. https://www.ansm.sante.fr/var/ansm_site/storage/original/application/4bb7d2e54a46d3c68cd69d9560c1fe55.pdf

de santé des différents États membres concernant le profil de tolérance et également la place de ce traitement dans la prise en charge des bouffées de chaleur associées à des manifestations psycho-fonctionnelles invalidantes de la ménopause, au regard des alternatives alors disponibles, qu'un arbitrage au niveau européen a eu lieu qui a abouti à une recommandation de retrait du médicament de l'arsenal thérapeutique disponible. Cette recommandation a été suivie par les laboratoires Sanofi (titulaire de l'AMM) et Grünenthal (exploitant) et il a été décidé en concertation avec l'Afssaps (devenue ensuite l'ANSM) de retirer progressivement, jusqu'en octobre 2007, le médicament du marché afin de permettre un accompagnement approprié des professionnels de santé et des patientes ».

Mais avant son retrait, des inquiétudes avaient été soulevées concernant la nature de l'Agréal, en réalité un neuroleptique dérivé du Dogmatil (sulpiride), découvert en 1965 et utilisé à la base pour traiter certaines maladies psychiatriques… comme la schizophrénie. Il a été commercialisé par différents laboratoires, dont Sanofi, puis à partir de l'année 2000 par Grünenthal. À l'évocation de sa proximité avec le Dogmatil, Georges-Alexandre Imbert, président de l'AAAVAM (Association d'aide aux victimes d'accident de médicaments) ne décolère pas. « C'est un neuroleptique caché ! », assène-t-il. À ses yeux, les laboratoires ont sciemment pris le risque de faire subir des effets secondaires épouvantables aux femmes : des tics, des raideurs musculaires et des difficultés à coordonner ses mouvements, autant d'effets indésirables qui étaient déjà connus du temps du Dogmatil mais qui « n'ont pas été inscrits sur la notice de l'Agréal jusqu'à quelques mois avant son retrait », affirme-t-il. Contacté à ce propos, le laboratoire Sanofi avance, lui, que « les effets indésirables tels que les mouvements anormaux localisés, notamment dyskinésie bucco-faciale ou encore syndrome extrapyramidal/parkinsonien figuraient depuis les années 1980 dans les documents d'information ». Sans oublier la responsabilité de certains prescripteurs : l'Agréal devait en effet être administré pour une durée de trois semaines maximum (cure de vingt jours par mois), or certaines femmes l'ont pris en continu sur parfois deux décennies, bien loin des recommandations de la notice.

Nous avons discuté par téléphone avec Mireille Degenève, membre de l'AAAVAM, mais compte tenu de ses difficultés d'élocution dues à l'Agréal, nous avons davantage communiqué par écrit. C'est aujourd'hui une femme détruite. Cette ancienne grande sportive, qui s'attaquait aux pistes de ski avec panache et pratiquait la randonnée avec son mari, ne peut plus compter sur son corps. Il n'a pas résisté aux effets secondaires, rares mais dramatiques, de l'Agréal. Pour Mireille, contempler les miettes de sa vie d'avant est un véritable crève-cœur.

En 1993, pour lutter contre ses fortes bouffées de chaleur, son médecin lui prescrit des comprimés d'Agréal. Un an après, elle stoppe brusquement son traitement quand elle découvre qu'il s'agit en réalité d'un neuroleptique, ce qui n'était pas indiqué dans la notice. « Au bout d'un an, j'ai commencé à avoir des tics de la face, d'affreuses fausses routes, pendant lesquelles j'aurais pu m'étouffer si mon mari n'avait pas été là, ainsi que de grosses crises de tétanie où les médecins d'urgence devaient intervenir. Le 1er février 1999, de gros tremblements me secouent. Immédiatement hospitalisée dans le service neurologique d'Annecy, le neurologue me questionne et me demande ce que je prends comme médicament : dès que je prononce le nom Agréal, il déclare immédiatement : “Vous faites des crises de dyskinésies postneuroleptiques” », détaille-t-elle.

S'ensuit un calvaire qui dure six longues années, entre dépression avec idées suicidaires et tremblements compulsifs. Finalement, Mireille Degenève essaie un nombre de traitements incalculables. Seule option : la chirurgie. « En novembre 2004, me voilà sur le billard pour la première phase : implantation de deux électrodes dans le cerveau (pallidum). Le lendemain, on m'implante un pacemaker dans le ventre relié au cerveau par un tuyau qui passe derrière mon oreille, descend entre les seins et rejoint le pacemaker dans lequel il y a une pile et le tout est à changer tous les quatre ans ». Enfin les tremblements cessent… Néanmoins, les séquelles de Mireille sont nombreuses. « Je ne peux plus écrire à la main, je ne peux plus faire de sport ; je ne peux plus conduire en raison des médicaments obligatoires ; j'ai en ce moment de grosses pertes d'équilibre et je suis allée au centre de rééducation ; je bénéficie d'une exonération de frais de soins ALD (affection longue durée), j'ai une carte de stationnement pour handicapée à 80 %. » Le Conseil général lui octroie trois fois par mois une auxiliaire de vie pour l'aider dans ses tâches ménagères. Mais rien ne lui rendra sa santé. « Ma seule joie aujourd'hui : pouvoir me baigner dans le lac d'Annecy, laisser mon corps flotter. Dans l'eau, j'oublie tout », confie-t-elle.

Le « femwashing » à l'œuvre

Non contents de s'attaquer à la ménopause, les laboratoires ont aussi pensé aux femmes en manque de libido. Un marché potentiellement énorme, si l'on en croit le succès phénoménal du Viagra[1], la fameuse pilule bleue remédiant aux problèmes d'érection masculins. Ainsi l'Addyi, surnommé le « Viagra féminin », a été mis sur le marché américain en 2015[2], après bien des déboires… Remontons le fil.

À l'écran, une bombe atomique blonde, aux courbes affolantes, au regard aguicheur, lascivement allongée sur un transat posé au bord de l'océan. Du vent dans ses cheveux, elle parle de sexualité. D'abord d'une voix suave, d'un ton sans équivoque,

1. Le succès du Viagra fut phénoménal. Mis sur le marché en 1998, en 2000, les ventes dépassent le milliard de dollars.

2. « Tout savoir sur le viagra féminin », *Santé Magazine*, 15 juin 2018.

elle imagine : « Il n'y a que vous et votre partenaire… Dans une situation idéale… Mais soudain, un dysfonctionnement de l'érection ! Heureusement, vous avez de nombreuses options qui vous rendront vigoureux comme un jeune homme… » La voix se casse, le visage se durcit : « Dommage que votre copine n'ait, elle, aucun traitement. » En se jouant ironiquement des arguments clichés associés au Viagra, cette vidéo[1], intitulée #Womendeserve (« les femmes méritent »), et soutenue par le mouvement « Even the Score » (« Égalisez le score ») lancé en 2015, était censée aider à convaincre l'agence du médicament américaine (FDA) à autoriser l'Addyi sur le marché. Mais sous la vidéo, les commentaires sont plutôt acerbes. Une internaute, Wowalinbie, poste : « Bravo à Even the Score. Vous avez réussi à faire obtenir une AMM pour un médicament à peine efficace qui doit être pris tous les jours et, en combinaison avec l'alcool, crée de l'hypotension sévère et des blackouts (environ 74 % des participant·e·s de l'essai clinique ont eu des effets secondaires, même sans alcool et 10 % d'entre elles ont arrêté leur traitement). Mais j'imagine que ça vaut le coup pour le rapport sexuel mensuel potentiellement gagné. Argggh, vous avez vraiment montré ce qu'était le patriarcat. Espérons juste que vous n'avez pas mis des femmes dans des situations dangereuses, ou même que vous n'en avez pas tué. »

Qu'est-ce qui justifie une telle colère ? Après avoir été retoqué en 2010 et 2013 par la FDA, le laboratoire Sprout Pharmaceuticals, qui veut commercialiser l'Addyi[2], a bien fait les choses, en fournissant une étude rassurante. L'idée est de balayer d'un revers de manche, lors des deux premiers examens du dossier, les doutes émis sur les effets secondaires du médicament et sur son efficacité. Les résultats s'étaient montrés modestes :

1. https://www.youtube.com/watch?v=KVdJ5AdmhSQ

2. http://madame.lefigaro.fr/societe/aux-États-Unis-une-campagne-milite-pour-la-commercialisation-du-viagra-feminin-010615-96790

le médicament ne permettait en effet que d'obtenir 0,8 rapport sexuel supplémentaire par mois, pour des effets secondaires importants : les nausées et les vertiges causés par le médicament ont fait arrêter 15 % des femmes pendant l'essai clinique. Cette fois sera la bonne : l'étude clinique, présentée sous un jour plus favorable, a montré que les patientes prenant l'Addyi ne souffrent pas de somnolence. Les femmes vont, enfin, profiter, tout comme les hommes, d'un petit coup de pouce thérapeutique en cas de panne de désir ! Mais devant un dossier scientifique un peu creux, d'autres arguments vont s'inviter dans le débat. C'est là qu'intervient le groupe « Even the Score », évoqué plus haut. Rappelez-vous, la vidéo. À grand renfort d'arguments prônant la nécessité d'une égalité thérapeutique entre les femmes et les hommes, une coalition de féministes s'empare du sujet. Elles accusent la FDA de sexisme pour n'avoir jamais approuvé de traitement aux dysfonctionnements sexuels féminins. D'où la vidéo virale, censée tourner en dérision une aberration : l'inégalité de traitement des femmes et des hommes souffrant de troubles du désir.

En parallèle, la New View Campaign, une association dénonçant la médicalisation de la sexualité féminine par les laboratoires pharmaceutiques, créée en 2000, prend du service pour tenter de contrebalancer les arguments de « Even the Score », en reprochant justement au laboratoire d'avoir hypocritement recours à la rhétorique féministe et de pratiquer le « femwashing », qui désigne, sur le modèle du « greenwashing », une récupération marketing du discours féministe.

Leonore Tiefer, psychologue et sexologue, présidente de New View Campaign, monte au créneau. « La notion de médicalisation est accolée de près à celle de diagnostic. Mais en termes de sexualité, il n'y a pas de "normalité". Pour certaines, la sexualité compte énormément, pour d'autres, elle est anecdotique », explique-t-elle. Vouloir instaurer un nombre de rapports sexuels convenable n'a pas de sens et ne fait que rajouter une pression supplémentaire aux femmes, qui *doivent* être des femmes désirantes, sous peine de voir « leur mari sous Viagra aller voir ailleurs ou opter pour une femme plus jeune », ironise Leonore Tiefer. Car il s'est avéré que la New View Campaign avait eu raison de se méfier… Comme l'a prouvé l'enquête de Formindep[1], association de professionnel·le·s de santé et de citoyen·ne·s qui militent pour une information médicale vraiment indépendante et s'étaient intéressés à l'Addyi au moment où il aurait pu arriver sur le marché français, derrière les féministes qui exigeaient une égalité dans l'accès des traitements, se trouvait en réalité… le laboratoire lui-même !

Pour se donner l'aspect du féminisme, le laboratoire Sprout avait fait appel à une agence de communication, Blue Engine Media : cela ressemblait à du féminisme, cela en avait la couleur, mais cela n'en était pas. La poupée blonde appelant de ses vœux une vraie égalité de traitement peut bien aller se rhabiller. Contacté à propos de sa stratégie de « femwashing », le laboratoire n'a pas répondu à notre demande d'interview.

« Les femmes n'étaient pas en demande d'un médicament, rappelle Leonore Tiefer. Le besoin a été créé par les médecins et les laboratoires, puis repris par les médias », déplore-t-elle. À ses yeux, les femmes avaient un certain nombre d'options, mais elles n'étaient pas « médicamenteuses » : thérapie de couple, meilleure connaissance de son corps, de son clitoris, de ses envies, volonté d'une relation globalement plus épanouissante, travail sur l'estime de soi et enfin le fait de s'autoriser davantage de fantasmes et s'écouter plus… Des questions que ne se sont pas posées les industriels. Au lendemain de l'obtention de l'AMM, Sprout Pharmaceuticals acceptait l'offre de reprise du canadien Valeant Pharmaceuticals (renommé Bausch en mai 2018) pour un milliard de dollars. « Nous sommes convaincus que ce produit

1. Formindep, « Viagra féminin, n'avalez pas n'importe quoi ! », 5 juin 2015.

rapportera des centaines de millions de dollars », a affirmé le directeur général de Valeant Pharmaceuticals, Michael Pearson. Ce groupe, qui se valorisait 83 milliards de dollars en Bourse en 2015[1], n'était pas encore présent sur le marché des produits pour femmes. « Il n'y a pas de meilleure façon d'arriver sur un nouveau marché qu'avec un produit aussi intéressant » expliquait Michael Pearson.

Les prévisions parlaient de ventes annuelles comprises entre 100 et 300 millions de dollars. La réalité est tout autre : l'Addyi a eu du mal à convaincre les prescripteurs et les femmes. « Après avoir échoué à gagner des parts de marché sous Valeant, l'Addyi a été relancé à moitié prix », soit pour 400 dollars mensuels, contre les 800 dollars initiaux. Un tarif spécifique à 99 dollars mensuels a même été lancé pour les femmes n'ayant pas d'assurance maladie ou de mutuelle qui le prennent en charge. En 2017, le médicament est finalement retourné dans les mains de ses développeurs, chez Sprout Pharmaceuticals, qui veut encore y croire, désormais vendu en ligne et accompagné d'une ligne téléphonique directe. « Les ventes étaient si faibles sous Valeant que les actionnaires de Sprout ont décidé d'attaquer en justice la compagnie canadienne quant à ses pratiques de marketing sur l'Addyi », peut-on lire dans un article américain qui revient sur l'épopée ratée du « Viagra féminin[2] ». Les femmes ne s'y sont pas trompées : l'Addyi est loin d'être le blockbuster envisagé par le laboratoire. Il n'aura même pas déclenché le désir de se le voir prescrire.

1. E. Conesa, « Le fabricant du Viagra féminin déjà racheté par un groupe canadien », *Les Échos*, 21 août 2015.

2. A. Keown, « Sprout relaunches female sex drive pill Addyi at half the price charged under Valeant », 28 juin 2018.

5
Les injonctions sociales renforcées par les médicaments

> « Quelle importance que tu passes à la télé ? Les comprimés que tu avales tous les jours, ils vont te tuer avant que tu la fasses, ton émission.
> – L'importance que ça a !? Tu as pris un taxi pour venir, tu te rappelles ? Tu as vu qui avait la meilleure place ? Je suis devenue quelqu'un maintenant ! Tout le monde m'aime. Bientôt, des millions de personnes me verront et tous ces gens-là m'aimeront [...] Ça me donne une raison de me lever le matin, ça me donne une raison de maigrir, pour rentrer dans ma robe rouge, ça me donne une raison de sourire... et puis, ça fait des lendemains pleins d'espoir [...] Je me sens seule. Je suis vieille. »
>
> Dialogue extrait du film
> *Requiem for a Dream*,
> Darren Aronofsky, 2000.

« Pour l'instant, je n'ai pas de souci, mais si je souffre d'un méningiome un jour [tumeur cérébrale], je saurai pourquoi ». L'inquiétude transparaît dans ce texto que nous recevons d'Isabelle[1]. Cette Parisienne de 28 ans, aux yeux rieurs et à

1. Le prénom a été modifié.

l'énergie communicatrice, souffre d'hirsutisme[1], un développement excessif du système pileux. Comme elle était complexée par ces poils, son gynécologue l'a mise sous Androcur (acétate de cyprotérone) quand elle avait 19 ans. Originellement commercialisé pour traiter les cancers avancés de la prostate, c'est chez les femmes que l'Androcur est finalement prescrit la majeure partie du temps. Le médicament a été également prescrit aux femmes transgenre dans le cadre de leur traitement hormonal.

En août 2018, l'ANSM précise qu'elle va réunir, pour la seconde fois, un comité pluridisciplinaire d'experts afin d'émettre des recommandations aux professionnels, alors « que les premiers résultats d'une étude scientifique mettent en évidence une augmentation du risque de méningiome avec la durée d'utilisation, la posologie et l'âge des patients exposés à l'acétate de cyprotérone (Androcur et ses génériques)[2] », une pathologie dont les femmes sont d'ordinaire déjà plus sujettes que les hommes.

Au moment du texto, Isabelle vient juste d'apprendre la nouvelle. Et elle doit gérer seule le stress qu'elle génère : la pression sociale liée à sa maladie rend difficile d'en parler « car cela relève du "monstrueux". La norme sociétale est clairement celle de femmes glabres, on le voit sur les zones normalement poilues avec l'obligation de l'épilation. Alors les zones où on n'est pas censées avoir des poils, n'en parlons pas !, s'exclame-t-elle. Je suis féministe donc je subis généralement assez peu les injonctions faites aux femmes. Mais pour les poils, la pression est trop forte ».

1. Environ 10 % des femmes souffrent de ces désagréments esthétiques. Au début du XXe siècle, la Vosgienne Clémentine Delait, qui en était atteinte, façonna le mythe de la femme à barbe.

2. https://www.ansm.sante.fr/S-informer/Points-d-information-Points-d-information/Androcur-acetate-de-cyproterone-et-generiques-risque-de-meningiome-lors-d-une-utilisation-prolongee-Point-d-information

Causé par un dérèglement hormonal dans 80 % des cas, l'hirsutisme peut s'accompagner de troubles de la fertilité. C'est le cas d'Isabelle, qui présente également un syndrome des ovaires polykystiques. Malheureusement, ce n'est pas étonnant : Isabelle vient d'une famille touchée par la « malédiction » des médicaments. Sa grand-mère a pris du Distilbène (diéthylstilbestrol), une hormone, on l'a vu, commercialisée en France à l'époque par le laboratoire UCB Pharma et donnée aux femmes enceintes entre 1950 et 1977 qui a entraîné des problèmes de santé sur plusieurs générations. Sa tante a fait plusieurs fausses couches à cause d'un utérus déformé. Sa mère a eu un cancer de l'utérus il y a quelques années. Et elle, donc, souffre du syndrome des ovaires polykystiques. Trois générations de femmes touchées par des maladies de leur appareil génital qui pourraient découler des effets délétères et à retardement du Distilbène, bien au-delà de la première génération[1].

La guerre des poils

Isabelle cesse de prendre l'Androcur, après quelques années de traitement, le jour où elle tombe sur un reportage télévisé qui faisait mention de violeurs récidivistes en prison, à qui l'on prescrivait… de l'Androcur, aussi utilisé comme castrateur chimique. « Là je me suis dit qu'il y avait un truc de vraiment pas clair avec ce médicament. » Mais il lui faudra attendre l'été 2018 pour apprendre les dangers directs liés à l'Androcur, comme des dizaines de milliers d'autres patientes. Pourtant dès 2008, le professeur Sébastien Froelich[2], aujourd'hui chef du service

1. S. Dellus, « Distilbène : des signaux d'alerte sur la troisième génération », *Santé Magazine*, 28 septembre 2016.

2. Le professeur Froelich a été l'un des premiers à faire le lien entre prise d'Androcur (acétate de cyprotérone) et le développement de

de neurochirurgie à l'hôpital Lariboisière à Paris, a soulevé la question du lien entre méningiomes et prise d'Androcur lors de plusieurs congrès internationaux (dont le congrès d'endocrinologie en 2008[1]).

Tout commence en 2004, lorsque ce jeune neurochirurgien de Strasbourg se met à constater l'étrange fréquence entre la prise d'Androcur et le développement de méningiomes chez ses patientes. « J'ai vu successivement deux patientes avec des méningiomes multiples, dont l'une que j'avais opérée quelques années avant. Elle avait une dizaine de méningiomes et j'ai dû l'opérer d'urgence. Quelques années après, dans le cadre de son suivi, au cours d'une consultation, elle me dit qu'elle prenait de l'Androcur. Puis une autre dame qui en prenait aussi a développé des méningiomes multiples », se rappelle Sébastien Froelich. Une coïncidence qui attire son attention alors que cette pathologie est extrêmement rare. Pour beaucoup, l'Androcur avait été prescrit contre l'hirsutisme, mais son premier article scientifique porte sur une patiente transgenre, paniquée à l'idée de voir sa pilosité masculine revenir. « Elle présentait des méningiomes multiples, qui ont grossi sous Androcur et régressé à l'arrêt », précise le médecin, dont l'hypothèse d'un lien de causalité se confirmait.

Devant l'alerte, l'ANSM impulse un changement de notice du médicament effectif en 2011. Contacté, le laboratoire Bayer confirme avoir pris connaissance des travaux du Pr Froelich dès 2008 et déclare « avoir collaboré dès 2008 avec l'agence européenne du médicament et l'Afssaps, et a[voir] échangé toutes les informations nécessaires à la modification de la notice patient et du RCP (résumé des caractéristiques produit d'Androcur),

---

méningiomes, tumeurs du cerveau bénignes dans environ 70 % des cas, mais malignes dans le reste des cas. Néanmoins, leur retrait chirurgical peut entraîner de graves séquelles.

1. S. Froelich *et al.*, « Does cyproterone acetate promote multiple meningiomas ? », *Endocrine Abstracts*, 16, 2008, p. 158.

destiné aux professionnels de santé ». Finalement l'agence mettra un numéro vert à disposition en septembre 2018[1], au moment de la médiatisation de l'affaire Androcur et enverra un courrier informatif en juillet 2019 aux femmes s'étant vu prescrire de l'Androcur dans les deux années précédentes.

Emmanuelle Huet-Mignaton, une victime de ce médicament, confie qu'elle aurait préféré qu'une période de dix ans soit retenue, afin qu'aucune femme n'échappe à cette communication. Certes, « le travail de l'ANSM est fait à 90 % », se satisfait-elle, mais elle s'inquiète toujours des prescriptions hors AMM, par exemple pour lutter contre les douleurs de l'endométriose, pas toujours bien identifiées. Comme cela a été le cas pour elle.

En effet, Emmanuelle Huet-Mignaton ne décolère pas. Bénignes, ses cinq tumeurs au cerveau – dont la plus grosse atteignait la taille d'une orange – et qui ont résulté de la prise d'Androcur ? Cette quinquagénaire, ancienne analyste financière résidant actuellement dans un petit village de Normandie, a pris ce traitement pendant quatorze ans pour calmer les douleurs liées à l'endométriose[2]. Là encore, comme dans le cas de l'hirsutisme modéré le médicament n'a pas d'AMM spécifique pour cet usage. Tout au long de ces années, même quand des doutes sur l'innocuité du produit émergeaient, elle n'a jamais été informée d'un risque quelconque. C'est quand elle ne parvient plus à remplir ses missions professionnelles, à cause d'une grande fatigue, de maux de tête d'abord – mis sur le compte d'une dépression, fait assez classique –, puis d'une paralysie progressive du côté droit de son corps, qu'elle fait des examens complémentaires à l'été 2017. Ils lui apprennent la présence de nombreuses tumeurs dans son cerveau, causées, avec certitude selon le neurochirurgien qui la suit, par la prise prolongée d'Androcur. La panique s'empare

1. 0 805 040 110.

2. L'Androcur est un progestatif qui apaise les douleurs menstruelles en cas d'endométriose. Une utilisation hors AMM.

d'elle. « Sur l'IRM, la plus grosse tumeur prenait un quart de l'image », se rappelle-t-elle. Elle reste stoïque, sous le choc. « Je me dis : "c'est foutu". » Elle décide néanmoins de se faire opérer, alors qu'elle risque de mourir pendant l'intervention. Ses pensées vont en priorité à ses deux grands garçons. Son aîné lui lance : « Si tu as une chance sur un million, soit ce "un". » Elle s'en sort. Après l'opération, alors qu'elle peine encore à parler, elle demande des comptes à un professeur de gynécologie, son médecin prescripteur. Gêné, il reconnaît qu'il avait connaissance des risques, mais ils étaient si faibles… « C'est comme avec une voiture. Il y a toujours le risque d'avoir un accident », tente-t-il de justifier, se souvient Emmanuelle Huet-Mignaton. « Oui, mais quand je prends ma voiture, je le sais ! », réplique-t-elle, ulcérée.

Aujourd'hui, Emmanuelle Huet-Mignaton continue de fonctionner au ralenti. Elle doit faire face à une fatigue constante, mais entre la création de son association Amavéa (Association méningiomes dus à l'acétate de cyprotérone, aide aux victimes et prise en compte des autres molécules) pour laquelle elle ne compte pas son temps pour répondre aux presque 700 mails et 500 appels annuels de patientes inquiètes, ses participations à des colloques et à des rencontres avec des malades, elle est loin de chômer. En attendant, elle le sait, de futures périodes de convalescence : possiblement, un jour ou l'autre, elle devra retourner sur la table d'opération car elle a encore quatre tumeurs qui pourraient se révéler un jour problématiques. Si elle doit de nouveau subir une intervention neurochirurgicale et être dénuée de tout, elle a pris le soin de se faire tatouer le prénom de ses deux enfants sur les avant-bras.

En mars 2019, la Caisse nationale de l'assurance maladie publie, avec l'expertise du professeur Froelich, une étude sur l'exposition à l'Androcur, portant sur un vaste panel de plus de 253 777 femmes ayant pris de l'acétate de cyprotérone (la molécule) entre 2007 et 2014, avec un suivi jusqu'en 2015. C'est, à ce jour, l'étude la plus complète sur le médicament. Et, petite victoire pour Emmanuelle Huet-Mignaton, depuis mai 2019, les médecins doivent faire signer aux patientes une attestation d'information, nécessaire pour obtenir le médicament à la pharmacie. Une façon de mieux informer les patientes. Le médicament est, depuis la médiatisation de l'affaire, moins prescrit, avance-t-elle, mais toujours hors des deux AMM qu'il a obtenues, contre le cancer de la prostate et l'hirsutisme sévère, par exemple pour « soigner » le syndrome des ovaires polykystiques, l'endométriose, comme contraceptif ou en cas d'hirsutisme modéré. Elle s'inquiète de voir « par exemple, que sur l'attestation d'information (désormais obligatoire) ne soient pas inscrits les AMM. Cela pose un vrai problème, bien compris par notre association. Ainsi des médecins continuent à prescrire l'Androcur pour d'autres indications que l'hirsutisme sévère ou le cancer de la prostate, sans indiquer sur l'ordonnance que c'est hors AMM. Or les hors AMM sont autorisées par la loi, si le médecin l'inscrit sur l'ordonnance. Or ils ne le font jamais, sous prétexte que dans ce cas, la patiente ne serait pas remboursée ». Un vrai casse-tête. Le professeur Sébastien Froelich, lui, estime que « si l'affaire Androcur doit déboucher sur quelque chose, ça devrait être une réflexion sur comment faire pour que les sociétés pharmaceutiques soient plus responsables ». D'autant, plus, souligne-t-il, que 60 % des prescriptions d'Androcur étaient faites en France. Une donnée que le laboratoire détenait et qui aurait dû être une raison supplémentaire de réagir plus rapidement. Contacté à ce propos, le laboratoire précise seulement que « comme pour tout médicament, les prescriptions d'un même médicament varient d'un pays à l'autre en fonction des recommandations médicales en vigueur et des alternatives thérapeutiques dont disposent les professionnels de santé ».

Isabelle, par sa lutte médicamenteuse contre les poils, vit aujourd'hui avec une épée de Damoclès au-dessus de sa tête, tandis qu'Emmanuelle Huet-Mignaton, atteinte d'endométriose, a été la victime collatérale d'une société qui banalise la souffrance des femmes.

Mais lorsque l'on parle des injonctions sociales subies par les femmes, la nécessité de se conformer à l'impératif de la sveltesse arrive sans conteste au premier rang. Régimes dangereux, mythe de la minceur comme unique critère de séduction et médicaments toxiques, voilà le cocktail des femmes qui veulent lutter contre leurs capitons, parfois à un prix considérable.

Le Mediator, mortelle minceur

Le Mediator et son sinistre cortège de victimes[1] restera sans conteste le plus grand scandale sanitaire français du XXe siècle. Présenté comme un médicament idéal pour perdre quelques kilos en douceur et sans danger dans une société où la minceur est la norme, le Mediator, commercialisé dès 1976, était officiellement un antidiabétique, officieusement un coupe-faim qui ne disait pas son nom, et dont la molécule, le benfluorex, s'est révélée toxique. Avant lui, l'Isoméride, à base d'une molécule parente, avait été retiré du marché en 1997, précisément pour sa dangerosité[2]. En 2007, la pneumologue Irène Frachon, qui exerce au CHU de Brest, constate une recrudescence de pathologies cardiaques (valvulopathies) chez ses patients sous Mediator. Elle fait rapidement le lien entre le Mediator et l'Isoméride – même molécule, mêmes effets secondaires[3]. En changeant son nom[4], Servier pensait sans doute permettre à sa molécule problématique de faire peau neuve.

1. Les estimations varient entre 500 et 2 000 victimes.
2. Le benfluorex est de la même famille que le dexfenfluoramine, principe actif du médicament Isoméride, également utilisé comme coupe-faim par les laboratoires Servier.
3. Lui aussi a causé des cas d'hypertension artérielle.
4. Le laboratoire Servier a soutenu qu'il s'agissait de deux molécules différentes, alors que leur toxicité commune a été mise en évidence dès

Le procès au pénal a débuté le 23 septembre 2019, plus de dix longues années après ces découvertes. Un procès hors-norme, où 2 684 des 4 981 victimes se sont constituées parties civiles. Dans les cas de scandales de médicaments, le temps de la justice peut s'avérer extrêmement long (voire chapitre 10). En attendant une décision pénale, la condamnation morale du laboratoire Servier a été unanime. La déflagration a été telle qu'elle a abouti à une refonte complète de l'agence du médicament, autrefois Afssaps devenue l'ANSM, censée renforcer son volet de pharmacovigilance (la remontée des effets secondaires). Sur ce coupe-faim qui a suscité livres, documentaires et une kyrielle d'articles, tout aura été dit ou presque. Mais qui a réellement vu dans le Mediator une affaire de femmes ?

Aux yeux d'Irène Frachon, il apparaît une évidence : « c'est même une affaire de femmes pauvres ». Comme le médicament peut être révélateur de biais de genre, il traduit parfois aussi des rapports de classe. Alors que l'Isoméride était prescrit comme coupe-faim aux femmes issues de catégories socioculturelles supérieures, le Mediator est généreusement prescrit à des femmes modestes. « Je me suis aperçue assez vite que le Mediator concernait surtout des femmes. C'est monstrueux car il s'agit d'une typologie de femmes bien particulière. Les victimes de l'Isoméride, le premier coupe-faim de Servier, étaient des femmes jeunes, riches, qui pouvaient se payer un médicament non remboursé par la Sécurité sociale – mais qui a quand même intoxiqué dix millions de Françaises pendant dix ans[1]. C'est par l'Isoméride que j'ai été alertée sur le Mediator. L'enquête a révélé que c'était bien un coupe-faim, mais vendu comme un

1999. Le Mediator a pourtant été commercialisé jusqu'en 2009, tandis que l'Isoméride a été interdit en 1997.

1. Selon l'Avim, l'Association des victimes de l'Isoméride et du Mediator, 7 à 10 millions de femmes ont été victimes de l'Isoméride entre 1985 et 1997.

antidiabétique. Pour le Mediator, la cible n'était pas une femme jeune, mais une femme plutôt postménopause, qui a pris du Mediator car elle avait du diabète ou qu'elle était en surpoids. Xavier Bertrand [ministre de la Santé en 2010 quand éclate le scandale du Mediator] l'a très bien résumé. Il a dit en substance, "l'Isoméride, c'était le coupe-faim des riches, le Mediator celui des pauvres". Ce ciblage m'indigne particulièrement, comme si la vie de ces femmes ne valait rien, alors qu'au contraire, elles sont dignes et importantes », s'énervait la lanceuse d'alerte la plus célèbre de France lors de notre entretien téléphonique.

« Dignes et importantes ». Elles le sont sûrement aux yeux de Me Charles Joseph-Oudin, dont le nom est devenu indissociable de l'affaire. En 2009, juste après avoir prêté serment, Charles Joseph-Oudin entend parler par sa tante, Catherine Hill, épidémiologiste spécialiste du cancer et membre du conseil scientifique de l'agence du médicament d'alors, des hypothèses de la pneumologue Irène Frachon sur la dangerosité du Mediator. Ils prennent contact et le jeune avocat comprend que se trament là les prémices d'un scandale sanitaire. La suite de l'affaire lui donnera raison. Depuis, il s'est spécialisé dans les dossiers de santé.

Dans son bureau parisien cossu du 14e arrondissement, percé d'un puits de lumière et décoré de toiles contemporaines, son pupitre style Louis XVI déborde de dossiers Mediator, mais aussi Essure ou encore Androcur. L'air débonnaire, le propos sans filtre, le jeune avocat volontiers gouailleur, à la barbe négligée et aux faux airs de fils de bonne famille, représente aujourd'hui des centaines de patient·e·s qui ont lancé une action en justice. Quand nous le rencontrons en septembre 2017, il reprend ses dossiers et fait le décompte en parcourant les noms des plaignants. « Femme, femme, homme, femme, femme, femme, homme, femme, femme, femme, femme… Pour le Mediator, la prédominance des femmes est évidente. Cela tient à l'utilisation d'un coupe-faim par des femmes pour être minces et belles.

Dans mes dossiers, nous sommes à 5 % d'hommes pour 95 % de femmes[1], estime-t-il, en buvant son café. Le surpoids, c'est d'abord une maladie sociale. »

D'après les données présentées dans le « Bulletin d'épidémiologie hebdomadaire » de *Santé Publique France* d'octobre 2016[2], dans l'Hexagone, le lien entre pauvreté et obésité se confirme, et ce plus encore chez les femmes que chez les hommes. Parmi les 15,6 % de femmes obèses observées dans l'échantillon, 30 % avaient des revenus inférieurs à 450 euros. Ce taux chute à 7 % pour les femmes ayant des revenus d'au moins 4 200 euros…

Alors s'il y a eu des cas où le Mediator était utilisé en respect de son AMM (pour traiter du prédiabète, notamment), la plupart des victimes ont risqué leur vie pour quatre ou cinq kilos de trop. Mais dans tous les cas, les effets secondaires graves, valvulopathies, hypertensions pulmonaires artérielles, rares mais potentiellement mortelles, ont été dissimulés par le laboratoire.

Solange[3], un petit bout de femme aux cheveux courts et bruns, fait partie des victimes du Mediator. Nous la rencontrons un jour de février 2018 dans une ville de province. Pour elle, tout commence en 2006. Alors caissière, Solange connaît de graves difficultés familiales. Elle a peur de craquer. En grave dépression, elle consulte son médecin, passe cinq mois en clinique psychiatrique. « Dans ma famille, le surpoids est héréditaire. Ma mère pesait 120 kg, et ma sœur et moi, on s'est juré que jamais nous ne lui ressemblerions », explique-t-elle avec pudeur. Pendant son hospitalisation, elle prend 25 kg. « Quand je suis

1. Les chiffres de l'assurance maladie parlent de 80 % de femmes et 20 % d'hommes.

2. J. Matta *et al.*, « Prévalence du surpoids, de l'obésité et des facteurs de risque cardio-métaboliques dans la cohorte constances », *in* « Bulletin épidémiologique hebdomadaire », *Santé publique France*, octobre 2016.

3. Son nom est anonymisé, pour cause de transaction avec le laboratoire Servier.

sortie, je savais que je ne pourrais pas soigner ma tête et maigrir en même temps. » Elle entend parler du Mediator comme d'un médicament miracle. Son médecin, qui était d'abord réticent, finit par lui prescrire.

Elle débute le traitement en décembre 2006 et reprend le travail dans la foulée. Une renaissance. Mais quelques mois plus tard, elle remarque des absences, une grande fatigue. Son psychiatre ne met pas ces désagréments sur le compte des antidépresseurs et estime qu'elle doit aller voir un pneumologue : son pouls bat à plus de 120 pulsations/minute (la norme est de 100) et elle tousse. Les symptômes s'aggravent, invalidant la thèse de l'asthme, même sérieuse. Il faut chercher ailleurs. En octobre 2008, elle s'effondre. Aux urgences, on lui diagnostique une « surinfection pulmonaire ». Le lendemain de son hospitalisation, son état se dégrade brutalement et elle frôle la mort. Les sensations sont encore vives quand elle en parle. « J'entendais ce que le médecin disait… "C'est bon, elle reprend des couleurs", tandis que je me disais "oh, non pas déjà"… Je me noyais dans toutes ces saloperies coincées dans mes poumons. » Son pneumologue lui prescrit alors des échographies thoraciques et une radio du cœur. Quand il apprend qu'elle prend du Mediator, il lui ordonne d'arrêter immédiatement. « Nous avons ce médicament à l'œil depuis des mois. Je vous interdis d'en prendre car il est certainement la cause de vos problèmes de cœur. » S'ensuivent une opération gravissime, une longue convalescence, un stage de réhabilitation… Sa vie est définitivement bouleversée.

Elle souffre aujourd'hui d'une capacité respiratoire diminuée de moitié, après avoir à nouveau failli mourir en 2011. « Je n'ai jamais détesté personne dans ma vie. Sauf Jacques Servier [le fondateur du laboratoire incriminé, mort en 2014]. Il savait que le Mediator était un poison pour quelques cas, et il a continué à le vendre pour prendre des millions ! », s'offusque Solange, assise dans le canapé de son salon lumineux. Aujourd'hui, elle qui a été indemnisée financièrement ne sera jamais lavée de sa propre culpabilité. « Je me sens en tort de cette faiblesse, d'avoir préféré un médicament à un régime qui permet de maigrir naturellement. Mais j'étais si faible moralement... », confie-t-elle.

Le « blâme de la victime »

Cette solution de « facilité » dont se sent coupable Solange, Catherine Des Rivières-Pigeon, épidémiologiste canadienne, professeure agrégée au Département de sociologie du Québec à Montréal, s'y intéresse grandement pour ses recherches féministes en santé. Lors d'un entretien Skype, elle revient sur le « blâme de la victime », une notion très répandue en santé publique au Canada, qui met « l'accent sur les responsabilités individuelles », en oubliant les responsabilités collectives. « Les problèmes de santé publique sont très axés sur les comportements individuels, que ce soit sur l'alimentation, l'exercice physique, l'alcoolisme. Mais ce sont des comportements qui s'inscrivent dans une réalité. Qu'est-ce qui va favoriser la pratique du sport par exemple ? Les conditions dans lesquelles on vit ! analyse-t-elle. On sait bien que les gens qui ont les statuts socio-économiques les plus faibles ont davantage tendance à avoir les moins bons comportements de santé ».

La France ne fait pas exception. Les raisons principales du surpoids restent la malbouffe, perçue comme moins coûteuse, le manque d'équipement sportif, le stress et l'exposition aux polluants, ainsi que la prédisposition génétique. Il est clair que la donnée sociale joue un rôle prépondérant dans les habitudes alimentaires, que l'on ne peut pas déconnecter de données et d'une responsabilité collectives.

« On peut qualifier ces comportements-là [manger des produits transformés] de "faciles" en effet », reconnaît Catherine Des Rivières-Pigeon. Mais il faut se poser la question des raisons du recours à cette « facilité » : les habitudes alimentaires prises dans l'enfance représentent simplement les plus évidentes. « Le "blâme de la victime" vient du fait que l'on met l'accent sur des comportements individuels. En réponse, les pouvoirs publics ont tendance à mettre l'accent sur des programmes culpabilisants en recommandant de faire ceci ou cela, alors que, dans le fond, la méthode la plus efficace pour les usagers est de créer les conditions qui font en sorte que le bon choix soit le choix facile : que les gens puissent par exemple faire du sport sur leur lieu de travail, parce que cela va les encourager, ou qu'ils vivent dans des quartiers avec des pistes cyclables, pour simplifier le recours au vélo », précise-t-elle.

Solange, coincée entre sa santé mentale et ses kilos de trop, ses problèmes familiaux, et surnageant dans une grande précarité économique, mère de deux enfants de surcroît, cumulait ainsi de nombreux désavantages… À ses yeux, le Mediator devait être son meilleur allié. Oui, un allié « facile », aux allures de remède miracle, qui portait comme un étendard l'espoir fou de jours meilleurs. Et quand bien même le Mediator avait été prescrit pour des problèmes de diabète, comme ce fut le cas pour Corinne (le prénom a été changé), une autre victime du médicament que nous avons rencontrée, les traces visibles de l'opération sont gravées dans sa chair de façon définitive. « La cicatrice de l'opération à cœur ouvert m'a traumatisée, je ne voyais plus que ça. Quand je pensais à Mireille Darc (qui a été opérée du cœur), je me demandais où était la sienne », confie-t-elle.

Alors, rêver de perdre du poids dans une société de la minceur était-il condamnable ? En 2020, des médicaments « miracles » existent toujours. C'est le cas de l'Orlistat, un brûleur de graisse donné en théorie à des personnes obèses pour faciliter l'amaigrissement, en complément d'un régime hypocalorique. Or la revue indépendante *Prescrire* l'a inclus dans son classement 2020 des médicaments à écarter. « L'Orlistat (Xenical ou autre) a une efficacité modeste et temporaire pour faire perdre du poids, avec une différence d'environ 3,5 kg par rapport à un placebo en 12 mois à 24 mois, sans preuve d'effet favorable à long terme, au prix de troubles digestifs très fréquents, d'atteintes hépatiques, d'hyperoxaluries, et de fractures osseuses chez les adolescents. L'Orlistat modifie l'absorption digestive de nombreuses substances, et expose à des carences et à une diminution de l'efficacité de certains médicaments : vitamines liposolubles A, D, E et K, hormones thyroïdiennes, certains antiépileptiques. Les diarrhées sévères liées à l'Orlistat exposent à une diminution de l'efficacité des contraceptifs oraux », peut-on lire sur leur site. Comme le rappelle *Prescrire*, « fin 2019, aucun médicament ne permet de perdre du poids de façon durable et sans risque. Mieux vaut s'en tenir à des modifications d'activité physique et diététique, avec si nécessaire, un soutien psychologique ».

Sexualité : des injonctions morales dures à avaler

Mais les injonctions sociales ne s'en tiennent pas qu'aux exigences esthétiques. Dans l'intimité des cabinets, les prescriptions des médecins peuvent aussi comporter un certain nombre de traitements qui cautionnent ou renforcent les injonctions, morales cette fois-ci. Elles vont parfois se loger dans ce que les femmes recèlent de plus intime, de plus personnel, là où leur libre arbitre devrait être total et où le jugement n'a pas sa place : leur vie sexuelle.

Si vous êtes une jeune femme, que vous vous présentez dans une pharmacie après un rapport non protégé, et que vous demandez une pilule du lendemain, il se peut que le pharmacien vous sermonne un peu en vous recommandant de ne surtout pas utiliser plus d'une de ces pilules par cycle menstruel, de faire « attention ». En somme, de ne pas vous mettre en position de prendre un « risque ». Dans un article de *Causette* de décembre 2014[1], la journaliste Héloïse Rambert s'interrogeait pourtant sur la pertinence d'une telle recommandation. Comme elle l'écrit, la pilule du « lendemain[2] » ou Norlevo est l'objet de beaucoup de mythes et de clichés, et contrairement aux idées reçues, ne relève pas de l'« inconscience » de jeunes femmes dévergondées. « Elle n'est pas prise en remplacement d'une contraception régulière. Plutôt en cas d'angoisse d'échec de la contraception : 30 % des recours concernent un oubli de pilule, 31 % une rupture de préservatif », analyse Catherine Rumeau-Pichon, économiste de la santé à la Haute autorité de santé, interviewée dans l'article d'Héloïse Rambert. Le « mésusage » à proprement parler de la contraception d'urgence n'existe, de toute façon, pas. Ces femmes font plutôt preuve de maturité en prenant les devants face à une éventuelle grossesse non désirée. À commencer parce qu'il n'y a pas de dose à ne pas dépasser. « La pilule du lendemain, un progestatif pur, n'est pas plus dangereuse que la pilule de la veille ! », assure Catherine Rumeau-Pichon. « Aucun risque de surdosage, qui pourrait limiter l'utilisation, n'est connu. » Pas de quoi s'inquiéter pour sa santé, donc, même en cas de plusieurs prises au cours du même cycle.

La journaliste précise bien que la contraception d'urgence n'est pas une solution pérenne, mais elle n'en est pas dangereuse pour autant, contrairement aux polémiques suscitées par l'utilisation des pilules de troisième et quatrième générations, décriées pour le risque de thrombose (obturation d'un vaisseau sanguin) qu'elles peuvent entraîner. Alors comment expliquer la fréquence de ces recommandations erronées sinon comme un moyen de vouloir « contrôler » la sexualité des femmes

1. https://www.causette.fr/le-mag/lire-article/article-1035/le-choix-de-la-embarras.html

2. Qui doit se prendre le plus tôt possible après le rapport non ou mal protégé, mais efficace dans les 72 heures.

et des jeunes femmes ? De vouloir mettre sous contrôle des comportements jugés à tort trop désinvoltes ou manquant de sérieux ? C'est bien l'avis d'Elsa Déchézeaux (un pseudonyme), une interne en médecine très active sur les réseaux sociaux, qui fait partie de l'association « Pour une M.E.U.F. » (acronyme pour une Médecine engagée unie et féministe), une association de soignantes engagées contre le sexisme médical. « La contraception d'urgence implique une forme de responsabilité de la jeune fille ou de la femme. Le message c'est : "Tu as fauté ma fille." Voilà comment c'est vu. Attention, la femme a des rapports sexuels !, ironise-t-elle. C'est une forme de "slut-shaming" total (ensemble d'attitudes, individuelles ou collectives, agressives envers les femmes dont le comportement sexuel serait jugé trop libéré/hors norme). La femme est forcément vue comme quelqu'un d'irresponsable. J'ai récemment entendu cette histoire : un interne prescrit la pilule et veut prescrire le Norvelo (Lévonorgestrel), le nom de la contraception d'urgence en cas d'oubli… Mais son médecin praticien [qui le supervise] l'en empêche en expliquant : "Je ne la prescris jamais, car ça va encourager la patiente à oublier, ça la déresponsabilise dans la prise de sa pilule." Eh oui, ça se passe en 2019…, s'offusque-t-elle. On entend encore des trucs comme "Ne la prenez qu'une fois dans votre vie." Or cela n'apparaît évidemment pas dans les recommandations. Certaines études montrent même que la contraception d'urgence pourrait être une méthode contraceptive utilisée sur le long terme efficace. » Dès lors, une question se pose : combien de femmes ont-elles renoncé à une éventuelle seconde prise de Norlevo pendant leur cycle menstruel, alors que cela aurait pu leur éviter une grossesse non désirée, « effet secondaire » autrement plus sérieux ?

Elle n'est pas seule à critiquer les discours qui circulent sur la contraception d'urgence. Martin Winckler est un médecin bien connu pour ses prises de position critiques, notamment contre l'appât du gain des laboratoires et le sexisme en médecine. Parallèlement à la rédaction de ses livres, comme *Le Chœur des femmes*[1], roman documentaire où il met en scène un médecin débarquant dans une unité dédiée à la santé des femmes, il tient toujours un site où il déconstruit les stéréotypes et les clichés qui pèsent sur les patientes. C'est ici qu'il évoque, à l'occasion d'un article[2] sur la contraception, le Norlevo comme une solution sûre. « En mettant au point une contraception d'urgence contenant seulement un progestatif, on a éliminé tous les effets secondaires graves. L'importance de la dose est destinée à bloquer l'ovulation dans les jours qui suivent le rapport sexuel non protégé, afin que ce rapport sexuel ne soit pas fécondant. Les seuls effets secondaires du Norlevo sont des nausées, un gonflement des seins, des maux de tête, passagers et sans gravité. Aucun effet secondaire grave n'a été enregistré, comme il est d'ailleurs habituel avec les progestatifs. » Il conclut : « À mon humble avis, c'est un des médicaments les plus importants de ces vingt dernières années, par l'économie de souffrance qu'il procure en évitant une IVG à des milliers de femmes, et ceci sans danger. » Une information qui n'est pas assez relayée. De peur d'accorder une trop grande liberté à la vie sexuelle des femmes ?

Indéniablement, la contraception est une avancée pour la liberté des femmes. Mais en France, où elle a été très souvent et pendant longtemps synonyme de pilule, un vent de défiance s'est mis à souffler, dès 2013, *annus horribilis* pour la contraception hormonale. Cette année-là, 60 % des Françaises sous contraception prenaient encore la pilule. Le tocsin a été sonné par Marion Larat en décembre 2012, quand cette jeune Bordelaise porte plainte contre le laboratoire Bayer (voir chapitre 10),

1. *Le Chœur des femmes*, Paris, P.O.L, 2009.

2. « La pilule du lendemain est-elle dangereuse pour la santé ? », 19 septembre 2005.

qu'elle estime responsable de son lourd handicap. Le 6 juin 2006, à 18 ans, elle s'était effondrée dans sa salle de bains suite à un AVC massif, la laissant hémiplégique et aphasique. Cinq mois plus tôt, sa gynécologue lui avait prescrit Méliane, une pilule de troisième génération. Elle apprendra fortuitement, en 2010, au cours d'un rendez-vous chez un hématologue, qu'elle est atteinte d'un déficit en facteur II de Leiden, une anomalie génétique de la coagulation du sang. Son médecin n'aurait jamais dû lui prescrire une pilule contraceptive car elle risquait plus que d'autres de faire une thrombose, qu'un petit caillot de sang ne se forme et ne bouche ses veines ou ses artères. Cette contre-indication aurait pu être identifiée si son gynécologue lui avait fait passer des examens complémentaires. « Un test qui coûte 100 euros. 100 euros et je n'aurais pas fait d'AVC », enrage-t-elle.

Marion Larat mesure alors les risques pris par de trop nombreuses femmes à qui l'on prescrit systématiquement la pilule : ainsi, les pilules de troisième et quatrième générations (commercialisées respectivement depuis 1984 et 2001) présentent des risques plus élevés[1] que celles des première et deuxième génération (commercialisées depuis 1973 pour ces dernières). Entre 2000 et 2011, les pilules de troisième et quatrième générations ont provoqué 1 751 thromboses par an (pour un total de 2 529 thromboses annuelles dues à la prise de contraceptifs oraux combinés). Sur les 20 décès annuels imputés aux pilules contraceptives, 14 sont liés à la prise d'une pilule de troisième et quatrième générations[2].

1. Sur le site ansm.sante.fr : « Évolution de l'utilisation en France des contraceptifs oraux combinés (COC) de janvier 2013 à décembre 2015 », Communiqué, 7 mars 2017.

2. Sur le site de ansm.sante.fr : « Risque thromboembolique veineux attribuable aux contraceptifs oraux combinés (COC) et évolution de leur utilisation : résultats des études de l'ANSM », Communiqué, 26 mars 2013.

En 2013, les contraceptifs oraux combinés de troisième et quatrième générations ne sont plus prescrits en première intention. D'autres options, non médicamenteuses, sont de plus en plus proposées aux femmes, dont le stérilet. Celui-ci était pendant longtemps, et à tort, contre-indiqué chez les nullipares. De nombreux praticiens sont encore réticents à la pose de ce contraceptif chez des femmes sans enfants, craignant une infection pelvienne, puis une infertilité. Mais depuis quelques années, le « mythe » de la dangerosité du stérilet[1] se craquelle et ce contraceptif non médicamenteux, peu coûteux, est de plus en plus demandé par les usagères. Le Collège national des gynécologues et obstétriciens français vante également l'efficacité (à 99 %) et l'observance induite par le stérilet.

C'est également en 2013 à l'occasion du réexamen des bénéfices et des risques de la contraception orale que le cas « Diane 35 » a défrayé à son tour la chronique : le médicament qui a obtenu une AMM pour le traitement de l'acné a été largement prescrit hors AMM, comme contraceptif. Là aussi, le risque thromboembolique a été pointé et reconnu par l'ANSM. Désormais, Diane 35 n'est plus prescrit comme contraceptif et ne l'est contre l'acné qu'en deuxième intention[2].

Si, parmi les femmes qui prennent ces contraceptifs, une minorité en subit les effets secondaires, en revanche, toutes les victimes des effets secondaires des contraceptifs sont des femmes. « On pensait qu'avec la révolution sexuelle, l'égalité sexuelle était atteinte, assène Marion Larat. Malheureusement, il y a encore des femmes qui meurent pour que les hommes baisent tranquilles. » Car pour l'heure, la contraception ne repose toujours pas sur les hommes. La commercialisation

1. Terme employé par Martin Winckler dans son ouvrage *Contraception, mode d'emploi*, Paris, Au Diable Vauvert, 2003.

2. Sur le site ansm.sante.fr : « Diane 35 et ses génériques, éléments de contexte ».

d'un contraceptif masculin est en effet une arlésienne, aussi vieille que la pilule contraceptive féminine. Gel bloquant injecté dans l'urètre qui laisse cependant passer le liquide séminal, slip chauffant qui inhibe les spermatozoïdes, pilule empêchant l'éjaculation mais pas l'orgasme, pilule qui ralentit le déplacement des spermatozoïdes… les idées ne manquent pas mais ne dépassent jamais le stade des effets cliniques. En cause, les effets secondaires seraient trop durs à supporter. Les hommes sont-ils prêts à endurer bouffées de chaleur, libido en berne, problèmes circulatoires ou autres inconvénients parfois plus graves liés à une contraception ? Les investissements de l'industrie pharmaceutiques ne seraient pas non plus à la hauteur. « Aucun laboratoire pharmaceutique ne se risquera à investir dedans, pour des raisons économiques, et sociales. Ils ont davantage intérêt à investir dans les maladies gériatriques ou à développer une pilule contre l'obésité », professait Carl Djerassi, chimiste et père de la pilule contraceptive[1]. Aujourd'hui, les seules méthodes contraceptives accessibles à l'homme sont le retrait, la vasectomie ou le préservatif, remboursé par la Sécurité sociale depuis 2019.

Ainsi, concernant la médicalisation de la sexualité, hommes et femmes ne jouent pas à armes égales. Cette question se pose concernant l'Addyi, médicament que nous avons déjà croisé. Au-delà du flagrant « femwashing » qu'il a occasionné, des questionnements sur sa nature même émergent. « Le sexe est une matière humaine. Mais cet aspect a été repoussé pour ne devenir qu'une chose médicale », déplore Leonore Tiefer, thérapeute de couple et présidente du groupe New View Campaign, qui combat la médicalisation de la sexualité des femmes. « Les médicaments [qui luttent contre la baisse du désir, et qui n'ont pas été mis sur le marché français] jouent sur la mécanique du

1. J. Bisson, « La pilule des hommes n'est pas pour demain », *le 1*, n° 168, 6 septembre 2017.

désir féminin, et cherchent à faire des femmes plus désirantes, et non plus performantes [ce qui est le cas pour le Viagra] », analyse Alain Héril, sexologue. Alors que les hommes ingèrent de petites pilules bleues qui activent mécaniquement le désir en augmentant la vasodilatation, le désir des femmes est mis, avec ces antidépresseurs invisibilisés, « sous camisole chimique ». « Cela pose une question : peut-on demander à un médicament de mettre de côté les raisons pour lesquelles les femmes n'auraient pas de désir ? C'est une vision très hygiéniste et mécanique de la sexualité. Ce n'est pas parce que l'on prendra un médicament que l'on retirera la problématique émotionnelle et relationnelle ». Le sexologue craint qu'en médicalisant trop la sexualité, on ait tendance à mettre ces questions émotionnelles de côté, dans une société culpabilisante si l'on ne rentre pas dans la « norme ». Et de rappeler les peurs immémoriales suscitées par la sexualité féminine. Après tout, les femmes ne sont-elles pas les seules à être dotées d'un organe, le clitoris, uniquement dédié au plaisir ?

Face au cercle vicieux des injonctions sociales subies par les femmes, les médicaments constituent parfois de faux amis. Anorexigènes pour mincir, traitements hormonaux de synthèse pour pallier les tourments de la ménopause, antiacnéiques dans l'espoir de retrouver sa peau de bébé, et même contraception d'urgence, l'histoire des scandales liés aux médicaments est jalonnée de remèdes censés permettre aux femmes de correspondre aux canons de beauté ou aux comportements attendus d'elles dans notre société. Et quand il s'agit de trouver les coupables, les regards se tournent tous vers les victimes : les femmes.

6
L'inaudible et indicible malaise

> « Pareillement, la femme a beau mettre un masque, elle reste toujours femme, c'est-à-dire folle. »
>
> Érasme, *Éloge de la folie.*

Yasmine Candau vit depuis trente-sept ans sous la menace d'un chien. L'animal ne la quitte plus, dit-elle. La première attaque a eu lieu lors de ses premières règles, à 12 ans. Ses crocs acérés dans son ventre, plusieurs jours par mois, chaque mois. « Ce sera comme ça à chaque fois », l'avait prévenue sa mère. Et puis à partir de ses 16 ans, la bête n'a plus lâché sa prise, les crocs plantés dans les entrailles de Yasmine « tous les jours, tout le temps ». « Faites quelque chose », suppliait-elle ses gynécologues. « Ce n'est rien, lui assuraient-ils, la douleur des règles est *naturelle.* » Elle repartait, suivie par cet enragé accroché à ses tripes, le souffle coupé par la douleur de cet énième examen médical.

Au bout de sept ans d'errance, la bête révèle son nom : endométriose. Cette maladie dissémine des cellules de l'endomètre, couche superficielle de l'utérus, ailleurs dans le corps, à des endroits parfois très éloignés (vers les intestins, la vessie, le diaphragme et même jusqu'au cœur). Un désordre qu'on n'explique pas et qui provoque des règles douloureuses, mais aussi divers maux, comme des brûlures urinaires, de la fatigue, des problèmes digestifs. Ils se manifestent au moment des règles, mais aussi chez certaines, comme chez Yasmine, en permanence. Dans 30 à 40 % des cas, la maladie provoque l'infertilité.

Pour Yasmine Candau, malgré le diagnostic, les premiers traitements hormonaux et les interventions chirurgicales, la douleur persiste. En même temps, le renoncement s'installe : celui des promenades, des soirées entre amis, des réveils certains matins pour aller travailler, des déplacements et des promotions professionnels. Yasmine Candau renonce aussi à dire sa douleur, face à l'incompréhension et l'impuissance des proches, et parfois au jugement de l'entourage. Dans son bureau, elle se tient face à ses clients, droite comme un I, tout sourire. Sitôt qu'elle est seule, elle s'effondre. Le sac à main bourré de paracétamol ou de codéine, elle donne le change, pendant un temps. Mais en vrai, sa vie déraille. La douleur envahit désormais ses nuits. La fatigue lui fait perdre le peu de contrôle qu'elle avait encore sur sa souffrance. « Petit à petit, on *est* la douleur », souffle-t-elle. Yasmine Candau, prise dans la gueule de l'animal, devient alors aussi enragée que lui, saisie par une colère incontrôlable.

Si la douleur persiste, bien que les lésions aient été réduites grâce aux traitements hormonaux et aux chirurgies, c'est qu'elle a fini par s'installer définitivement, en vainqueur, dans le cerveau de Yasmine Candau. En dépit des améliorations physiologiques, le message douloureux par sa puissance a affecté le système somato-sensoriel et il est désormais gravé dans le cerveau : sans lésion, la douleur persiste comme une aberration, elle est devenue neuropathique. Car le combat contre la douleur est aussi une course contre la montre : plus tôt et plus fort elle est contrecarrée, plus sûrement elle est sous contrôle, muselée. Elle n'a pas le temps de s'installer.

Mais pour agir vite, encore faut-il que la douleur soit dite et surtout entendue. Et celle des femmes est souvent moins bien prise en compte. « Si cette maladie n'avait touché que des hommes, est-ce qu'on en serait à une telle errance de diagnostic ? », feint de s'interroger Gil Dubernard, gynécologue médical et obstétrique au CHU de Lyon qui a lancé un programme de recherche sur la gestion non médicamenteuse de la douleur chez les patientes atteintes d'endométriose. Car l'endométriose, maladie incurable, décrite dès 1860 mais longtemps passée sous silence, ne fait les titres de la presse que depuis peu. Grâce aux campagnes menées par des patientes, nous savons que la maladie touche ainsi 1 femme sur 10 et serait la première cause d'infertilité en France. Surtout, on apprend qu'il faut en moyenne sept ans de rendez-vous médicaux, d'examens, d'errance thérapeutique avant que la maladie ne soit diagnostiquée.

Marilyn Monroe est souvent dépeinte en star hystérique, dépressive et capricieuse. Mais depuis les années 1980, des biographes épluchent ses archives médicales et font émerger l'image d'une femme perpétuellement en souffrance. Le médecin-écrivain Martin Winckler a ainsi jeté une lumière nouvelle sur le destin de l'actrice américaine[1]. De nombreux éléments vont dans le sens d'une endométriose : ses problèmes de fausse couche, d'infertilité, et surtout, ses douleurs chroniques qui l'auraient rendue accro aux tranquillisants et antalgiques. Aux yeux du médecin, pas de doutes : Marilyn Monroe est bien morte, indirectement, des conséquences de cette maladie, déjà connue et diagnostiquée dans les années 1950. Entre 1952 et 1962, elle subira d'ailleurs sept interventions pour la soulager, sans succès. C'est une triste overdose d'antidouleurs, sujet des hypothèses les plus folles, qui aura raison d'elle.

1. M. Winckler, *Tout ce que vous avez toujours voulu savoir sur les règles sans jamais avoir osé le demander*, Paris, Fleurus, 2008.

Tant de souffrances ignorées

« Derrière tout cela, il y a du “Tu enfanteras dans la douleur”, ou quelque chose comme ça », constate encore aujourd'hui Yasmine Candau qui préside l'association EndoFrance. Et d'ajouter : « Clairement, souffrir pendant ses règles, ça n'inquiète personne. » Sauf les premières concernées, évidemment. Le tabou des règles s'ajoute à cette mauvaise habitude : celle de ne pas prendre en compte la douleur des femmes.

Un paradoxe, car les femmes sont les premières à rapporter des douleurs. À cause de leurs règles, mais aussi à cause de maladies pour lesquelles elles constituent le gros du bataillon : migraine, fibromyalgie, douleurs chroniques les amènent, plus que les hommes, à souffrir et à consommer des antidouleurs. En France, en 2015, 71,2 % des Français se sont vu délivrer au moins un médicament antalgique dans l'année et 55,2 % d'entre eux étaient des femmes[1]. Trop « douillettes », « chochottes » ? Alors que la douleur reste une donnée subjective, reposant sur le déclaratif, il est clair que la douleur des femmes est souvent niée. Et cela commence très tôt dans leur existence.

En 2018, une équipe de chercheurs de l'université Yale et de celle de l'État de Georgie[2], aux États-Unis, s'est penchée sur les préjugés que nous avons quant aux douleurs rapportées par les petites filles et les petits garçons. Ils ont ainsi montré une même courte vidéo à 264 personnes (136 femmes et 128 hommes de 18 à 75 ans) d'un enfant de 5 ans, tantôt, pour la moitié des spectateurs, présenté comme une fille baptisée « Samantha », tantôt – pour l'autre moitié de l'échantillon – comme un garçon

1. Selon l'Observatoire français des médicaments antalgiques (OFMA).

2. B. D. Earp, J. T. Monrad, M. LaFrance, J. A. Bargh, L. L. Cohen et J. A. Richeson, « Gender bias in pediatric pain assessment », *Journal of Pediatric Psychology*, 44 (4), 2019, p. 403-414.

prénommé « Samuel ». Pour lui prélever une goutte de sang, l'enfant se fait piquer le bout du doigt. À l'issue de la vidéo, 50 % des adultes considéraient que Samuel souffrait, tandis que 45 % seulement s'inquiétaient de la souffrance de Samantha. Cette étude venait confirmer les résultats d'une autre expérimentation, de moins grande envergure, conduite quatre ans plus tôt et dont les conclusions étaient identiques. Les auteurs de l'étude de 2018 citent une récente méta-analyse[1] qui notait que les enfants, garçons ou filles, du même âge, rapportent avec la même fréquence des douleurs de même intensité. Leur seuil de douleur ainsi que leur tolérance à la douleur sont aussi identiques.

Au sujet des patients adultes, ces préjugés persistent parmi les soignants. Un questionnaire conduit auprès de 362 infirmier·ère·s aux États-Unis[2] a montré que, alors que la majorité des infirmières considéraient que les femmes et les hommes avaient la même perception de la douleur, 27 % pensaient que les hommes pouvaient éprouver des douleurs plus grandes que les femmes, et seulement 10 % pensaient, à l'inverse, que les femmes pouvaient souffrir davantage à un même stimulus douloureux. Aussi, 47 % des infirmiers interrogés affirmaient que les femmes pouvaient supporter plus de douleur que les hommes et seulement 15 % croyaient que les hommes en étaient capables.

Ces préjugés ne sont pas seulement des chiffres sur le papier. Ils ont un impact sur la prise en charge de la douleur des femmes. Ainsi, une étude américaine a observé que, lorsque des femmes ayant subi un pontage aortocoronarien se plaignent de douleurs postopératoires, elles recevaient des sédatifs plutôt que

1. K. E. Boerner, K. A. Birnie, L. Caes, M. Schinkel et C. T. Chambers, « Sex differences in experimental pain among healthy children : A systematic review and meta-analysis », *Pain*, 155, 2014, p. 983-993.

2. Mc Caffery et B. R. Ferrell, « Does the gender gap affect your pain control decisions ? », *Nursing*, 22, n° 8, 1992, p. 48-51.

des antidouleurs, à la différence des hommes[1]. Si ces deux dernières études datent des années 1990, de nouvelles expérimentations ont confirmé que cette différence injustifiée de traitement était encore d'actualité. Toujours aux États-Unis mais en 2008, les femmes se présentant dans un service d'urgence pour des douleurs abdominales[2], à un même degré de douleur que les hommes, recevaient moins d'analgésiques, moins d'opioïdes et attendaient une durée médiane de seize minutes de plus que les patients masculins.

Ces idées reçues qui sévissent parmi les soignants peuvent avoir des conséquences sérieuses. En cas d'arthrite, relevait la professeure Tina L. Doshi, spécialiste de la douleur à l'école de médecine Johns Hopkins de Baltimore[3], les femmes auraient ainsi trois fois moins de chance de bénéficier d'une arthroplastie (opération chirurgicale d'une articulation, avec ou sans implantation de prothèse) à la hanche ou au genou, ce qui conduirait à une prise en charge plus tardive, quand la douleur est devenue plus aiguë. « Les raisons pour lesquelles les femmes sont opérées plus tard ne sont pas claires, mais un biais de genre dans le traitement pourrait être un facteur », avance-t-elle prudemment avant de citer une autre étude, canadienne, qui affirme que les chances qu'un chirurgien remplace le genou d'un patient atteint d'arthrite étaient 22 fois plus élevées chez un homme que chez une femme[4].

1. K. L. Calderone, « The influence of gender on the frequency of pain and sedative medication administered to postoperative patients », *Sex Roles*, 23 (11-12), 1990, p. 713-725.

2. E. H. Chen, F. S. Shofer, A. J. Dean *et al.*, « Gender disparity in analgesic treatment of emergency department patients with acute abdominal pain », *Academic Emergency Medicine*, 15 (5), 2008, p. 414-418.

3. T. L. Doshi, « The many gender gaps in medecine », *Practical Pain Management*, 5 septembre 2018.

4. C. M. Borkhoff, G. A. Hawker, H. J. Kreder, R. H. Glazier, N. N. Mahomed et J. G. Wright, « The effect of patients' sex on

D'autres biais perceptifs peuvent se glisser et altérer le diagnostic. L'un d'entre eux est surnommé le « syndrome méditerranéen ». Ce stéréotype raciste, véhiculé par certains soignants, concerne des patients étrangers qui exprimeraient leur douleur de façon particulièrement expansive. Sans aucun fondement scientifique, puisque la douleur reste la même, peu importe l'origine[1]. En décembre 2019, la mort de la jeune Naomi Musenga, décédée à 22 ans quelques heures après avoir appelé le Samu, pose la question d'un biais dans la façon dont son appel a été réceptionné par l'opératrice du Samu. Alors qu'elle est à bout de forces, qu'elle explique avoir extrêmement mal, dans le ventre et l'ensemble du corps, alors qu'elle dit qu'elle va mourir, elle se voit raillée par l'opératrice, qui lui ordonne d'appeler SOS Médecins. Quand Naomi Musenga est enfin vue par des médecins, elle est dans un état critique. Elle ne survivra pas à sa prise en charge d'urgence et meurt six heures et demie après son appel. Officiellement, elle a succombé à une défaillance multiviscérale sur choc hémorragique.

Ainsi, de façon générale, la prise en charge de la douleur chez la femme serait plus tardive que chez l'homme. Elle aurait ainsi le temps de s'installer. Jusqu'à devenir plus critique, chronique, voire neuropathique. En 2018, une étude[2] constatait en tout cas qu'en France, entre 2013 et 2015, les malades atteints de douleurs chroniques étaient majoritairement des femmes

---

physicians' recommendations for total knee arthroplast », *Canadian Medical Association Journal*, 178 (6), 2008, p. 681-687.

1. En 1990, deux chercheurs américains, D. Zatzick et J. Dimsdale, ont réalisé une étude « Variations culturelles en réponse à des stimulis douloureux ». Les résultats sont sans surprise : l'origine « ethnique » ne joue pas sur le ressenti de la douleur.

2. C. Chenaf *et al.*, « Prevalence of chronic pain, with or without neuropathic characteristics in France using the capture-recapture method : A population-based study », *Pain*, 2018.

(56 % et 64 % selon les échantillons étudiés). Pour les douleurs neuropathiques, elles représentaient entre 54,6 % et 70,9 % des personnes concernées. « Les douleurs, quand elles sont évoquées par les femmes sont sous-prises en charge, confirme la docteure Coraline Hingray, médecin psychiatre, praticien hospitalier en neurologie au CHRU de Nancy. Et, à un moment donné, on va se retrouver dans une escalade thérapeutique, avec des douleurs qui se sont chronicisées qui nécessitent des paliers antalgiques plus importants. » Quand la douleur devient alors insupportable, la prescription d'un traitement plus lourd aux effets secondaires proportionnels devient incontournable. Parfois, cette escalade peut avoir des conséquences dévastatrices.

En février 2019, un rapport de l'ANSM[1] sème le trouble dans les milieux médicaux en questionnant les habitudes de prescriptions d'antidouleurs opioïdes en France. Depuis plusieurs mois, la France regardait avec distance la « crise des opioïdes » qui sévissait aux États-Unis, du nom de ces analgésiques morphiniques, version synthétique de l'opium, connus sous les appellations commerciales d'Oxycodone, Fentanyl, ou en France Tramadol, entre autres. Les effets addictifs de ces substances ont provoqué des ravages outre-Atlantique. En 2016, les autorités américaines parlent même d'une épidémie d'overdose à ces substances, avec plus de 42 000 morts. Une crise plus meurtrière que les accidents de la route, que les armes à feu et presque autant que la guerre du Vietnam dans les rangs de l'armée américaine. La crise des opioïdes aux États-Unis est aujourd'hui une crise sanitaire nationale hors de contrôle. Son ampleur a même provoqué un recul de quatre mois d'espérance de vie aux États-Unis de 2014 à 2017. Favorisée par de puissants laboratoires pharmaceutiques et un système de soins privés,

1. Agence nationale pour la sécurité des médicaments (ANSM), « État des lieux de la consommation des antalgiques opioïdes et leurs usages problématiques », février 2019.

dominé par les mutuelles qui ont poussé à la consommation de ces molécules, Fentanyl et autre Oxycodone en tête, moyens simples, et *a priori* peu coûteux de mettre fin à des douleurs, l'épidémie prendra des années à se résorber.

Cette addiction nationale, bien qu'en pleine recrudescence ces cinq dernières années, n'est pas nouvelle. Mais aujourd'hui, alors qu'elle affecte toutes les couches de la population, sans distinction de classe ou d'ethnie, l'État américain prend enfin la mesure de la catastrophe. Elle fait désormais la une des grands médias.

Les femmes se sont retrouvées au beau milieu du cataclysme. Un phénomène que les autorités sanitaires n'ont pas décelé alors que les données ne manquent pas. Ainsi, elles ne représentent pour l'instant qu'un tiers des overdoses mais leur nombre en vingt ans a atteint des sommets, progressant deux fois plus vite que chez les hommes. Entre 1992 et 2015, le nombre de décès par overdose chez les hommes a ainsi augmenté de 400 % pendant que chez les femmes, il a littéralement explosé de 850 %. Moins nombreuses parmi ces morts, elles sont cependant une cible privilégiée de cette épidémie.

Une étude parue dans the *American Journal of Public Health* montrait ainsi qu'entre 1997 et 2005, les femmes avaient plus de chance de se voir prescrire des opioïdes, et ce à des doses plus élevées, et pendant plus longtemps que les hommes. Et chez ces patientes, le virage vers cette molécule extrêmement addictive ne pardonne pas. Selon une autre étude, datant de 2010[1], « les données suggèrent que les femmes progressent plus rapidement que les hommes de l'usage vers la dépendance, et souffrent de conséquences émotionnelles et physiques plus sévères ». L'étude assure également que l'effet de « manque chez les femmes sous

1. S. E. Back *et al.*, « Comparative profiles of men and women with opioid dependence : Results from a national multisite effectiveness trial », *The American Journal of Drug and Alcohol*, 2011.

opioïdes est plus fort que chez les hommes ». Une fois prises dans la spirale de l'addiction, il est ainsi plus difficile pour les femmes d'en sortir.

Le rapport de l'ANSM ébranle donc les certitudes des prescripteurs français : de ce côté-ci de l'Atlantique, malgré les contrôles, les ordonnances sécurisées et l'exemple américain décrit régulièrement dans la presse française, la poussée des opioïdes a aussi été fulgurante. « Bien que la situation ne soit pas comparable à celle des États-Unis, un certain nombre d'indicateurs incitent à une vigilance accrue de la part des autorités et des professionnels de santé », alertent en préambule les auteurs du rapport. En 2017, les opioïdes faibles (dont certains, à base de codéine, étaient encore en vente libre jusqu'en juillet 2017) et forts représentent ensemble respectivement 20 % et 2 % des antidouleurs prescrits. En 2017, 17,1 % des Français avaient reçu des opioïdes sur prescription. Entre 2006 et 2017, la prescription de Tramadol a progressé de 68 %, alors que l'Oxycodone a bondi de 768 %. Par ailleurs, la part des cas de « troubles d'usage », comme les falsifications de prescriptions, le nomadisme médical (lorsque le patient prend rendez-vous chez différents médecins pour obtenir plusieurs prescriptions du médicament), a plus que doublé entre 2006 et 2015, et le nombre de décès liés à la consommation d'opioïdes a augmenté entre 2010 et 2015 de 1,3 à 3,2 décès pour un million d'habitants, soit 4 décès par semaine. Même si cette hausse soudaine de la consommation n'a pas provoqué une épidémie d'overdoses en France, il reste un trait commun à la crise majeure que traversent les États-Unis : la place qu'y occupent les femmes. « Cette problématique touche principalement des patients qui consomment initialement un antalgique opioïde pour soulager une douleur, constate le rapport, et qui développent une dépendance primaire à leur traitement, et parfois le mésusent ; les femmes sont majoritairement concernées. » Car les utilisateurs d'antalgiques sont majoritairement des femmes, que ce soit pour les opioïdes faibles ou forts (respectivement 57,7 % et 60,5 % des usagers en 2015). Ce sont elles également qui, entre 2010 et 2017, ont présenté le plus grand nombre d'ordonnances suspectes (jusqu'à 56,9 % dans les cas de prescription d'Oxycodone). Depuis le 15 avril 2020, les conditions de prescription du Tramadol, un des antidouleurs les plus vendus, se sont durcies : la durée maximale de la prescription a été réduite de douze à trois mois.

De la douleur à l'addiction, les femmes glissent dans un piège dont elles auront plus de mal à s'extirper. Professionnellement plus précaires que les hommes, souvent en charge d'enfants pour lesquels elles doivent trouver une structure d'accueil le temps de leur prise en charge, l'accès aux soins contre une addiction devient plus compliqué. Ainsi, si elles représentent un tiers des usagers de drogues (médicaments compris), elles ne comptent que pour un cinquième des personnes bénéficiant d'une prise en charge. Stigmatisées, soucieuses de subvenir aux besoins de leur famille, elles repoussent dans le temps leur recours aux soins. Parfois trop tard.

Yasmine Candau a pu s'arrêter à temps. Mais avant, elle s'est sentie dériver. Face à la progression de la douleur, elle se voit prescrire de la morphine, par patch, pendant deux ans. C'est d'abord une délivrance, ce chien qui ne la lâchait plus est enfin muselé. Mais le soulagement se transforme bientôt en obsession. À la fin d'un patch et avant que celui-ci ne soit changé, elle ressent le manque dans tout son corps. Cette sensation l'obsède. Elle ne pense plus qu'à son prochain patch. Le médecin augmente les doses prescrites. Progressivement, elle se désintéresse du monde, ses enfants l'irritent, elle se sent à la merci de ce petit carré de morphine qu'elle change tous les trois jours.

Au bout de deux ans de traitement, le sevrage est un calvaire. La douleur est moins présente, mais tout le corps de Yasmine Candau semble réclamer sa dose de morphine. « J'ai cru devenir folle », raconte-t-elle. Elle finit par prendre le dessus. Deux ans plus tard, elle doit subir une huitième opération pour enlever de nouvelles lésions causées par l'endométriose. Pendant les huit jours que dure son hospitalisation, elle reçoit de la morphine. De retour chez, elle, le manque revient, obsessionnel. « Le corps n'oublie pas », constate-t-elle. Aujourd'hui, Yasmine Candau a mal en permanence, à 5/10 sur l'échelle de la douleur, mais lors des crises elle monte à 8/10 et peut « exploser à 12/10 », affirme-t-elle tout en reconnaissant qu'il est théoriquement impossible de dépasser l'échelle d'évaluation. « C'est mon ressenti quand la crise devient plus douloureuse qu'un accouchement sans péridurale », explique celle qui a déjà mis au monde deux enfants. Le chien de Yasmine est hélas devenu un fidèle compagnon qu'elle doit savoir garder sous sa coupe. Sous contrôle permanent.

Avec la souffrance des femmes, le soupçon de folie n'est jamais loin. « C'est dans votre tête, Madame » revient comme un triste refrain. Ainsi, alors que la maladie était beaucoup moins médiatisée, des femmes atteintes d'endométriose ont été internées en hôpital psychiatrique, assure Marie-Rose Galès, blogueuse[1] et auteure, dans une interview diffusée sur le site internet yahoo.fr[2]. « Les cas d'hospitalisation n'existent quasiment plus depuis dix ans », nous précise-t-elle sans indiquer le nombre de femmes qui ont été concernées.

Dans tous les scandales de médicaments, le déni des effets ressentis par les patientes revient comme un passage presque obligé avant la pose d'un diagnostic. « C'est dans votre tête, Madame » : c'est aussi la formule employée par de nombreux médecins pour définir l'effet produit par le Levothyrox, une

1. https://endometriosemonamour.tumblr.com/

2. Vidéo yahoo.fr, « Marie-Rose Galès (Endo & Sexo) : "En 2010 en France, on avait des gens hospitalisés en psychiatrie pour cause d'endométriose" », 6 mars 2020.

hormone thyroïdienne prescrite dans les cas d'hypothyroïdie ou thyroïdectomie (ablation de la thyroïde).

En 2017, ce traitement a été au cœur d'un tsunami médiatique, médical et institutionnel. En mars, l'ANSM demande au laboratoire Merck de modifier la formule du Levothyrox en remplaçant l'excipient appelé lactose par deux autres, le mannitol et l'acide citrique. Officiellement, pour des questions de stabilité de l'ancienne formule. Officieusement, l'ouverture d'une usine en Chine (les Asiatiques sont intolérants au lactose à plus de 90 %) par Merck a laissé proliférer des questionnements bien plus prosaïques. Le laboratoire aurait-il changé la formule du médicament pour conquérir le marché chinois ?

Quoi qu'il en soit, suite au changement de formule, 31 000 déclarations d'effets indésirables ont déferlé entre mars 2017 et avril 2018, et « d'après les données officielles rendues publiques par notre Caisse nationale d'assurance maladie, plus de 500 000 personnes se sont détournées du Levothyrox nouvelle formule pour prendre des alternatives à base de lévothyroxine (sur trois millions de patient·e·s)[1] ». Ces tremblements, cette fatigue subite, ces palpitations, ces vertiges, ressentis par ces patientes en France et ailleurs, ne seraient qu'une vue de l'esprit ? Un « délire », « une affabulation relayée par les médias pour faire le buzz », selon les mots d'un médecin généraliste cité dans un quotidien régional[2] ? Un simple effet collatéral, socialement acceptable, selon la formule d'un ponte de l'endocrinologie qui osait l'improbable comparaison entre une patiente et une voiture – « Les malades n'avaient pas à être informés autant dans le détail. Quand vous allez prendre de l'essence, vous ne demandez pas ce que contient votre carburant » – ou

1. Dans un courrier de l'association « Les victimes françaises du nouveau Levothyrox », daté du 13 mars 2018.

2. « Des médecins agacés par l'"hystérie collective" autour du Levothyrox », *Le Bien Public*, 21 septembre 2017.

encore la manifestation d'une « hystérie collective » larvée, dénoncée par d'autres praticiens sur les réseaux sociaux et dans les commentaires de revues spécialisées ? Contactée, l'ANSM n'a pas partagé avec nous ses hypothèses pour expliquer cette recrudescence soudaine de signalements.

Rappelons déjà que l'hystérie, maladie particulièrement étudiée au XIXe siècle qui ne touchait que les femmes – le terme étant lui-même issu de « utérus » – a disparu depuis 1980 du DSM (*Diagnostic and Statistic Manual of Mental Disorders*), la nomenclature des troubles mentaux qui fait autorité en psychiatrie. Si le concept a été décomposé et remplacé par les troubles de la conversion, trouble de la personnalité histrionique ou trouble somatoforme, qu'il n'est plus aujourd'hui exclusivement féminin, dans le langage courant, il est toujours d'actualité, y compris dans la bouche de soignants.

Merck, le laboratoire du médicament, a plaidé l'effet nocebo, reprenant les conclusions d'un rapport d'experts en 2018. Il s'agit du frère de l'effet placebo, connu lorsqu'une substance totalement inerte provoque inexplicablement des effets bénéfiques sur un patient. En symétrie, l'effet nocebo serait celui, négatif, qu'aurait de manière tout aussi inexpliquée une substance inoffensive. Cette fascinante et bien réelle chimie du cerveau, aujourd'hui observée et étudiée en neurosciences grâce à l'imagerie moderne, aurait le pouvoir de guérir ou d'aggraver la santé du patient. Le contexte de la prise du médicament, sa couleur mais aussi la confiance de la patiente envers son médecin et son traitement, auraient pu jouer dans le développement de symptômes qui n'ont aucune cause liée aux effets de la substance. Dans ce cas, comme le résume Jean-François Bergmann[1], chef du département de médecine interne à l'hôpital Lariboisière, la qualité dc l'information donnée au patient est

1. https://www.lejdd.fr/Societe/Sante/leffet-nocebo-consequence-etonnante-de-laffaire-du-levothyrox-3445592

essentielle afin de réinstaurer une véritable relation de confiance. Le manque de réactivité de l'agence du médicament a pu jouer sur l'importance de cet effet nocebo, qui ne fait pas pour autant de ces malades des malades imaginaires.

Mais en avril 2019, la version de l'effet nocebo est finalement démentie : les recherches effectuées par un groupe de chercheurs franco-britanniques objectivent pour la première fois les plaintes déclarées par les dizaines de milliers de malades. Les résultats indiquent que les deux formulations (ancienne et nouvelle) du médicament ne sont pas substituables pour chaque individu. Alors que 40 % des personnes testées avaient subi des variations hormonales dans la norme, 60 % d'entre elles étaient hors limite, et donc susceptibles de subir des effets indésirables avec la nouvelle formule. Seulement, selon l'un de ces chercheurs, Pierre-Louis Toutain, pharmacologue, professeur émérite à l'École nationale vétérinaire de Toulouse, spécialiste en pharmacocinétique, l'ANSM, pour démontrer la bioéquivalence entre les deux formules, s'est appuyée sur la bioéquivalence moyenne, et non sur la bioéquivalence individuelle. Ce qui aurait permis de « lisser » les résultats en gommant les grandes variations de réactions chez les patient·e·s[1], nourrissant encore un peu plus leur défiance envers l'institution sanitaire… et le monde pharmaceutique.

Les maladies liées à la thyroïde sont largement féminines. Ainsi la crise du Levothyrox a concerné 80 % de patientes. C'est sans étonnement que l'on constate un regard condescendant jeté sur la souffrance, physique comme mentale, des femmes. Pourtant, des maux sans lésions ne sont pas l'apanage des « malades imaginaires ».

1. P. Santi et S. Foucart, « Levothyrox : l'étude qui donne raison aux patients », *Le Monde*, 4 avril 2019.

Aux racines du mal-être

Les états d'âme des femmes ont souvent fait l'objet d'une attention particulière de la part de leur entourage et du corps médical, des premières études de l'hystérie par Jean-Martin Charcot au XIXe siècle, à la lobotomie. Cette intervention chirurgicale qui consiste en l'ablation ou l'altération d'une partie du cerveau, la substance blanche située dans le lobe préfrontal, a été pratiquée en France pendant cinquante ans, de 1935 à 1984. La méthode a été inventée par un neurologue portugais, Egas Moniz, qui assurait pouvoir soigner ainsi la schizophrénie. Sa première patiente, une ancienne prostituée de 63 ans souffrant de paranoïa et de mélancolie, fut ainsi opérée en 1935, sans son consentement, comme le raconte Carlos Parada dans son livre *Toucher le cerveau, changer l'esprit*[1]. L'opération est présentée comme un succès, comme en atteste la docilité de la patiente suite à l'intervention. Ainsi la méthode essaime, et on estime aujourd'hui que 100 000 personnes ont été lobotomisées dans le monde. Le docteur Moniz recevra le prix Nobel de médecine pour ces travaux en 1949. Mais l'intervention, qui altère la personnalité, les capacités cognitives des patients ou parfois les plonge dans un état végétatif, finit par être délaissée. Qualifiée de barbare, elle sera finalement interdite en France à partir de 1984. Cependant, au cours de ces cinq décennies de pratique, la lobotomie censée soigner une maladie, la schizophrénie, dont la prévalence est plus grande chez les hommes, a concerné en France, en Suisse et en Belgique, des femmes dans 84 % des cas, comme l'ont révélé trois chercheurs français, dans un article paru dans la revue *Nature*[2]. Quant à savoir « si cela reflète une

1. C. Parada, *Toucher le cerveau, changer l'esprit*, Paris, PUF, 2016.
2. L. M. Terrier, M. Levêque et A. Amelot, « Most lobotomies were done on women », *Nature*, 31 août 2017.

plus grande prévalence des maladies mentales chez les femmes à cette époque, ou la perception de leur position inférieure dans la société datant du Code napoléonien de 1804 », les chercheurs ne tranchent pas. « Dans la majorité des cas, lorsque les indications étaient renseignées, il s'agissait de soigner une pathologie psychiatrique : schizophrénie, grande dépression avec tentative de suicide, en général des personnes qui avaient une adaptation sociétale difficile, d'autres des troubles obsessionnels compulsifs, etc. », explique l'un d'eux, Louis-Marie Terrier, dans un reportage de TV5 Monde[1].

Avant d'être interdite, la méthode avait progressivement été abandonnée alors qu'étaient mis sur le marché, en 1954, les premiers neuroleptiques ainsi que, plus tard, toute une armada médicamenteuse destinée aux troubles psychiatriques. La « mélancolie », désormais connue comme dépression, est l'un des maux auxquels ces substances tentent de remédier.

Aujourd'hui, les femmes sont majoritaires parmi les utilisateurs d'antidépresseurs. Une vaste étude[2] analysant en 2015 la consommation en médicaments psychotropes de plus de 34 000 personnes originaires de 10 pays européens a montré que les femmes sont deux fois plus nombreuses que les hommes à en consommer. En moyenne, dans ces 10 pays, 15 % des femmes ont consommé des médicaments psychotropes dans les douze mois qui ont précédé l'étude, contre 8 % des hommes. En France, troisième pays plus gros consommateur de ces médicaments selon cette étude, après le Portugal et la Belgique, elles sont 20,4 % à prendre de ces médicaments, contre 12,1 % des hommes.

1. L. Zerouk, « Durant 50 ans, 84 % des lobotomies furent réalisées sur des femmes en France, Belgique et Suisse », 5 décembre 2017, sur le site internet de TV5 Monde.

2. A. Boyd *et al.*, « Gender differences in psychotropic use across Europe : Results from a large cross-sectional, population-based study », *European Psychiatry*, vol. 30, n° 6, septembre 2015, p. 778-788.

Derrière cette prescription massive d'antidépresseurs, une épidémie mondiale qui touche massivement les femmes. « La dépression unipolaire, qui doit être la deuxième cause d'invalidité dans le monde en 2020, est deux fois plus fréquente chez les femmes », note l'Organisation mondiale de la santé[1] sur son site internet. Et de poursuivre : « La dépression est non seulement le problème de santé mentale le plus commun chez les femmes, mais aussi elle persiste plus longtemps chez les femmes que chez les hommes. »

La France n'échappe pas à cette épidémie. En 2017, elle a touché un Français de 15 à 75 ans sur 10 (9,8 %), selon une étude parue dans le bulletin hebdomadaire épidémiologique de *Santé Publique France*[2]. La proportion de femmes concernées par un épisode de dépression caractérisée (EDC) ou dépression majeure (13 %) est deux fois plus importante que chez les hommes (6,4 %). Depuis 2010, la situation s'est encore dégradée, spécialement pour les femmes. La proportion de personnes dépressives a progressé de 1,8 point tandis que, chez les femmes, ce taux a grimpé de 2,7 points.

L'étude menée par *Santé Publique France* pointe également quelques corrélations. « En concordance avec les études internationales, précise le bulletin hebdomadaire, ce sont donc le sexe féminin, l'inactivité professionnelle, les faibles niveaux de revenus, les ruptures conjugales qui sont positivement liés à la survenue d'un EDC dans l'année. » En France, précarité, faibles revenus sont le lot des femmes, généralement. Elles occupent 70 % des postes en CDD et intérim, et 78 % des postes à temps partiel leur sont réservés. Une situation subie puisque 75 % des personnes qui veulent travailler plus sont des femmes. Leurs salaires sont en moyenne 23 % inférieurs à ceux des hommes,

1. https://www.who.int/mental_health/prevention/genderwomen/en/

2. « Bulletin épidémiologique hebdomadaire », *Santé Publique France*, n° 32-33, 16 octobre 2018.

et à poste et compétences égaux, l'écart est de 9,9 %. En 2017, 7,3 % des travailleuses étaient pauvres en France. Enfin, une fois retraitées, les femmes touchent des pensions inférieures de 26 % en moyenne à celles des hommes[1].

Cette inégalité de revenus, que relève Oxfam, prend racine au plus profond du fonctionnement de la société. L'ONG observe, notamment, une ségrégation des travailleuses dans les métiers les moins qualifiés et rémunérateurs, alors que les femmes sont plus nombreuses à détenir le baccalauréat (62,2 % contre 51,7 % des hommes). L'ONG évoque l'impact sur leur avancement professionnel du temps consacré aux tâches domestiques (3 heures 26 minutes par jour contre 2 heures pour les hommes). Les inégalités sont ainsi profondément ancrées. De là, rien d'étonnant à ce que les femmes soient des victimes privilégiées de la dépression.

L'Organisation mondiale de la santé dresse le même constat : « Les politiques sociales et économiques qui provoquent des dégradations incontrôlées, inévitables, soudaines et sévères de revenus, d'emploi ou de capital social augmentent les inégalités de genre ainsi que la prévalence des maladies mentales. » Or les femmes sont les premières victimes des crises économiques. Suite à la crise de 2008, la Commission des droits de la femme et de l'égalité des genres du Parlement européen notait en 2012 combien les femmes avaient été plus particulièrement affectées. « Alors qu'approximativement 23 % des citoyens de l'Union européenne risquent de tomber dans la pauvreté ou l'exclusion sociale en 2010, cette paupérisation de la population affecte plus les femmes dont la plupart doivent faire face à une combinaison de difficultés : responsabilité d'une famille monoparentale, difficultés à garder un emploi ou à en trouver un nouveau dans ce contexte, difficultés à se loger, et prise en

1. « Travailler et être pauvre : les femmes en première ligne », rapport Oxfam, 17 décembre 2018.

charge des personnes dépendantes (enfants, parents, personnes malades ou en situation de handicap)[1]. »

On a tenté à plusieurs reprises de trouver d'autres explications à cette surreprésentation des femmes parmi les personnes dépressives. Certains ont cru que les inégalités de revenus qui rendent les femmes dépendantes de ceux des hommes, les enferment chez elles à exécuter le travail domestique et à élever les enfants, assuraient au contraire leur bien-être psychologique. Dans les années 1980, un déferlement médiatique s'alarmait ainsi des effets de l'émancipation des femmes sur leur santé mentale. Preuve en était, la supposée « détresse mentale des femmes seules », lesquelles constituaient 66 % de la clientèle des psychothérapeutes. La journaliste Susan Faludi, lauréate du prix Pulitzer, qui revient en 1991 dans une enquête très documentée[2] sur le phénomène, rappelle combien cette observation restait fragile. D'abord parce qu'aucune étude n'avait été menée jusqu'alors sur la santé mentale des femmes célibataires sans enfants et que conclure à leur dégradation était précipité, mais aussi parce que le vrai motif de cette « détresse » n'était pas la solitude de ces femmes, mais bien la question de l'emploi. « Qu'elles soient cadres ou bien simples ouvrières, les femmes qui travaillent sont moins souvent dépressives que les femmes au foyer, et plus elles assument de responsabilités, meilleure est leur santé physique et mentale », assurait alors Susan Faludi. Vingt-neuf ans plus tard, certains chercheurs avancent même que les femmes célibataires sans enfants seraient les plus heureuses, disposant de leur temps, de la liberté nécessaire pour voyager, se sociabiliser. En revanche, les hommes vivraient plus difficilement cette situation et auraient plus à y perdre que les

1. J. Demey, « L'effet placebo, conséquence étonnante de l'affaire du Levothyrox », *Le Journal du Dimanche*, 28 septembre 2017.

2. S. Faludi, *Backlash : la guerre froide contre les femmes*, Paris, Éditions des femmes, 1991.

femmes, selon Paul Dolan, professeur et directeur du département des sciences comportementalistes à la London School of Economics and Political Sciences qui a analysé l'American Time Use Survey, une vaste base sur l'utilisation de leur temps par les ménages américains[1].

Les violences dont elles sont la cible sont un autre facteur à l'origine de la « mélancolie » des femmes. Celles-ci provoquent des troubles psychotraumatiques. Plus ces violences sont insensées, déshumanisantes, plus elles laissent durablement leur empreinte dans le cerveau. De la catastrophe naturelle au viol, les conséquences de ces événements peuvent hanter la victime, homme ou femme, pendant toute sa vie si elle n'est pas traitée. « En moyenne, le risque de développer des troubles psychotraumatiques après un événement traumatique est de 23 à 25 % », détaille Muriel Salmona[2], psychiatre, présidente de l'association Mémoire traumatique, et spécialiste française du psychotraumatisme. « Quand il s'agit de violence interpersonnelle, ajoute-t-elle, ce risque grimpe à 40 ou 50 % ; en cas de violences intrafamiliales et conjugales 60 % ; 70 % à 80 % de risques suite à des violences sexuelles. Quand ces violences sont commises sur des enfants, on frôle 100 % de risques de développer des troubles psychotraumatiques chez ces enfants. » Or la femme se trouve, là aussi, au cœur des violences qui laisseront le plus de traces sur un plan neurologique. Chaque année quelque 96 000 femmes subissent des viols contre 16 000 hommes ; 130 000 petites filles contre 35 000 jeunes garçons. Les violences conjugales concernent 219 000 femmes chaque année. Ainsi en proportion, les femmes sont deux fois plus nombreuses que les hommes à souffrir de psychotraumatismes (10,5 % à

1. S. Cian, « Women are happier without children or a spouse, says happiness expert », *The Guardian*, 25 mai 2019.

2. M. Salmona, *Le Livre noir des violences sexuelles*, 2e éd., Paris, Dunod, 2018.

13,8 % pour les femmes, contre 5 à 6 % pour les hommes). « Il a fallu beaucoup de temps pour que l'on sorte de ce préjugé selon lequel [cette différence de prévalence] n'était pas due à la fragilité ou à la sensibilité des femmes », explique la docteure Salmona. Les troubles psychotraumatiques provoquent dans un cas sur deux des dépressions à répétition, des tentatives de suicide dans la même proportion, 40 à 50 % des personnes concernées adoptent des conduites addictives à risque. Ce diagnostic est souvent ignoré par ceux qui recueillent la parole des femmes victimes. « Le problème c'est qu'aujourd'hui en France, les médecins ne sont pas formés au dépistage, au diagnostic et à la prise en charge des psychotraumatismes », regrette-t-elle. Y compris les psychiatres, alors que 70 % des personnes suivies par eux présentent des troubles psychotraumatiques, selon Muriel Salmona. Contactée, la HAS ne s'est pas prononcée sur la pertinence de recommandations à formuler pour la prise en charge des psychotraumatismes.

Dans la solitude du baby blues

Les femmes seraient-elles plus « naturellement » exposées à la dépression ? Les flux et reflux d'hormones permettraient-ils aussi d'expliquer ces vagues à l'âme persistants ? « Une hypothèse évoquée serait que les femmes seraient beaucoup plus sujettes à des variations hormonales, notamment quelques jours avant leurs règles », estime la docteure Astrid Chevance, psychiatre et doctorante en épidémiologie, auteure de l'éditorial accompagnant l'étude parue dans le bulletin épidémiologique de *Santé Publique France* sur la dépression en France. « Dans le syndrome prémenstruel, on assiste à une chute de l'humeur qui serait physiologique, à trois ou quatre jours avant la survenue des règles. Quand le SPM est très prononcé, il peut amener des idées suicidaires. » Cette influence des hormones serait également marquée chez les femmes en suite de couches. « Pendant la grossesse, la femme sécrète des hormones relaxantes et anxiolytiques. Après l'accouchement, il y a une rupture hormonale très forte et la dépression peut alors s'installer », explique la docteure Chevance. Ainsi après un accouchement, la fatigue et la chute des hormones de grossesse favoriseraient une hypersensibilité, des sautes d'humeur, mais aussi une tristesse hors du commun chez la jeune mère. Ce bourdon, quand il ne dure que quelques jours, est communément connu sous le nom de baby blues. Il apparaît chez 60 % des mères, trois jours après l'accouchement et disparaît sans traitement.

Mais parfois les symptômes persistent. Ainsi, environ 10 % des quelque 700 000 femmes qui accouchent chaque année en France souffrent de dépression post-partum. Souvent diagnostiquée six à huit semaines après l'accouchement, cette forme de dépression majeure, comme classifiée dans le DSM 5, peut s'étendre sur plusieurs mois.

Aujourd'hui, le silence autour de la tristesse et les difficultés rencontrées par les jeunes mères commence seulement à se briser.

En février 2020, un tabou s'est levé sur internet : le hashtag #monpostpartum s'est multiplié sur Twitter et Instagram. Il faisait suite à la suppression par la chaîne américaine ABC d'une publicité qu'elle a jugée « trop explicite » pour des produits postaccouchement, et qui devait être diffusée en plein milieu de la cérémonie des Oscars. On y voyait une jeune mère, le ventre encore arrondi par sa récente grossesse, uriner douloureusement et changer une couche-culotte hygiénique. Une séquence qui, en réalité, relatait le quotidien de millions de femmes. La censure de la publicité a provoqué un tollé sur les réseaux sociaux. En France, le fleurissement du mot-dièse, lancé par quatre militantes féministes, Illiana Weizman, Morgane Koresh, Ayla Linares, Masha Sacré, a permis de libérer la parole sur le sujet, trop peu connu des jeunes mères. La fatigue suite à l'accouchement, les saignements, les douleurs, les vergetures, la solitude des premières semaines, la déprime qui les fauche alors qu'elles devraient vivre l'un des « plus beaux moments de leur vie », ont été partagés, racontés par des milliers de femmes qui jusqu'ici craignaient d'être « anormales ». « Durant toute la grossesse, on a des cours sur la poussée lors de l'accouchement, les soins du bébé, l'allaitement, mais bon sang, j'aurais aimé être préparée à ces deux mois de solitude, de détresse et de chute hormonale qui dévaste un corps et un esprit », lance une internaute, @lau_prl, sur Twitter. « Clairement, on n'en parle pas assez. C'est beaucoup plus traumatisant que la grossesse et l'accouchement. FEMMES, blindez-vous, fermez les yeux et soyez fortes car vous ne serez pas prêtes », tweete une autre internaute. Dans cette vague, surgissait un non-dit, un malaise dans lequel tant de jeunes mères se retrouvent murées.

Certaines ont ainsi recours à des traitements médicamenteux pour sortir de cette ornière émotionnelle. Pourtant, cette dénomination de dépression « post-partum » ou « postnatale » ne fait pas consensus. « Parce qu'on a appelé [cette dépression] "postnatale", on a l'impression qu'elle est causée par l'accouchement… et donc que c'est nécessairement hormonal et biologique, d'une certaine manière », remarque Catherine Des Rivières-Pigeon, épidémiologiste, professeure agréée au département de sociologie à l'université du Québec à Montréal. « Or, poursuit-elle, les études démontrent qu'il n'y a pas tellement plus de dépressions à la suite de l'accouchement que lors de la grossesse. » L'influence des hormones pendant la gestation pouvant jouer un rôle, Catherine Des Rivières-Pigeon, avec l'aide de Patricia Romito, a suivi un même groupe de femmes après leur accouchement et cinq ans plus tard. « C'est pareil ! », s'exclame-t-elle. « Et la dépression postnatale, elle dure jusqu'à cinq ans ? Ou simplement les femmes souffrent de dépressions avant l'accouchement, après l'accouchement, à toutes sortes de moments ? Cette hypothèse hormonale n'est pas claire du tout… »

Dans une autre étude dirigée par la psychologue Stéphanie Goron et publiée en 2017, la professeure a scruté des facteurs, autres qu'hormonaux, qui pourraient expliquer la morosité des jeunes mères[1]. Cette étude compare les raisons de la dépression identifiées par 30 d'entre elles, avec celles rapportées par 10 autres également dépressives ayant des enfants de 3 à 10 ans. Et les conclusions rejoignent d'autres études publiées sur le sujet : la cause hormonale n'est pas placée comme une cause majeure de cette tristesse par les mères (30 % chez l'un et l'autre groupe évoquent cette raison). En revanche, les mères venant d'accoucher ciblent d'autres motifs pour expliquer leur malaise, qui relèvent davantage du psychosocial : 75 % des jeunes mères rapportaient « éprouver de la difficulté à s'adapter au changement de style de vie ». Le sentiment s'accompagne de celui de perte : de temps pour elles, de liberté, de contrôle, d'identité, des relations sociales, de stimulation intellectuelle, énumère l'étude. 70 % des mères imputent également leur dépression au manque de sommeil. Dans les couples hétérosexuels, ces courtes nuits (de une à trois heures pour 42 % des jeunes parents pendant les quatre premiers mois après la naissance) concernent davantage les femmes, puisque 32 % des pères avouent ne pas se réveiller pendant la nuit, tandis que 7 % des mères font la sourde oreille si leur enfant pleure[2].

L'isolement de la mère dans la découverte de la maternité amènerait plus facilement à une dépression post-partum, affirme Catherine Des Rivières-Pigeon qui s'est consacrée à ce sujet dans d'autres études. Aux côtés de Patricia Romito, elle avait

1. S. Goron *et al.*, « La dépression postnatale, un diagnostic spécifique ? Analyse des causes perçues par les mères en dépression postnatale en non postnatale : perspective qualitative », *Devenir*, vol. 29, 2017, p. 267-291.

2. Z. Husaini Hanawait, « New moms are more sleep deprived than we thought », *Parents*, 14 mars 2019.

comparé la prévalence de la maladie au Canada et en Italie. Elles avaient observé plus particulièrement la répartition des tâches domestiques au sein du couple. « Les mères italiennes avaient très peu d'aide domestique de leur conjoint, raconte-t-elle. En même temps, elles ne s'attendaient à rien. Mais elles avaient beaucoup d'aide de la part d'autres femmes, leur mère, leurs sœurs. Et ça, c'était très protecteur en termes de santé mentale. Les mères québécoises, en revanche, s'attendaient beaucoup à de l'aide de leur conjoint, elles en avaient plus, mais pas autant que ce qu'elles en attendaient. Elles ne mobilisaient pas du tout les femmes de leur entourage et, du coup, elles se retrouvaient démunies, en difficulté. »

« Les femmes sont soumises à un stress chronique », considère la docteure Astrid Chevance. Et ce stress peut être à l'origine d'une dépression, admet-elle également. « On a observé cela sur des souris, raconte la psychiatre. Elles étaient plongées dans une piscine, dont elles ne pouvaient pas sortir, dépourvues de rebords où elles pouvaient s'accrocher. Les rongeurs ont gesticulé, se sont débattus pour tenter de surnager pendant un moment. Puis, ils se sont laissés flotter, inertes. » Enfants à charge, travail parfois précaire, pauvreté plus grande : comment ne pas voir, à tout le moins, à travers cette expérience, cette piscine où se laissent se noyer des souris angoissées et épuisées, une allégorie de ce que vivent de nombreuses femmes ?

Cet état de tristesse prolongée des mères est-il pathologique ? questionne Catherine Des Rivières-Pigeon. Lorsque les mères « se retrouvent en situation de pauvreté, qu'elles font face à des normes inatteignables en termes de maternité, face à l'injonction d'être une mère parfaite, qu'elles sont à terre, jugées, est-ce normal qu'elles développent des comportements dépressifs ? Oui. Et est-ce un problème individuel qui doit être traité par des médicaments ? C'est là qu'on peut réfléchir. Je ne veux pas dire que les antidépresseurs ne sont jamais bons mais il faut réfléchir au contexte et ce que permettent l'épidémiologie et la santé publique ».

Soigner la société plutôt que les individus, pour des existences plus heureuses et épanouies : le projet est ambitieux, collectif et politique. Mais dans l'urgence du quotidien, la nécessité individuelle et immédiate pour ces femmes, qui ont parfois d'autres enfants et sont plus fragiles économiquement, est de retrouver rapidement un moyen d'aller mieux. « Les guides pratiques et les divans analytiques sont les deux seules formes d'aide qui s'offrent aux femmes démoralisées ; à l'heure où l'espoir d'un véritable changement social ou politique s'amenuise, changer soi-même devient la seule issue », constatait Susan Faludi. Et croire que les médicaments pourraient y remédier est illusoire pour un tiers d'entre nous. « À cela, il faut ajouter l'inquiétant désengagement des firmes pharmaceutiques des troubles psychiques, relevaient Astric Chevance et Raphaël Gaillard, dans l'éditorial du bulletin épidémiologique hebdomadaire de *Santé Publique France* sur la dépression des Français. Alors que 30 % des Français ne répondent pas aux antidépresseurs actuellement disponibles[1]. »

1. Selon le docteur Chevance, les auteurs font ici référence à l'étude Star*D (« Sequenced treatment alternatives to relieve depression », cohorte enrôlant plus de 4 000 patients diagnostiqués dépressifs).

7
Les femmes enceintes dans l'angle mort des médicaments

> « Moi, tu sais, je m'en passe des femmes, qu'il disait, avec leurs beaux derrières, leurs grosses cuisses, leurs bouches en cœur et leurs ventres dans lesquels il y a toujours quelque chose qui pousse, tantôt des mômes, tantôt des maladies. »
>
> Louis-Ferdinand Céline,
> *Voyage au bout de la nuit.*

Voyez ces images de femmes enceintes : ces visages béats et radieux que nous distillent les médias. Ces femmes portées au rang de quasi-divinités, sacrées, intouchables et protégées car porteuses de vie. Précautions alimentaires, suivi médical régulier, droit du travail protecteur, congés maternité pour les salariées et même places de parking ou de train pour elles, siglées d'une petite silhouette au ventre arrondi… la société semble avoir confectionné un rempart autour des femmes le temps de leur grossesse. C'est notamment pour leur protection et celle du fœtus qu'elles portent que toutes les femmes sont très largement écartées des essais cliniques des médicaments. On pourrait penser que pendant ces dix-huit mois en moyenne de sa vie où une femme est enceinte, en France, elle serait moins exposée aux médicaments et à leurs effets secondaires.

Et pourtant, bien qu'enceintes, elles restent des femmes. Elles se trouvent piégées entre injonctions sociales, infantilisation, psychiatrisation et déni de leur malaise. Un piège dont les conséquences ne les concernent pas uniquement, mais aussi l'enfant à naître ou même les enfants de cet enfant à naître.

« Il va falloir vous remettre à manger. » Cette petite phrase, lancée sur un ton légèrement cinglant, tire à peine Audrey Texier-Tranchant du brouillard, allongée sur son lit d'hôpital. Elle lève une paupière ensuquée. Qui s'adresse à elle ? Dans les rais de lumière que laissent filtrer les stores à peine relevés, elle distingue une femme en blouse blanche qui tient un dossier. Une aide-soignante ou une infirmière ? Une gynécologue-obstétricienne ? Ou peut-être une femme de ménage ? Tant de silhouettes déboulent dans sa chambre, chaque jour, sans se présenter… Mais ce visage-ci lui est inconnu. La dame semble agacée. Elle feuillette et remplit nerveusement une liasse de formulaires. L'hôpital a perdu son dossier médical, dit-elle à Audrey. Les deux femmes partagent un sentiment de contrariété. Envolé, ce gros classeur qui racontait les années qu'Audrey a passées dans les couloirs de l'hôpital, disparus toutes les consultations, examens et inséminations subis pour parvenir à tomber enceinte. Quatre années d'espoirs, plusieurs fois déçus, de stimulations ovariennes en fécondations *in vitro*, avant qu'elle n'attende enfin son deuxième enfant. La dame à la blouse aurait pu y lire des choses qu'Audrey, à bout de forces, recroquevillée sur son haricot, le petit récipient en carton dans lequel elle ne cesse de vomir, n'aurait pas eu à répéter. Par exemple que, si elle ne mange pas, c'est parce que le gynécologue du service lui a imposé un jeûne pendant 48 heures. Ou encore que, si elle est maintenue dans le noir, à l'isolement complet, interdite de téléphone, de télévision, de visite, coupée du monde dans ce recoin du service gynécologique de l'hôpital, c'est aussi sur décision médicale.

Comme 90 % des femmes enceintes[1], Audrey avait été malade lors de sa seconde grossesse. Ces haut-le-cœur provoqués parfois par la moindre odeur peuvent les amener jusqu'aux vomissements : un mal vieux comme le monde mais que la communauté scientifique ne parvient toujours pas à expliquer. Un terrain génétique ? L'augmentation de la production d'œstrogènes ? L'apparition d'hormones gonadotropes (agissant sur les glandes sexuelles) produites lors de la grossesse ? Les causes de ce malaise qui peut disparaître au début du quatrième mois restent encore un mystère. Cela, Audrey le sait, on le lit partout, du guide des futures mamans aux articles de blog. Son gynécologue lui avait redit tout cela, sans pouvoir apporter plus d'explications. Mais pour cette troisième grossesse, tout est différent. Rien ne semble *normal*. Les remèdes de bonne femme, essayés lors des trois premiers mois de ses précédentes grossesses, cette fois n'y font rien : tisanes au gingembre, beaucoup de sommeil, repas fractionnés, elle continue de vomir tripes et boyaux. Et cela fait des semaines qu'on lui répète que c'est normal d'être malade quand on est enceinte. Mais à ce point ?

Avec son médecin généraliste, elles ont d'abord pensé à une « gastro carabinée ». Audrey vomissait jusqu'à cinquante fois par jour. Poursuivant les investigations, elle et son médecin découvrent qu'Audrey est déjà enceinte de sept semaines. Un bonheur inattendu alors qu'elle avait tant lutté les années précédentes pour concevoir son deuxième enfant. Quelques mois plus tôt, elle avait arrêté toute contraception en espérant, sans trop y croire, tomber enceinte pour la troisième fois. Mais la joie de l'annonce n'enraye pas les vomissements. Au contraire. Les semaines qui suivent, Audrey devient l'ombre d'elle-même. En une semaine, elle perd jusqu'à 8 kg ; en trois semaines, 12 kg. La machine s'emballe et rien ne semble l'arrêter. Audrey ne

1. C. Bader *et al.*, « Prise en charge des nausées et des vomissements gravidiques chez la femme enceinte », *Journal de pharmacie clinique*, 2012.

garde ni eau ni aliment. Déshydratée, carencée, elle sombre dans le brouillard.

Les jours qui précèdent cette seconde hospitalisation sont flous. Elle ne sait plus trop qui l'a conduite ici, dans ce service des grossesses pathologiques. Il lui reste encore quelques images : l'air effaré des secrétaires du laboratoire d'analyse la voyant débarquer, blême, portée par un ami ou un membre de sa famille – elle ne sait plus – pour un contrôle de routine. Les vomissements incessants, partout, tout le temps, dans la voiture, sur le parking, jusque dans la salle d'attente des urgences. Puis son admission à l'hôpital. Elle avait tenté de s'y opposer aussi fermement que possible, elle avait pleuré, répété que cela ne servirait à rien, pas plus que sa précédente hospitalisation quelques semaines plus tôt. Elle ne voulait plus voir les visages plus ou moins compatissants des soignants qui ne considéraient ses vomissements que comme les petits maux habituels de la femme enceinte alors qu'elle se sentait mourir.

Un son, pourtant, émerge de cette bruine épaisse, celui d'un petit battement de cœur régulier, celui du fœtus sous le faisceau de l'échographe. Malgré tout, la vie en elle s'accroche obstinément. Jusqu'à quand ? Désespérée, elle est abandonnée dans l'obscurité de cette chambre d'hôpital, loin de tout, de son mari et de ses deux enfants, reléguée au rang des « vomisseuses », ces indésirables laissées au fin fond du service des grossesses pathologiques.

Finalement, les perfusions avaient réhydraté, nourri et redonné un peu de force à Audrey Texier-Tranchant. La dame en blanc était donc là, devant elle, et avait relevé son nez du dossier médical. « Cet enfant "surprise", que vous n'attendiez pas, le désirez-vous vraiment ? Avouez que vous n'en avez pas vraiment envie, de cette grossesse. Cela vous rend malade », glisse-t-elle, d'une traite, immobile au pied du lit. Devant le silence d'Audrey, stupéfaite, elle ajoute : « Pensez qu'une interruption volontaire de grossesse est toujours possible dans votre cas. » Audrey se pétrifie dans ses draps. Avorter ? Alors qu'elle se réjouissait tant d'être tombée enceinte naturellement ? La disparition du satané dossier médical ne justifie pas l'ignorance de la soignante et surtout l'assurance de son ton, pense Audrey. La dame y aurait lu les tentatives de FIV, la réussite après quatre ans d'échecs, pour concevoir son second enfant.

Figée face à ce mur de préjugés, Audrey doit-elle se justifier de son envie d'enfant ? Doit-elle aussi en faire la preuve ? Portée par la colère, elle aboie : « Je ne vous ai jamais demandé de me débarrasser de cet enfant. » La fureur d'Audrey clôt ainsi la discussion. Dans toute cette affaire, « c'était moi, le problème », résume-t-elle aujourd'hui.

Au bout de quatre jours d'hospitalisation et après la prescription d'un neuroleptique, le Largactil (chlorpromazine), Audrey est autorisée à rentrer chez elle. Elle va « un tout petit peu mieux », ne vomit presque plus et parvient à boire et à picorer quelques grammes de poisson blanc chaque jour. Une semaine plus tard, le lendemain de la prise du dernier cachet de Largactil, les vomissements reprennent. Elle se voit à nouveau aspirée dans la spirale infernale. Mais cette fois, Audrey a encore les moyens de réagir. Mobilisant le peu de forces qu'elle a recouvré ces derniers jours, elle se lance dans une course contre la montre : tenter de trouver une solution avant qu'elle ne soit de nouveau trop faible. Comment stopper ces vomissements ? Comment sauver cette grossesse ? Sur internet, elle déroule les pages de forums et les discussions sur les réseaux sociaux où s'amoncellent les témoignages de femmes. Elle s'y reconnaît : les symptômes, l'impasse thérapeutique, l'impuissance à se faire entendre des médecins et des soignants, le désespoir de ne voir aucune issue et l'angoisse du danger pour le fœtus et sa propre vie.

Face au dilemme

Surtout, en épluchant sites internet, rapports, études et thèses, elle met un mot sur ce malaise : hyperémèse gravidique ou vomissements incoercibles de grossesse. Jamais entendu avant, même au cours de ses deux hospitalisations, le nom de la pathologie sort Audrey de l'impasse et de la solitude. Chaque année, en France, l'hyperémèse gravidique touche ainsi 1 femme enceinte sur 100. Et parfois, les vécus et issues peuvent être plus dramatiques que ce qu'a connu Audrey.

Les « vomisseuses », comme certains soignants ont pu les appeler, partagent sur la toile le calvaire de la maladie : les vomissements jusqu'à 100, 150 fois par jour, les humiliations par les soignants, l'infantilisation, le déni de la maladie jusque dans les services gynécologiques, les hémorragies placentaires causées par les vomissements à répétition, les perforations œsophagiennes, les fausses couches, les avortements acceptés par désespoir et regrettés après coup. Partout, sur les réseaux sociaux, dans les billets des forums, ce sentiment d'impuissance. « Je ne suis pas folle, j'ai juste besoin d'attention, qu'on reconnaisse notre maladie, pas qu'on m'interne comme si j'étais une détraquée », s'époumone une internaute, « seule et terrifiée ». En poursuivant ses recherches, Audrey comprend que la prise en charge de la maladie, en France, est complètement inefficace et date d'un autre âge.

Les premières observations de l'hyperémèse gravidique remontent au XIXe siècle. À cette époque la maladie était identifiée comme une des manifestations de l'hystérie, d'un refus de maternité chez la femme atteinte de ces vomissements. De même qu'elle rejette toute nourriture en la vomissant, la mère rejetterait inconsciemment le fœtus. Plus d'un siècle plus tard, les tenants de cette hypothèse psychiatrique n'ont pas revu leur copie et, surtout, ils font toujours autorité dans les hôpitaux.

Pour calmer ces « malades », l'usage dans de nombreux services hospitaliers est toujours de les maintenir à l'isolement. Pourtant l'efficacité de ces méthodes sur les femmes en proie à l'hyperémèse n'a pas été prouvée à ce jour, comme le remarque Anne-Sylvie Charles dans son mémoire de diplôme de sage-femme[1]. L'étudiante, qui s'est penchée sur le vécu de dix patientes souffrant de vomissements incoercibles de grossesse dans le service où elle était en stage, met en lumière la violence de cet isolement, vécu comme un enfermement par neuf d'entre elles, et pour certaines comme une punition ou un chantage. « J'avais l'impression d'être enfermée, que c'était tout contre moi. Je me disais qu'il fallait que je me sauve d'ici », raconte une patiente à Anne-Sylvie Charles. Certaines paniquent : elles ne savent pas combien de temps elles seront maintenues à l'isolement. Elles n'ont alors plus qu'un objectif : quitter l'hôpital. « On m'a dit que je pourrais sortir et voir mon mari une fois que je ne vomirais plus, une fois que je remangerais. Quelquefois j'avais vraiment envie de vomir, je me retenais au maximum », lui confie aussi l'une d'elles. Ces mots pourraient tellement être ceux d'Audrey…

Anne-Sylvie Charles relève l'effet contre-productif du traitement : quatre des dix patientes qu'elle a suivies sont sorties prématurément de l'hôpital, soit contre l'avis du médecin, soit en dissimulant, parfois même en ravalant leurs vomissements. Trois d'entre elles devront être hospitalisées à nouveau quelques jours ou semaines plus tard. Pour la sage-femme, ce n'est pas tant l'isolement, souvent mal expliqué et subi par les patientes, qui est problématique mais « sa mise en place qui est délétère ».

Au fur et à mesure de ses lectures, Audrey Texier-Tranchant découvre que des traitements sont proposés pour soulager les malades dans d'autres pays. Sur la toile, les prises en charge

1. A.-S. Charles, « Hyperémèse gravidique : vécu des conditions d'hospitalisation », *Gynécologie et obstétrique*, 2016.

américaines et canadiennes sont souvent citées en exemple. À côté, la France semble avoir un train de retard. Au Canada, un protocole de soins a été établi alors qu'en France il n'existe aucune définition de la maladie ni recommandations, aussi bien de la part de la Haute autorité de santé, qui n'a pas répondu à nos questions, que du Collège national des gynécologues et obstétriciens français (CNGOF). Il existe aussi une hotline à destination des futures mamans pour leur proposer des moyens, pas forcément médicamenteux, de traiter leurs vomissements. Aux États-Unis, où une puissante association de patientes, la Her (Hyperemis Education Research) Foundation, milite depuis 2003 pour une meilleure connaissance de la maladie, la recherche se saisit du problème. Dans ces deux pays, les patientes se voient prescrire des médicaments pour freiner les vomissements. En France, la question reste taboue : aucune médication ne bénéficie d'AMM pour une prescription à destination de femmes enceintes. L'ANSM, contactée, n'a pas répondu à notre question portant sur l'absence de médicament à prescrire aux femmes enceintes souffrant de nausées.

Le traumatisme du Thalidomide est encore vif chez les prescripteurs, même si la France n'a pas été concernée par ce scandale. Mis sur le marché en Allemagne de l'Ouest en 1956, le Thalidomide avait été prescrit à des milliers de femmes enceintes sujettes aux nausées matinales à travers le monde, la France exceptée, mais principalement dans des pays occidentaux et jusqu'au Japon. À la suite de ces prescriptions, entre 8 000 et 15 000 enfants étaient venus au monde mort-nés ou victimes de malformations. Les images de ces bébés nés sans doigts ou sans bras apparues dans les médias dès 1961 marquèrent profondément la communauté médicale et l'opinion publique. En six semaines, le médicament fut retiré de la vente en Allemagne et au Royaume-Uni. Il sera encore commercialisé dans certains pays jusqu'en 1963. Si le gynécologue n'avait pas raconté à Audrey Texier-Tranchant cette tragédie sanitaire, celle-ci a marqué toute la communauté médicale sur des générations de soignants. Depuis, le risque tératogène des médicaments, c'est-à-dire de malformation du fœtus, est connu, et leur prescription chez les femmes enceintes drastiquement limitée.

Une précaution qui n'a pourtant pas empêché la survenue d'un autre scandale, quelques années plus tard, celui du Distilbène (diéthylstilbestrole ou DES) qui a concerné des milliers de femmes enceintes, dont certaines atteintes de vomissements gravidiques. Ce médicament, fabriqué par le laboratoire UCB Pharma, a été prescrit en France entre 1950 et 1977 à 200 000 femmes. En 1983, la gynécologue Anne Cabau lance l'alerte après avoir décelé chez les filles, nées de mères qui ont pris le médicament, des malformations génitales, entraînant une infertilité, mais aussi un risque accru de cancer de l'utérus et du sein, et chez les garçons des malformations génitales. Le scandale a été d'autant plus retentissant que le médicament a été retiré du marché américain en 1971 et qu'il aura fallu attendre six ans de plus pour que les autorités sanitaires françaises en fassent de même. Aujourd'hui, on constate les effets du médicament sur la troisième génération DES : les petites-filles ont un risque élevé de présenter une obstruction de l'œsophage et les petits-fils des malformations à la naissance. Le scandale Distilbène devait être un rappel : la prise de médicament pendant une grossesse n'est jamais sans risques.

Et face à ces risques potentiels, l'ANSM ne veut pas donner de feu vert à de nouveaux médicaments à prescrire aux femmes enceintes.

Les États-Unis et le Canada proposent d'autres pratiques : une molécule, l'ondansétron (commercialisé en France sous le nom de Zophren), est administrée dans les cas les plus aigus. En France, elle n'était que rarement prescrite par les médecins. « Il y a eu un bruit de fond, il y a quelques années de cela, sur la possibilité que ce médicament soit associé à des becs-de-lièvre » chez les enfants à naître, rappelle Philippe Deruelle, gynécologue, professeur des universités-praticien hospitalier de gynécologie obstétrique au CHU de Strasbourg, et secrétaire général du Collège national de gynécologie obstétrique de France. Le médicament provoquerait des malformations chez 3 fœtus exposés sur 100 000[1]. Rarement administré, le médicament nécessitait une ordonnance d'exception qui permettait un remboursement par la Sécurité sociale. Toutefois, il fallait compter sur un pharmacien et une CPAM conciliants pour que la patiente obtienne cette spécialité et que les 10 euros que coûte le lot de deux cachets lui soient remboursés. « Il en faut généralement deux par jour, cela représente vite un budget conséquent », observait alors Philippe Deruelle. Mais depuis décembre 2019, l'ANSM a interdit la prescription de la molécule aux femmes enceintes lors du premier semestre de grossesse, promettant courant 2020 un rapport sur les médicaments antiémétiques délivrés aux femmes enceintes.

Une autre option médicamenteuse, comportant le moins d'effets secondaires enregistrés mais dont l'efficacité fait encore débat, est la prescription de vitamine B6 en dose importante. Hélas, « le cachet à avaler est gros comme mon pouce, rapporte le gynécologue. Pour quelqu'un de nauséeux, il est impossible de le prendre ».

Pour l'instant, même dans les hôpitaux où est pratiqué l'isolement, les médecins prescrivent des antiémétiques dont l'efficacité, voire la nocivité, pose question. La Haute autorité de santé alerte pourtant les prescripteurs au travers des avis qu'elle rend mais aussi par le niveau de SMR (service médical rendu) qu'elle attribue aux spécialités. Ce critère répartit les médicaments en quatre groupes selon leur apport et intérêt

1. ANSM, Ondansétron (Zophren et génériques) : nouvelles données sur le risque de malformations congénitales après exposition in utero au cours du premier trimestre de grossesse – Lettres aux professionnels de santé (13/12/2019), disponible sur www.ansm.sante.fr

pour le patient, entre « important », « modéré », « faible » et « insuffisant ». Plus le niveau de SMR s'approche du niveau « important », plus le médicament est reconnu comme efficace et bénéfique et mieux il est remboursé par la Sécurité sociale. Ainsi, pour un SMR « important », la prise en charge est de 100 %, pour un SMR « insuffisant », le médicament n'est pas remboursé. Le Primpéran (métoclopramide) est l'un de ceux prescrits en première intention aux femmes enceintes[1]. Il s'est vu attribuer un SMR (service médical rendu) « modéré » par la Haute autorité de santé (selon l'avis du 10 janvier 2018) et n'est remboursé qu'à 30 % par la Sécurité sociale et 70 % par les mutuelles. En clair, la HAS, lors de l'examen de ce médicament, souligne dans son rapport que « les spécialités à base de métoclopramide exposent à la survenue d'effets indésirables graves, neurologiques et cardiaques ». Elle juge ainsi qu'« un impact négatif sur la santé publique ne peut être exclu compte tenu du faible niveau de preuve de l'efficacité du métoclopramide, du risque d'effets indésirables graves[2] ».

Le Vogalène (métopimazine) est également souvent administré. Mais son efficacité se voit là aussi remise en question par la HAS qui lui attribue un SMR « modéré » chez l'adulte, dans un avis rendu le 4 avril 2018. La revue *Prescrire* l'épingle également dans son bilan 2020 des « médicaments à écarter », pointant les troubles du rythme cardiaque et les morts subites qu'il pourrait provoquer. Et d'indiquer que ces effets indésirables sont « disproportionnés par rapport aux symptômes traités et à leur faible efficacité sur les nausées et vomissements[3] ».

1. C. Bader *et al.*, « Prise en charge des nausées et des vomissements gravidiques chez la femme enceinte », art. cité.

2. Haute autorité de santé, Commission de transparence, avis du 10 janvier 2018, métoclopramide.

3. Haute autorité de santé, Commission de transparence, avis du 4 avril 2018, métopimazine.

Le Motilium (dompéridone), autre médicament couramment employé pour soulager les patientes, n'emporte pas non plus les faveurs de la HAS qui lui délivre, dans un avis rendu le 8 mars 2017, un SMR « faible » chez l'adulte. La médication n'est ainsi remboursée qu'à hauteur de 15 % par la Sécurité sociale, à cause des risques d'effets cardio-vasculaires possibles[1]. La revue *Prescrire* recommande dans son bilan 2020 de retirer cette spécialité de nos armoires à pharmacie car « il expose à des risques de mort subite »[2].

Audrey doit agir vite avant que ses forces ne déclinent. D'autant que les risques sont réels : une prise de poids de la mère inférieure à 7 kg[3] pendant la grossesse majore le risque d'accouchement prématuré, de césarienne, de donner naissance à un bébé de poids trop faible à la naissance. Dans 7 %[4] à 15 % ou même 20 % des cas[5], les femmes atteintes d'hyperémèse gravidique avortent pour mettre fin à leur calvaire. Parmi les

1. Haute autorité de santé, Commission de transparence, avis du 8 mars 2017, dompéridone.

2. « Femmes enceintes gênées par des vomissements modérés », *Prescrire*, t. 33, n° 358, août 2013.

3. A.-S. Charles cite les études suivantes : A. Hastoy, P. Lien Tran, O. Lakestani, G. Barau, P. Gérardin et M. Boukerrou, « L'hyperémèse gravidique : quelles conséquences sur la grossesse ? », *Journal de gynécologie obstétrique et biologie de la reproduction*, 44, 2015, p. 154-163 ; ainsi que L. Dodds, D. B. Fell, K. S. Joseph et V. M. Allen, B. Butler, « Outcomes of pregnancies complicated by hyperemesis gravidarum », *Obstetrics and Gynecology*, 107, 2006, p. 285-292.

4. A.-S. Charles cite cette étude : H. Aksoy, Ü. Aksoy, Öi Karadag, Y. Hacimusalar, G. Açmaz, G. Aykut *et al.*, « Depression levels in patients with hyperemesis gravidarum : A prospective case-control study », *Springer Plus*, 4, 2015, 34.

5. Selon le docteur Philippe Deruelle cité par Slate : C. Baudifier, « L'hyperémèse gravidique, quand la grossesse tourne au calvaire », *Slate.fr*, 14 juin 2019.

commentaires publiés sur les réseaux sociaux, Audrey découvre que certaines patientes se voient prescrire du Donormyl (doxylamine), un antihistaminique employé pour remédier aux insomnies légères chez l'adulte. Le médicament est en vente libre en pharmacie et n'est pas remboursé par la Sécurité sociale. Elle en parle à sa sage-femme. Ensemble, elles entament des recherches plus poussées. Sa sage-femme prend contact avec le CRAT (Centre de référence des agents tératogènes) qui a la charge de recenser les effets indésirables des médicaments sur les femmes enceintes et leur fœtus. « Pour traiter une femme enceinte, annonce le site internet, l'utilisation de la doxylamine est possible quel que soit le terme de la grossesse. Dans les nausées et les vomissements, la doxylamine peut être utilisée à la posologie de 20 mg le soir, plus 10 mg le matin et l'après-midi si nécessaire[1]. » Le centre rappelle que ce médicament est prescrit aux femmes enceintes aux États-Unis et au Canada.

Audrey y voit une issue et se résout à ingérer le cachet. Mais le soulagement est partiel. « Avec un médicament, il y a toujours un risque », se répète-t-elle. Jusqu'à la fin de la grossesse, elle prendra un demi-cachet chaque matin. Elle vomira une dernière fois, lors de son accouchement, alors qu'elle n'avait pas pu prendre son ultime cachet à temps. Son fils Nino est né en septembre 2017, avec un mois d'avance.

L'histoire aurait pu en rester là, mais Audrey a vécu ces mois d'enfer comme un traumatisme. Elle est encore ulcérée par le constat de patientes livrées à elles-mêmes et aux risques de l'automédication, ignorées par un grand nombre de soignants, mises honteusement à l'isolement, et par le recours anarchique à des médicaments parfois inefficaces ou même dangereux. L'ancienne parturiente enfourche alors ce cheval de bataille et fonde en mai 2018 avec une ancienne malade, Alicia Saban, l'Association de lutte contre l'hyperémèse gravidique. Une

1. www.lecrat.fr

quinzaine de bénévoles au total se démènent aujourd'hui au sein de l'association : animation sur internet d'un groupe de discussion entre malades, hotline avec une infirmière sophrologue, partage d'informations sur le site internet de l'association, campagnes de formation auprès des soignant·e·s dans les services gynécologiques hospitaliers. Tous les deux jours en moyenne, l'équipe conseille, oriente une femme atteinte d'hyperémèse gravidique, avec l'aide du professeur Philippe Deruelle. Parrain scientifique de l'association, ce dernier aiguille les malades vers des praticiens « bienveillants » et trouve les arguments auprès de ses confrères pour que la malade soit entendue. « Rien que le fait d'alerter de médecin à médecin, c'est plus facile que la patiente toute seule », reconnaît Philippe Deruelle. Un réseau de médecins sensibilisés à la maladie se crée ainsi autour de l'association mais la prise de nouvelles habitudes est lente. « Les soignants ne sont pas assez proactifs dans la prise en charge, déplore le gynécologue, elle est parfois totalement inadaptée et fait l'objet d'une dominance du milieu médical et d'une méconnaissance du sujet. »

La prudence de l'ANSM qui, dès lors qu'elles sont prescrites à des femmes enceintes, ne délivre d'AMM à presque aucune spécialité, désarme les praticiens, selon le gynécologue. Pourtant, quand les femmes sont malades, même enceintes, « il faut bien leur proposer un certain nombre de choses », s'alarme Philippe Deruelle. Et dans la réalité, au cours de leur grossesse, les femmes ne se privent pas de se soigner avec des médicaments. C'est ce que mettent régulièrement au jour des études portant sur le sujet.

L'inévitable prescription

Il y a vingt ans, Anick Bérard, pharmacologue, professeure à la faculté de pharmacie de l'université de Montréal, et chercheuse au CHU Sainte-Justine, faisait figure d'originale dans le milieu de la recherche en pharmacologie quand elle s'est lancée dans l'étude de la médication des femmes enceintes. « Aucune femme enceinte ne prend de médicament », lui lançait-on. Pourtant, en deux décennies, les équipes de chercheurs qui se consacrent à cette thématique se sont multipliées et leurs conclusions ne finissent pas, aujourd'hui encore, d'étonner.

Contrairement aux idées reçues, une immense majorité de femmes prennent des médicaments pendant leur grossesse. En 2000, l'une des premières études sur le sujet, publiée dans la revue *The Lancet* et conduite par une autre chercheuse, la docteure Isabelle Lacroix[1], pharmacologue au CHU de Toulouse, et une équipe française de chercheurs de l'université Paul-Sabatier à Toulouse révélait que 99 % des femmes enceintes prenaient au moins un médicament. Réalisée à partir de données de la Caisse primaire d'assurance maladie de Haute-Garonne, cette étude établissait que les femmes enceintes prenaient en moyenne 13,6 principes actifs différents prescrits au cours de leur grossesse et que 79 % de ces femmes étaient exposées à des substances dont les effets sur les humains et les animaux étaient peu voire pas documentés. En 2009, Isabelle Lacroix notait dans sa thèse[2] que « peu d'auteurs s'intéressent aux effets [des médicaments] sur la mère », alors que, pendant les neuf mois de sa grossesse, la physiologie de la femme est bouleversée et que ces changements « entraînent des modifications

1. I. Lacroix, C. Damase-Michel, M. Lapeyre-Mestre, J. L. Montastruc, « Prescription of drugs during pregnancy in France », *The Lancet*, 356, 2000, p. 1735-1736.

2. I. Lacroix, « Pharmacovigilance chez la femme enceinte : aspects maternel et néonatal (exemple des substances psychoactives) », thèse de doctorat en pharmacologie, sous la direction du docteur C. Damase-Michel et du professeur J.-L. Montastruc, Toulouse, Université Toulouse III Paul-Sabatier, 2009, 158 p.

des propriétés pharmacocinétiques de certains médicaments », explique-t-elle.

La docteure Isabelle Lacroix avait commenté la liste des 20 spécialités les plus prescrites. Elle relevait alors que la moitié sont des médicaments dont les effets ne sont pas évalués sur la femme enceinte. Parmi ceux-là, des veinotoniques pris par une femme sur deux. Une ordonnance médicamenteuse qui « pourrait être évitée par la prescription de bas de contention qui soulagent également des problèmes de circulation sanguine », commente au téléphone la chercheuse. Dans cette liste, figure au 13e rang la Dompéridone, l'antinauséeux cité plus haut, « largement prescrite en France chez la femme enceinte dans le traitement des nausées et vomissements et du reflux gastro-œsophagien alors qu'aucune donnée humaine n'est publiée ».

Durant les dix années qui suivent, les études se succèdent mais les chiffres d'exposition des femmes enceintes aux médicaments ne fléchissent que modestement. En 2019, une étude[1] conduite par la docteure Anick Bérard montre que les femmes enceintes françaises sont encore consommatrices de médicaments. 90 % d'entre elles en prennent pendant leur grossesse mais, sitôt que la maternité est diagnostiquée, la prévalence tombe à 75 %. « La plupart de ces expositions ont lieu parce que plus de la moitié des grossesses ne sont pas planifiées », notent la pharmacologue et son équipe dans l'étude. La consommation de médicaments par la femme enceinte, relèvent également les travaux d'Anick Bérard, est un phénomène bien français quand ailleurs la proportion de ces dernières exposées aux médicaments plafonne à 86 % aux Pays-Bas et 56 % au Canada. En France plus qu'ailleurs, les femmes enceintes consomment des antidépresseurs et des benzodiazépines (des anxiolytiques). Encore une fois, ces prescriptions pourraient être évitées, dans la majorité

1. A. Bérard *et al.*, « The French pregnancy cohort: Medication use during pregnancy in the French population », *PLOS One*, juillet 2019.

des cas. En effet, 85 % de celles-ci soignent des dépressions « légères à modérées ». « Pour ces femmes, qu'il faut traiter, insiste Anick Bérard, l'antidépresseur n'est qu'un traitement parmi d'autres. Il est possible de suivre une psychothérapie. » Et d'ajouter : « Mais c'est un traitement plus coûteux et plus long que les antidépresseurs. » Il existe d'autres pistes pour éviter les antidépresseurs : l'exercice physique, modéré pour les femmes enceintes, dont les très bons effets sont confirmés par de nombreux essais cliniques, mais aussi bénéficier d'un accompagnement durant la grossesse, d'amis, proches ou famille.

La prévalence de l'exposition des femmes aux antidépresseurs est aussi à imputer, selon la chercheuse, à un défaut de conception des études. Car les prescripteurs sont confrontés à un manque de données : pour les médicaments ne les ciblant pas spécifiquement, les femmes enceintes sont écartées des essais cliniques, afin de protéger les fœtus d'éventuels effets tératogènes. Ces essais ne concernent ainsi que les spécialités obstétriques et ne sont réalisés qu'en fin de grossesse, après les trois premiers mois de l'organogenèse, la phase de la gestation où se forment les organes du fœtus. En dehors de ces cas précis, ne restent alors que les études observationnelles, de surveillance des effets du médicament sur les patientes après la mise sur le marché.

Dans ce type d'étude, la taille des échantillons – des femmes enceintes exposées aux médicaments –, souvent trop petite, n'a parfois pas permis de mettre au jour les effets secondaires, sur la mère et ou le fœtus, de certaines molécules, comme dans le cas de la paroxétine (Deroxat, Paxil) et de la fluoxétine (Prozac). De la famille des IRSS (inhibiteurs sélectifs de la recapture de sérotonine), ces « pilules du bonheur », mises sur le marché il y a trente ans, promettaient moins d'effets secondaires qu'avec les antidépresseurs commercialisés à l'époque, les tricycliques : bouche sèche, tremblements, constipation, hypotension artérielle, troubles du rythme cardiaque, entre autres. Elles pouvaient être prescrites à des patients déjà trop médicamentés ou présentant des défaillances cardiaques. Ces IRSS connurent un succès commercial et furent prescrits en première intention. Les premières études concernant leur innocuité sur les femmes enceintes et le fœtus étant rassurantes, leurs prescriptions chez celles-ci n'ont cessé d'augmenter, comme le note Anick Bérard dans une étude parue dans *The British Medical Journal*[1]. De 1998 à 2009, la proportion de femmes exposées à ces spécialités a doublé, passant, au Québec, de 21 femmes pour 1 000 grossesses en 1998 à 43 femmes pour 1 000 grossesses en 2009. Dans cette étude, la taille de cet échantillon[2] a permis de déceler des signaux faibles qui établissent l'augmentation du nombre de malformations congénitales du fœtus parmi les femmes exposées à ces antidépresseurs. Les risques de malformation concernent 6 à 10 % des femmes sous antidépresseurs alors qu'il est de l'ordre, en général, de 3 à 5 % pour celles qui ne s'exposent pas à ces médicaments.

Dans cette perspective, le *big data*, ou la collecte et le traitement de données à grande échelle, pourrait permettre de révéler les effets indésirables de certains médicaments chez la femme enceinte. L'ère de la *real world evidence*, cette médecine basée sur les données en grand nombre du monde réel, se dessine. Encore faut-il que le sujet suscite un plus vif intérêt dans la recherche. Mais déjà de nouveaux projets d'étude dans ce sens voient le jour. Anick Bérard a collaboré en 2019 pendant un

1. A. Bérard, J. Zhao et O. Sheehy, « Antidepressant use during pregnancy and the risk of major congenital malformations in a cohort of depressed pregnant women : An updated analysis of the Quebec Pregnancy Cohort », *British Medicine Journal Open*, 12 janvier 2017.

2. Anick Bérard et ses coauteurs ont observé une cohorte 18 487 femmes dépressives enceintes dans le cadre de la cohorte des grossesses du Québec, qui rassemblait des données relatives à 289 688 grossesses au Québec entre 1998 et 2009.

an avec l'université Lyon II, en tant que professeure associée, afin de mettre sur pied une équipe de recherche qui comprend également des biostatisticiens et des développeurs informatiques. Celle-ci travaille à une *French pregnancy cohort*, une cohorte qui comprend les données de 36 065 femmes enceintes. La docteure Isabelle Lacroix poursuit également ce sujet d'étude et a obtenu les crédits pour la création d'Efemeris, la première base de données française des risques médicamenteux pendant la grossesse disposant des données de prescription de médicaments croisées avec celles concernant l'issue de la grossesse.

Depuis quelques mois, on assiste à la multiplication des projets de recherche sur les femmes et les médicaments. Ce phénomène n'est pas sans rapport avec un scandale qui secoue depuis sept ans les institutions sanitaires françaises, remontant jusqu'au ministère de la Santé et des Affaires sociales. Il s'agit de l'affaire Dépakine, du nom de cet anticonvulsivant prescrit notamment aux personnes épileptiques, qui a poussé les autorités à revoir les moyens d'informer sur les risques encourus par les femmes enceintes.

Pourtant, au cœur de ce scandale où des milliers d'enfants ont été exposés *in utero* à l'acide valproïque, une molécule tératogène, il n'aurait jamais dû y avoir de défaut d'information. Celle concernant le danger auquel on exposait les mères et leurs enfants était connue.

Quand les risques sont tus

En 2009, Marine Martin est restée médusée devant son écran d'ordinateur. Sur le site internet du CRAT, elle lit en toutes lettres les quelques mots qui ont mis fin pour elle à quatre années de questions sans réponses, d'errance thérapeutique. Après des mois passés à enchaîner les rendez-vous chez les spécialistes pour comprendre pourquoi son fils Nathan, 7 ans à l'époque, présentait des retards de développement, elle découvre sur l'austère site internet du CRAT que le médicament qu'elle prend depuis l'adolescence contre les crises d'épilepsie, la Dépakine (valproate de sodium), peut causer des troubles autistiques chez les enfants exposés *in utero*. Tout s'éclaire et tout s'effondre en un instant. La mère de famille déroule les pages du site internet en larmes, sidérée. Elle n'en revient pas : comment n'a-t-elle pas su ? D'autant qu'enceinte, elle avait questionné ses médecins sur les risques du médicament sur le fœtus. Ils avaient évoqué les risques de malformation mais avaient été rassurants. Elle avait d'ailleurs été suivie, durant sa grossesse, et pris de l'acide folique, sur prescription de son médecin, pour prévenir un spina-bifida, une malformation de la colonne vertébrale chez le fœtus. Mais personne ne lui a jamais parlé de ces autres périls.

Devant son écran d'ordinateur, elle découvre qu'une association, outre-Manche, se bat pour faire reconnaître ce danger… depuis 1999. Elle comprend alors que non seulement elle a exposé son fils Nathan, mais aussi sa fille aînée, Salomé. Les photos des enfants de cette association la laissent interdite : tous ressemblent à Nathan. « Ils ont l'air cousins », raconte-t-elle dans un livre où elle revient sur son combat[1]. « Ces gamins à la lèvre supérieure fine, au nez épaté, ont tous été intoxiqués à la Dépakine. » Elle met aussi un mot sur ces traits : l'« embryofœtopathie au valproate » ou « syndrome de l'anticonvulsivant ». Tous ces enfants présentent des troubles cognitifs et autistiques. « Je me suis jetée sur la boîte de médicaments que je prenais depuis toujours à l'époque, nous raconte-t-elle aujourd'hui, et j'ai regardé à la rubrique "grossesse". Il n'y avait rien écrit. » Si ce n'est « prendre conseil auprès de votre médecin », consigne qu'elle avait suivie à la lettre à chacune de ses deux grossesses.

1. M. Martin, *Dépakine, le scandale : je ne pouvais pas me taire*, Paris, Robert Laffont, 2017.

Quand elle parle de sa découverte aux médecins qui les suivent elle et Nathan, elle constate qu'eux non plus n'en savaient rien. C'est elle qui leur apprend les risques de troubles autistiques liés à l'exposition du fœtus à l'acide valproïque.

Un an après la révélation, la voilà lancée dans une guerre contre le laboratoire Sanofi, portée par l'association qu'elle a créée, l'Apesac, Association des parents d'enfants souffrant du syndrome de l'anticonvulsivant. « Si je n'avais pas parlé, les femmes enceintes auraient continué à prendre de la Dépakine », affirme-t-elle sans ciller. Elle cible aujourd'hui deux responsables : « le corps médical et le laboratoire », qui n'ont pas tiré la sonnette d'alarme à temps et prévenu les femmes des risques d'autisme encourus. L'association dit défendre plus de 7 078 victimes.

La Dépakine est mise sur le marché français en 1967 et, dès 1970, les malformations physiques sont décrites dans des études publiées dans des revues médicales respectées (*The Lancet*, *The British Medical Journal*, la revue *Prescrire*, notamment) : anomalies de la fermeture du tube neural (spina-bifida), dysmorphies faciales, fentes labiales (ou bec-de-lièvre), craniosténoses (malformations du crâne), malformations cardiaques, rénales, urogénitales et des membres. Dès 1984, les troubles neurodéveloppementaux sont identifiés par la recherche. Pourtant, aucune mise en garde ne sera communiquée dans le résumé des caractéristiques du produit (RCP) jusqu'en janvier 2006. Selon l'association, elle intervient trop tard. « Le risque tératogène de la Dépakine est si grave qu'il aurait dû figurer sur la notice et le RCP dès la connaissance des suspicions de toxicité de la Dépakine sur les fœtus dans les années 1980 et dès l'apparition des premiers cas reconnus par la littérature médicale », martèle l'Apesac dans un communiqué. Malgré les résultats des études, parfois jugés discordants dans le milieu médical et de la recherche, le doute aurait dû l'emporter, par mesure de précaution.

La colère s'accroît encore parmi les adhérents de l'Apesac quand ils constatent que les mises en garde, une fois communiquées, ne sont pas parvenues jusqu'aux prescripteurs, les médecins, malgré l'énumération en toutes lettres des dangers du médicament sur le site du CRAT.

C'est pourtant à cet effet qu'il a été créé en 1975. Le scandale du Thalidomide venait de se produire quand le professeur Charles Roux initie et concrétise l'idée, encore inédite dans le monde, d'un centre de collecte d'informations pour les cliniciens sur les médicaments prescrits aux femmes enceintes. Depuis 2006, le centre, rattaché à l'AP-HP, met à disposition sur internet, gratuitement et sans mot de passe, toutes ses informations et avis pour 1 000 médicaments, pour les médecins comme pour les patientes. Pour toute information ne figurant pas sur le site, une ligne téléphonique a été réservée aux médecins, pharmaciens et sages-femmes.

Le site internet du CRAT assure sa visibilité et son succès. En 2017, il a ainsi enregistré 6,5 millions de connexions. Malgré l'importance de la mission et le caractère pionnier du centre, celui-ci a longtemps souffert « d'une sous-sous-dotation chronique » (*sic*), reconnaît Elisabeth Elefant, médecin embryologiste, cheffe de service du CRAT. Jusqu'en 2017, l'équipe ne fonctionne qu'avec trois personnes, alors que, depuis 2006, il doit en plus se charger de la mise à jour du site internet. « J'ai dû poser un ultimatum au ministère de la Santé qui a rapidement réagi en considérant que c'était scandaleux », se souvient la directrice du centre. Aujourd'hui, l'équipe pluridisciplinaire compte six collaborateurs. Un effectif doublé dans l'urgence, suite également à un rapport de l'IGAS[1] sur l'affaire Dépakine, et dans lequel les enquêteurs s'alarment de « l'instabilité du

1. X. Chastel, A. Essid et P. Lesteven, « Enquête relative aux spécialités pharmaceutiques contenant du valproate de sodium », rapport n° 2015-094R, février 2016, p. 4.

budget dont [le CRAT] dispose » et réclament une hausse de son budget de « nature à sécuriser son avenir ».

Pourtant, ce centre, pionnier au plan mondial, fait pâle figure en comparaison de ses homologues européens. Ainsi Embryotox, le centre allemand, fonctionne avec un effectif de 30 personnes.

Marine Martin et les familles victimes mènent le combat et font pression sur le ministère de la Santé pour que toutes les futures mères souffrant d'épilepsie connaissent les effets du valproate de sodium. Elles obtiennent en 2016 la publication d'un rapport d'enquête de l'IGAS (Inspection générale des affaires sociales) sur « le scandale Dépakine », comme les médias commencent à nommer l'affaire. Les conclusions des inspecteurs sont sans détours : la France a réagi trop tardivement. L'IGAS dénonce « des retards dans la prise en compte des données acquises de la science, notamment dans les années 1990, où l'intégralité des malformations n'est pas renseignée, et au début des années 2000 où les risques de retard de développement ne sont pas mentionnés. Dans plusieurs pays européens, ces risques sont évoqués dès 2003-2004 alors qu'il faut attendre 2006 pour la France ».

Sanofi considère que ce retard d'information relève de la responsabilité de l'Afssaps. « Le laboratoire a toujours rempli son rôle en tant que fournisseur de médicament, concernant l'actualisation des documents d'information pour les professionnels de santé et les patients », affirme la société dans un mail que son service de communication nous a adressé. « Sanofi a sollicité dès 2003 des modifications des documents d'information sur le médicament afin de faire état de ces questionnements. L'autorité de santé de l'époque en France a considéré que l'état des connaissances scientifiques de l'époque n'autorisait pas la modification des documents d'information. » Un argument récurrent avancé devant les médias qu'Elisabeth Elefant, alors experte auprès de l'Afssaps, a réfuté en expliquant que cette demande du laboratoire, trop vague, « ne ressemblait à rien ».

Elle ouvrait « à toute une classe d'antiépileptiques sans ramener précisément cela au problème Dépakine », selon elle. En clair, ajoute-t-elle, « le laboratoire nous dit “on sait qu'il y a des retards mentaux chez les enfants de mères épileptiques traitées mais jusqu'à preuve du contraire à cette date, on est incapable de dire pourquoi[1]”. »

Les inspecteurs notent également que la notification de ces dangers n'apparaît dans les notices de tous les génériques de la Dépakine que depuis 2015. Plus loin, les inspecteurs enfoncent le clou, concernant l'inaction des autorités sanitaires : « Les alertes ont été, au plan français et européen, motivées davantage par des signaux exogènes, notamment médiatiques, que par une prise en compte des données de pharmacovigilance et des publications scientifiques. » L'IGAS le reconnaît, si Marine Martin et les familles membres de l'Apesac ne s'étaient pas mobilisées, le caractère tératogène du médicament serait encore largement méconnu de nombre de médecins.

Ne s'arrêtant pas en si bon chemin, l'Apesac remporte d'autres brillantes victoires. En 2015, l'ANSM recommande aux praticiens de ne plus prescrire l'anticonvulsivant aux « femmes en âge de procréer ». Désormais, les prescriptions ne sont possibles pour ces femmes que par des spécialistes (neurologues, psychiatres, pédiatres) à condition de leur faire signer une « feuille d'accord de soin » où figurent les risques encourus pour le fœtus, en termes de malformations congénitales (dans 10,7 % des grossesses) et sur le plan des troubles neuro-développementaux (dans 30 à 40 % des grossesses sous Dépakine).

En 2017, l'action de l'Apesac s'étend à d'autres spécialités. Toujours sous la pression de l'association, l'ANSM met en place des pictogrammes avec des silhouettes de femmes enceintes, tantôt dans un triangle, tantôt dans un cercle barré,

1. Citation extraite de l'émission *Envoyé spécial*, « Dépakine : un silence coupable », 17 mars 2017.

sur les médicaments qui sont pour elles soit dangereux, soit interdits. Mais le choix d'apposer des logos reste à la discrétion des laboratoires. « Je regrette que ce soit encore les laboratoires qui décident d'apposer ou non le pictogramme et non l'ANSM », tempère Marine Martin. Pour le CRAT, la mesure est « contre-productive, voire délétère, selon Elisabet Elefant, qui s'inquiète de voir ces logos se multiplier sur les boîtes de médicaments. En effet, une quinzaine de substances sont tératogènes chez l'humain (sans compter ceux qui ont des effets antimitotiques, qui inhibent certaines phases de la mitose, et empêchent chez le fœtus la multiplication des cellules), et une quarantaine sont fœtotoxiques, ce qui représente environ 10 % des spécialités sur le marché [...] Seules ces spécialités devraient disposer d'un pictogramme pour attirer l'attention des professionnels de santé et des patientes en raison de leur effet nocif avéré chez l'humain. Or, environ 60 à 70 % des spécialités vont se voir apposer un pictogramme "Interdit" ou "Danger". » Toujours en 2017, l'interdiction de prescription aux femmes enceintes et en âge de procréer de la Dépakine s'étend à la Dépakote et la Dépamide, d'autres antiépileptiques à base de valproate de sodium.

Pour chacun de ces anticonvulsivants, il est impératif que le spécialiste qui suit la patiente réévalue tous les ans la nécessité de la prescription du médicament. Dans les rangs de l'Apesac, de nombreuses mères ont vu leur prescription reconduite sans réévaluation, parfois pendant plus de dix ans. « Bizarrement, autour de moi, au sein de l'association, beaucoup de femmes, suite à cette réévaluation, n'ont pas eu besoin de poursuivre leur traitement », note Marine Martin qui ne dispose d'aucune donnée chiffrée sur la poursuite du traitement chez les mères Dépakine dans son association. Trop de femmes auraient-elles reçu inutilement de l'acide valproïque ? Cette question laisse amères de nombreuses mères, membres de l'Apesac.

Serait-ce, d'un point de vue sanitaire, la conclusion d'une affaire qui concerne, selon le dernier décompte de l'Apesac

7 078 victimes[1], et dont l'ampleur marquera peut-être autant que la tragédie du Thalidomide ou celle du Distilbène ?

La poursuite d'un combat ouvre souvent la voie à une nouvelle lutte. Les soupçons de l'Apesac se tournent désormais vers une nouvelle spécialité : le Lamictal (lamotrigine), un autre anticonvulsivant souvent prescrit en remplacement de la Dépakine. « Nous observons dans l'association que, parmi 180 enfants nés sous Lamictal, 100 présentent des troubles autistiques », relève Marine Martin alors que le CRAT, quant à lui, se veut rassurant. « L'utilisation de la lamotrigine est possible quel que soit le terme de la grossesse à posologie efficace », déclare le centre dans une fiche détaillée des effets du médicament. Selon lui, « à ce jour, sur la base des paramètres étudiés (QI, autisme/traits autistiques, troubles du déficit de l'attention avec ou sans hyperactivité…), aucun risque neurodéveloppemental particulier n'est retenu chez les enfants exposés *in utero* à la lamotrigine et suivis pour certains jusqu'à l'âge de 9,5 ans environ ».

Pourtant, l'IGAS s'inquiète[2] « d'une étude récente qui mentionne des risques de retards de développement et de troubles autistiques causés par la lamotrigine, un autre médicament épileptique. » Et de poursuivre : « Ces risques ne sont mentionnés ni dans le RCP, ni dans la notice de ce médicament. » Après une demande de littérature au laboratoire, l'IGAS conclut qu'« aucune modification du RCP [les mentions légales] ne devait être réalisée en l'état actuel des connaissances, mais que les effets à long terme devaient être étroitement suivis ». Le laboratoire GlaxoSmithKline qui produit et commercialise le Lamictal a accepté de répondre par mail à nos questions.

1. Au 13 décembre 2019.

2. Inspection générale des affaires sociales, « Enquête relative aux spécialités pharmaceutiques contenant du valproate de sodium », établi par X. Chastel, A. Essid et P. Lesteven, rapport n° 2015-094R, février 2016, p. 4.

Il affirme que : « L'analyse d'un nombre élevé de données chez les femmes exposées à la lamotrigine en monothérapie pendant le premier trimestre de grossesse (plus de 8 700) n'a pas mis en évidence d'augmentation substantielle du risque de malformations congénitales majeures y compris les fentes labio-palatines. » La réponse n'apporte aucun élément quant aux risques de trouble autistique chez les enfants exposés, ni sur l'absence de mention des risques sur le RCP du médicament. L'ANSM n'a pas répondu à nos questions concernant la surveillance spécifique du médicament que recommandait l'IGAS en 2016.

Pour l'IGAS, ces interrogations et manquements quant à l'innocuité d'un médicament sur la femme enceinte pourraient se reproduire car il manquerait à ce jour « une doctrine explicite en matière de prise en compte des signaux pour la réévaluation du bénéfices-risques, sous l'autorité de la Direction générale de la santé. » En 2020, un « plus jamais ça » faisant suite à l'« affaire Dépakine », ou avant celle-ci le « scandale Distilbène » ou encore le « drame du Thalidomide », laissent les victimes circonspectes.

TROISIÈME PARTIE

À l'assaut d'un système

8
L'alliance des victimes

> « Lorsque les crimes commencent à s'accumuler, ils deviennent invisibles. Lorsque les souffrances deviennent insupportables, les cris ne sont plus entendus. Les cris aussi, tombent comme la pluie en été. »
>
> Bertolt Brecht, *Poèmes*, 1913-1958.

Un chemin qui les fait sortir de l'intériorité et de la sphère privée, voilà à quoi ressemble l'itinéraire emprunté par les usagères victimes de médicaments qui se lancent dans la reconnaissance de leur préjudice. Leur but ? Gagner, lentement mais sûrement, le terrain de l'extérieur et du public. C'est ce cheminement que nous voulons raconter. Il va de l'intime au politique. Du singulier au collectif. De la honte à la fierté. De l'abattement au pouvoir.

« Vous avez cinq enfants, vous êtes épuisée. » Quand son médecin généraliste lui lâche un diagnostic de *burn-out* et pense avoir trouvé, enfin, la source de ses nombreux maux, Marielle Klein sent bien que le compte n'y est pas. Même si elle n'est pas convaincue, elle se retrouve sous antidépresseurs. Pourtant, elle sait au fond d'elle qu'elle n'est pas dépressive. Que se passe-t-il dans son corps, à la fin ? Pas dans sa tête, dans son *corps* ?

Cette réponse, elle l'a cherchée longtemps. Cinq ans en tout. Tout a commencé quand la quadragénaire mosellane entend parler d'une méthode de contraception définitive qui semble miraculeuse. Nous sommes en 2011. Essure est alors un dispositif médical (il sera finalement retiré du marché français en septembre 2017), composé d'un micro-implant qui, en créant une fibrose[1], obstrue définitivement les trompes utérines. Le laboratoire Bayer l'avait vendu comme une solution aussi efficace que la ligature des trompes, plus simple et moins dangereuse.

« Je ne voulais plus avoir d'enfants. Je suis allée voir ma gynécologue qui m'a parlé de la méthode Essure. C'était idéal, car cela se pratiquait sans anesthésie générale. Avec les enfants dont il fallait s'occuper, c'était plus pratique. Je lui ai donc fait confiance et j'ai opté pour cette méthode ». Marielle Klein, derrière son écran, nous raconte son histoire lors d'un entretien Skype en novembre 2018. Son existence bascule pour ce qui n'était qu'une formalité. « Je suis allée voir un chirurgien. Il m'a expliqué comment se posait Essure et comment ce dispositif fonctionnait. La pause a été très rapide, comme promis : je suis ressortie après trente minutes. » Ce 10 octobre 2011, elle quitte donc la table d'opération, satisfaite, soulagée d'être débarrassée du fardeau de la contraception. Mais le contentement est de courte durée. Un an après, Marielle Klein commence à ressentir des douleurs inexpliquées, un des côtés de son visage enfle et ses règles deviennent très abondantes. Sa santé ne fait ensuite que se détériorer.

En janvier 2013, elle souffre de sinusite, de vertiges, d'une grosse fatigue qui n'en finit pas et la met sur les rotules. En mai 2014, elle développe une inflammation intestinale ; son pronostic vital est engagé. En septembre 2014, elle fait des crises de tachycardie, alors qu'elle n'a jamais eu de soucis cardiaques. Elle a désormais des règles hémorragiques, des

1. Augmentation pathologique du tissu conjonctif contenu dans un organe (Larousse).

cycles anormaux. Les choses se corsent en janvier 2015. Le matin du 6 janvier 2015, elle se réveille… sourde. Elle n'a eu aucun signe avant-coureur de sa perforation du tympan. Elle est paniquée. À la fin du mois, son état ne s'est pas arrangé. Elle ressent une inflammation du visage, un début de paralysie faciale. Elle file aux urgences, en vain. Personne ne sait ce dont elle souffre. Pendant quatre longs mois, elle reste allongée, « avec une pression dans la tête qui était infernale ». Les médecins peinent à poser un diagnostic.

Au cours de son errance thérapeutique, elle consulte un ORL puis un neurologue. « J'ai eu du mal à accepter la possibilité de problèmes neurologiques », confie-t-elle, effrayée à l'idée de développer une maladie dégénérative. Elle sent bien qu'il y a quelque chose qui cloche. Mais quoi ? C'est à cette question que son généraliste n'a pas su répondre en envisageant un *burn-out*. Mais comment réussir à faire entendre sa voix quand tout ce qu'on lui renvoie est l'image d'une mère de famille débordée, la ramenant toujours à son statut de reproductrice ? N'est-elle pas plus que cela ?

L'avocat Charles Joseph-Oudin souligne la complexité du dossier Essure. « Jusqu'à présent, et malgré nos efforts, nous n'avons pas réussi à prouver et expliquer scientifiquement les effets secondaires du dispositif. L'experte médico-judiciaire actuellement nommée ne voit pas le lien entre les pathologies développées par les femmes et Essure. Pour elle, cela relève de la croyance, avec, au cœur de l'affaire, des femmes déprimées et hystériques, qui sont forcément préménopausées, ce qui explique leurs symptômes. C'est un discours très méprisant. » Dont les victimes peinent à s'extraire.

Alors que cela fait plus d'un an qu'elle court littéralement les médecins, Marielle Klein envisage un problème avec les implants. « Car tout a commencé avec eux. » Et d'un coup, à la faveur d'une énième consultation avec son neurologue, la cause de sa litanie de douleurs apparaît comme une épiphanie. Le nickel ! À l'occasion de cet entretien, elle vient « de découvrir que l'alliage d'Essure contient du nickel. Or ni mon gynécologue ni mon chirurgien ne me l'ont jamais dit, et je suis précisément allergique à ce métal ». Petit à petit la certitude que les implants sont en cause ne fait que se renforcer. Comment comprendre autant de douleurs inexpliquées, sans envisager une allergie à l'un des composants des implants ? Au fond d'elle commencent à gronder mille pensées, qui vont et viennent, ressassant les mêmes questionnements. Pourquoi elle ? Comment cela a-t-il pu durer si longtemps ? Pourquoi personne ne l'a informée de la présence de nickel dans l'alliage ?

Après avoir insisté, son chirurgien accepte de lui enlever ses implants, comme un service qu'il lui rendrait. Dans le documentaire américain *Les Blessures de la médecine*, de Kirby Dick (2018)[1], qui s'est penché sur les effets indésirables provoqués par les dispositifs médicaux, plusieurs femmes ayant subi de graves problèmes de santé racontent leur calvaire. Parmi elles, Angie Firmalino a très mal supporté les implants Essure. Elle a retrouvé la vidéo de la réunion d'approbation du dispositif sur le marché qui s'est tenue le 22 juillet 2002 à la FDA. Certaines questions soulevées par le panel restent sans réponse, et à l'interrogation « Qu'est-ce qu'on va faire si on constatait des problèmes dans dix ans ? », la réponse d'un des membres de la commission est édifiante : « Des détectives privés nous trouveraient et nous ramèneraient ici et nous demanderaient pourquoi nous avons approuvé ceci. » Le tout, dans un éclat de rire généralisé. Contacté, le laboratoire Bayer, qui estime que le documentaire « présente une image inexacte d'Essure, en sélectionnant les informations pour appuyer une conclusion décidée d'avance, en négligeant les faits et en ignorant les preuves scientifiques qui ont permis à la FDA de statuer sur le profil

1. Visible sur la plateforme Netflix, sous le titre original *The Bleeding Edge*.

bénéfices-risques favorable d'Essure », affirme que « la notice d'utilisation précise les modalités de retrait de l'implant intra-tubaire ». Sur la fiche d'information des patientes[1] disponible en France, il est certes bien précisé les modalités de retrait. Il n'en existe que deux : la salpingectomie (ablation des trompes utérines) ou l'hystérectomie (ablation de l'utérus). Le professeur Olivier Graesslin, chef de service de l'unité de gynécologie-obstétrique du CHU de Reims, secrétaire général du Collège national des gynécologues et obstétriciens français (CNGOF) et à la tête du groupe de travail Essure constitué en 2017 au sein de la société savante, estime, lui, qu'à l'époque, « les études cliniques disponibles [fournies par le laboratoire comme indépendantes] ne montraient rien d'inquiétant ». Rétrospectivement, il reconnaît que les implants n'ont pas été conçus pour être retirés. Mais « en 2004, quand le produit a été autorisé en France, on ne pensait pas que ces implants seraient amenés à être retirés un jour », précisant que sur les 180 000 femmes implantées, seule une minorité a souffert (l'ANSM a reçu 1 177 signalements entre 2003 et février 2017[2]). En revanche, il constate que les problèmes remontés par les femmes dès 2015-2016 ont fait l'objet d'une réaction rapide de la part du CNGOF. La société a mis au point un protocole de retrait « cohérent et qui techniquement ne soit pas discutable » au printemps 2017, afin de mieux former les praticiens à cette intervention médicale délicate, qui nécessite de retirer l'implant dans sa totalité, sans laisser de débris. Désormais, assure-t-il, « les professionnel·le·s sont parfaitement averti·e·s et s'engagent dans une démarche qualité ». Il confie espérer que l'on « finira par comprendre pourquoi certaines femmes ont vécu l'enfer », mais, se voulant

1. https://solidarites-sante.gouv.fr/IMG/pdf/dgs-retrait-essure-2112-web.pdf

2. https://ansm.sante.fr/var/ansm_site/storage/original/application/114c59313992db5144689be838ed5a36.pdf

constructif, pense que cette affaire aura permis « d'améliorer le travail de sécurité préclinique des dispositifs médicaux et de renforcer la transparence ».

Le 4 janvier 2016, Marielle Klein est opérée. « Seule l'hystérectomie était la garantie d'un retrait. Ce qui revient à une amputation, puisqu'on se fait retirer un organe qui était sain », lâche-t-elle, amère. Elle voit donc l'ensemble de son appareil génital, son utérus, son col de l'utérus et ses trompes utérines, retiré. Mais elle est enfin délivrée de ses souffrances. Marielle Klein se souvient encore, avec une émotion palpable, du moment où son cauchemar a cessé. Où les douleurs sont parties. Pour elle, la vie était devenue un supplice quotidien. Mais si la douleur a tiré sa révérence en même temps que ses implants Essure, le prix à payer pour reprendre le cours d'une existence « normale » a été très élevé. Au sens propre comme au figuré. Cinq ans d'errance thérapeutique, 10 000 euros de frais de médecins au bas mot selon ses estimations et une intégrité physique que personne ne pourra jamais lui rendre.

Le déclic de la colère

L'histoire des implants Essure aurait pu ne jamais émerger dans la sphère publique. Elle aurait pu rester confinée dans l'espace intime de cette femme en souffrance pour avoir voulu s'émanciper des inconvénients de la contraception. En France, il aura fallu toute l'énergie de Marielle Klein pour qu'Essure devienne une « affaire ». Elle le confie : elle a eu « si peur de mourir ». Alors, à peine remise physiquement mais encore traumatisée, elle se donne un objectif. « Il faut que je prévienne les autres femmes », se dit-elle, se sentant investie d'une mission qui la dépasse. Une urgence d'autant plus impérieuse qu'elle a vu sur internet qu'elle n'était pas un cas isolé. Des Américaines surtout, mais aussi des Hollandaises, des Espagnoles dénoncent toutes les mêmes symptômes que ceux qu'elle a ressentis après la pose de ses implants.

« Après mon opération en janvier, j'ai commencé à discuter avec des militantes, dont une Hollandaise qui parlait français. Moi je ne parlais pas anglais, et elle a commencé à me traduire beaucoup de documents », se souvient-elle. Comme le précise le sociologue Francis Chateauraynaud, spécialiste des lanceurs d'alerte, « ces espaces d'expression », avec l'entourage, les proches, les conjoints, vont parfois faire prendre conscience aux victimes qu'elles ne peuvent pas rester sans agir. Couplés au traumatisme d'un parcours médical souvent jonché d'erreurs de jugement ou d'une communication rompue avec les spécialistes consultés, ces moments de dialogue favorisent le passage à l'action. « C'est une alchimie, un écosystème », analyse le sociologue, qui reconnaît cependant une « grande variabilité dans les réactions ».

C'est ce qu'a vécu Marielle Klein. Remontée, elle se lance donc, après l'épreuve de l'errance thérapeutique, dans un nouveau combat, protéiforme, chronophage, énergivore. Poussée par une force supérieure, et par la détermination d'éviter à d'autres patientes les mêmes déchirements, Marielle Klein trouve en elle des ressources insoupçonnées. Avant d'entamer le combat de sa vie, cette mère au foyer confiait être d'une timidité maladive. Elle a dû « surpasser sa réserve ». Rien ne la prédestinait en effet à se lancer dans une aventure titanesque contre un géant pharmaceutique, l'allemand Bayer. Mais, au fond de ses tripes vrombissait un moteur puissant : la colère.

Ce sentiment tempétueux, qui balaye tout sur son passage, Anne Loirette le connaît bien. Chez elle, il est teinté d'un soupçon de culpabilité, comme chez beaucoup de ces femmes ayant subi des effets indésirables et devenues lanceuses d'alerte. Auraient-elles pu faire plus ? Mieux ? Anne Loirette n'arrive pas à se détacher de ce sentiment désagréable. « C'est mon histoire, à moi, à mon enfant. Il se trouve qu'à un moment donné, je n'ai pas été capable de le protéger, je n'ai pas eu les moyens de réagir », analyse-t-elle. En 2007, cette professeure d'espagnol, aujourd'hui âgée de 50 ans, est enceinte. À l'issue de sa grossesse, l'accouchement est déclenché à l'hôpital de Poissy. Elle reçoit alors du Cytotec, sans aucune information et sans consentement, raconte-t-elle. Conséquence : elle subit une césarienne en urgence en raison d'une chute du rythme cardiaque du bébé, qui était en manque d'oxygène. Une hémorragie se déclare quelques heures après la césarienne. Quand le nourrisson est expulsé, son score Apgar (évaluation de la vitalité d'un nouveau-né) est faible, signe de l'épuisement du bébé. Remise sur pied, du moins physiquement, Anne Loirette commence à réfléchir à ce qui lui est arrivé. Par le biais de l'Alliance francophone pour l'accouchement respecté (AFAR), elle rencontre Aurélie Joux, une autre maman qui a reçu du Cytotec, quelques années après elle, et dont l'enfant est né en état de mort apparente et aujourd'hui handicapé à 80 %. « En confrontant nos histoires, on a réalisé quelque chose », explique-t-elle. Que ce n'était pas qu'un cas isolé, mais que les mêmes histoires se répétaient, encore et encore. Rares mais graves. Passant souvent sous le radar des médias et des autorités de santé. « La rencontrer a été un gros choc : son histoire signifiait que, depuis mon deuxième accouchement, rien n'avait été fait et qu'ils continuaient à utiliser le Cytotec ! » C'est de ce constat qu'est née sa détermination à informer les autres parturientes des risques associés à l'utilisation de ce médicament dans le déclenchement des accouchements. « Je ne dirais pas que j'ai ressenti de la culpabilité de ne rien avoir fait jusque-là, mais le sentiment d'une urgence à agir. »

Emmanuelle Huet-Mignaton a elle aussi utilisé sa fureur comme un catalyseur. Après le temps de l'urgence et de la survie – celui de la grave opération du cerveau qu'elle a subie à cause de ses méningiomes –, est en effet venu le temps de la colère. Ses multiples médecins se renvoient la balle de la responsabilité : entre sa gynécologue qui se demande « si on n'en fait pas un peu trop », alors qu'elle a en face d'elle une femme en postopératoire qui n'arrive quasiment plus à parler, et cet autre médecin qui fait le mort et refuse de lui communiquer son dossier de soins, le corps médical ne s'est pas unanimement mis de son côté en la protégeant ou en écoutant sa peine. Et c'est un euphémisme. Toutes ou presque, devant leurs médecins, ont dû faire face à un moment d'incrédulité, où leur vécu s'est retrouvé broyé par un savoir théorique, coupé de leur réalité. Seul son médecin généraliste a partagé ses profonds regrets de ne pas avoir pu en faire plus quand Emmanuelle Huet-Mignaton a commencé à montrer des problèmes neurologiques, qu'il s'en veut de ne pas avoir reliés à sa prise d'Androcur. Contre celui-là, elle n'éprouve ni colère ni mépris. De l'empathie, voilà tout ce qu'elle demandait. Heureusement, elle en a eu de la part du neurochirurgien qui l'a opérée – et sauvée –, le professeur Johan Pallud, qui exerce au service de neurochirurgie de Sainte-Anne à Paris et pour qui elle a des mots touchants. Elle a également bénéficié de son écoute et de son soutien et elle est toujours en contact régulier avec lui.

Ce médecin, tout comme les études sur le lien entre méningiome et prise d'Androcur du professeur Froelich, l'a stimulée dans la démarche de reconnaissance de son préjudice. Ils sont peut-être rares, mais une fois de leur côté, ces précieux alliés ne lâchent pas les victimes. Pendant les sept longues années de son errance thérapeutique au bout desquelles on lui a diagnostiqué une endométriose (et prescrit l'Androcur pour la soulager), combien de fois a-t-elle entendu « Ah les femmes et leur ventre ! »… Alors « quel soulagement de constater que certains médecins sont à l'écoute ».

Quand elle réalise que les femmes sont les seules victimes de l'Androcur, son sang ne fait qu'un tour : elle *doit* agir, même affaiblie, même seule, ou presque. Précisément pour rompre la solitude des victimes, qui, isolées, ne peuvent faire bloc. « Ce qui m'est arrivé n'est pas normal. Et ce n'est pas seulement mon problème, mais le problème de tous les médicaments et de toutes les femmes. Quand ils ne fonctionnent pas, c'est pour nous », gronde-t-elle.

« Au total, il m'a fallu un an pour m'en remettre » après la découverte de la contamination de ses deux enfants à la Dépakine (valproate de sodium), se souvient pour sa part Marine Martin. Une nuit, elle a eu un déclic. Marine Martin vient de s'endormir après avoir fêté l'année 2011 qui débute tout juste. Nous sommes le 31 décembre 2010 et la mère de Nathan et Salomé dort mal. Elle rêve qu'elle assiste au viol d'une femme, sans réagir. Elle se réveille en sursaut. « Tous les jours, des enfants vont naître sous Dépakine. Si tu ne fais rien, tu seras coupable de non-assistance à personne en danger. » Elle secoue son mari qui dort à poings fermés : « C'est compliqué de créer une association ? – Non, il suffit d'être trois personnes : un président, un trésorier, un secrétaire. – Tu veux bien être mon trésorier ? lui demande-t-elle. » L'Apesac est née trois mois plus tard et, avec elle, commençait un combat qui n'est pas terminé à l'heure où nous écrivons ces lignes.

Les témoignages de ces femmes sont conformes au profil « type » des bénévoles engagé·e·s dans des associations de santé. En effet, d'après les chiffres de Sylvia Lacombe, formatrice au Collectif interassociatif sur la santé[1] (devenu en mars 2017 l'Union nationale des associations agrées du système de santé), les principaux facteurs déclenchant l'engagement sont le besoin d'activités (38 %), suivi de près par une histoire personnelle (à 32 %), alors que la première motivation est le sentiment d'être utile (80 %), l'épanouissement personnel (51 %) et le soutien à la cause défendue (39 %).

1. *In* la revue trimestrielle *ADSP*, n° 68, septembre 2009.

Créer une communauté

Après son accouchement tourmenté, Anne Loirette a le réflexe de demander son dossier médical à l'établissement, mais, encore traumatisée, elle ne parvient pas à le lire immédiatement. L'annonce de sa deuxième grossesse déclenche pourtant en elle des angoisses, la « peur que ça recommence ».

Des recherches, elle en avait déjà fait quelques-unes, qui lui avaient « mis la puce à l'oreille ». Mais c'est sa rencontre avec Aurélie Joux qui sera déterminante. Les deux femmes se lient dans un même combat et travaillent sur les mêmes hypothèses. « J'ai commencé à aller sur des sites américains. Je passais mes soirées à éplucher et à chercher des informations et des témoignages. Heureusement que mon mari, qui a beaucoup souffert de ce premier accouchement, mais qui ne l'a peut-être pas autant exprimé que moi, avait lui aussi besoin de comprendre », car son quotidien se retrouve chamboulé, désormais consacré à la compréhension de l'épisode qu'elle a traversé.

Cette expérience plonge Anne Loirette dans un monde dont elle n'est pas du tout familière, plus habituée, dans ses fonctions de professeure, aux tableaux d'école qu'aux tableaux Excel. Tout comme Anne Loirette, il faut les imaginer, ces femmes, qui partant de rien, telles des Erin Brockovich françaises (du nom de cette lanceuse d'alerte américaine à l'origine de la révélation d'une affaire de pollution d'eau potable à Hinkley en Californie), commencent à éplucher les forums, à lire toute la littérature publiée sur le médicament qui a fait leur malheur, à établir, malgré l'amplitude des fuseaux horaires, des contacts avec des associations étrangères. Et même à en arriver à maîtriser des « mots-clés en danois pour les recherches ! », s'amuserait presque Anne Loirette.

Au plus fort de la crise, en 2013, suite à l'alerte lancée le 25 février par l'ANSM, cette dernière recevait « 150 mails dans la journée. En octobre, j'avais même dû prendre trois ou quatre jours sur mes vacances pour répondre à tous les mails que je recevais ! Il s'agissait de femmes qui nous écrivaient car elles avaient eu du gel, des tampons (des méthodes pour déclencher le travail), et qu'on ne leur avait jamais expliqué quels médicaments elles avaient eus. On envoyait aussi des liens d'articles et on les conseillait afin qu'elles puissent obtenir leur dossier médical ». Anne Loirette passe ainsi des heures à répondre aux patientes à la moindre minute de libre, mettant toute son énergie au profit d'une cause.

En 2017, elle nous confiait : « Plus je creuse, plus je tombe bas. Je m'aperçois que ce n'est pas une affaire qui concerne un gynécologue à un endroit donné mais un système entier en cause. Quand on voit les autorités qui ne sont pas à la hauteur, c'est une déception. Ça nous impacte dans tous les domaines de notre quotidien, cela m'interpelle sur mon rôle de citoyenne, sur les associations, les ministères. Avant, je pensais que l'État était là pour assurer notre protection, je m'y fiais et j'avais confiance en son pouvoir protecteur et de sécurité, mais à un moment donné, si on veut que cela bouge, on est obligé de s'y mettre. Maintenant je comprends pourquoi il y a tant d'associations », tranche-t-elle.

Emmanuelle Huet-Mignaton partage cet avis. Oui, il ne faut compter que sur soi. Un acte d'autant plus compliqué que la maladie ou les conséquences des effets secondaires d'un médicament peuvent affecter profondément les patientes. Elle-même est encore diminuée par les suites de son opération du cerveau. Alors, elle n'a pas renoncé, loin s'en faut, à se retrousser les manches. Mais dans ces conditions, se battre est un acte encore plus fort, car il équivaut à un défi quotidien contre la fatigue chronique qui s'est installée dans les moindres recoins de son existence. Elle doit se ménager, ne pas parler trop longtemps pour s'économiser… De sa voix déterminée, ponctuée de rires fréquents, elle déclare tout net : « Je ne veux pas me coller une étiquette de "victime", comme si on ne faisait rien et qu'on demandait des sous. »

Victime. Souvent, les patientes trouvent que le terme est réducteur. Qu'il donne une vision misérabiliste de leur vécu. Elles ne voient pas le lien immédiat entre le fait d'être une victime et celui d'être une femme. À travers leur histoire, elles découvrent, parfois pour la première fois, les discriminations ou les mauvais traitements subis à cause de leur genre. Dans le milieu médical, la dénonciation des violences gynécologiques (absence de consentement avant un examen médical, touchers vaginaux sur des patientes endormies, épisiotomie presque automatique sans consentement lors des accouchements...) montre que les patientes ont décidé de briser la loi du silence. Les effets indésirables des médicaments ne seraient-ils pas une autre facette de ces violences exercées sur les femmes, qu'elles soient physiques, psychologiques ou sexuelles ? Muriel Salmona, psychiatre spécialiste en traumatologie et victimologie, rappelle que l'« on ne naît pas victime, on n'est pas victime par essence, on l'est du fait d'actes répréhensibles commis par un auteur à un ou des moments précis de son histoire, le ou les actes pouvant être uniques ou répétés et s'inscrire dans la durée[1] ».

Pourrait-on pousser l'analogie aux femmes victimes de médicaments, abîmées non par un bourreau individuel mais par un système rodé, et qui doivent aussi combattre pour que leur parole soit entendue ? Peut-être faudrait-il réhabiliter cette appellation de « victime ». *Devenir* victime, au-delà des clichés doloristes, est l'aboutissement d'une prise de conscience, le fruit d'un mûrissement. C'est un pas courageux qui permet de sortir du silence, de demander la reconnaissance d'un statut, de rechercher les responsables, éventuellement d'obtenir une indemnisation pour les dommages subis.

1. M. Salmona, « Victime, vous avez dit victime ? », 30 mars 2013.

Pour Emmanuelle Huet-Mignaton, la question de l'indemnisation n'est d'ailleurs pas sa priorité : un fonds public d'indemnisation ? Très peu pour elle, car à ses yeux, « ce n'est pas aux citoyens de payer, mais uniquement aux responsables. Et j'attends des procédures judiciaires que les responsables soient identifiés, s'il y en a, comme ça a été le cas dans le procès du Mediator ou de la Dépakine. Et s'il n'y en a pas, ce sera donc la faute à pas de chance et je l'accepterai ». De toute façon, elle a tant de combats à mener avant de, peut-être, gagner le combat du dédommagement financier. Le premier, comme pour les autres femmes victimes, consiste à renouer avec son statut de « sujet ». Objet de critiques, d'incrédulité, parfois de railleries, ces femmes ont besoin de se réaffirmer comme sujets pensants, après avoir été perçues comme des objets par certains médecins peu compatissants et une société sourde à leurs maux. Cela permet aussi de donner du sens à son expérience, en tentant d'éviter à d'autres femmes les mêmes tourments. Emmanuelle Huet-Mignaton le rappelle, l'association qu'elle a créée en janvier 2019, Amavéa, est constituée « de femmes qui travaillent pour les autres victimes ».

Le combat de la médiatisation

Marielle Klein est vraiment déterminée à rendre publique sa mésaventure avec la contraception définitive Essure. C'est son histoire et celle de tant d'autres. Alors, pour médiatiser son cas, qu'elle sait maintenant ne pas être unique, il lui a « fallu commencer "petit". J'ai donc contacté le *Républicain lorrain*, dont le rédacteur en chef habitait dans mon village », se souvient-elle. Les interviews s'enchaînent, elle est interrogée dans *Le Magazine de la santé* (France 5), fait l'objet d'un dossier dans *Le Parisien*, etc. L'intérêt croissant des médias soulève de nombreux points problématiques dans le dossier Essure : comment les implants ont-ils pu être mis sur le marché avec aussi peu d'études cliniques ? Pourquoi le dispositif n'a-t-il même pas donné lieu à un protocole de retrait ? Du métal est-il disséminé dans le corps des femmes ? Comment expliquer la migration, dans des parties du corps parfois éloignées de l'utérus, d'éclats d'implants ? Pour la cause, cet intérêt soudain des médias est positif et permet aussi de relayer des informations auprès des femmes porteuses des implants Essure.

Pour Anne Loirette, le premier combat a consisté à fédérer les utilisatrices, à les aiguiller, à les écouter et à les faire sortir de leur solitude. En somme, à créer une communauté, le collectif créant du pouvoir. Dans un deuxième temps seulement est apparue la nécessité de livrer le combat de la médiatisation des affaires liées au Cytotec. Et il était loin d'être gagné. « Quand nous avons créé l'association, en novembre 2011, les journalistes ne s'y intéressaient pas », se rappelle-t-elle, estimant que la nouvelle loi relative au renforcement de la sécurité sanitaire du médicament et des produits de santé du 29 décembre 2011, qui encadrait davantage l'utilisation hors AMM, allait régler le problème. Mais des éléments extérieurs ont joué en la faveur de l'association, notamment l'émergence de l'affaire Diane 35[1], un antiacnéique non sans danger utilisé massivement à des fins contraceptives. Contactée par une étudiante en journalisme, Anne Loirette répond à ses questions en insistant non seulement sur l'utilisation du Cytotec en cas de fausses couches (pour favoriser l'expulsion du fœtus), mais aussi dans le déclenchement des accouchements – ce que l'étudiante ignorait.

1. Commercialisé par le laboratoire Bayer, le médicament antiacnéique Diane 35 a été très largement prescrit comme contraceptif. À la date du 21 janvier 2013, sept décès de femmes étaient totalement ou partiellement liés à son utilisation en France, notamment des événements thrombo-emboliques veineux.

Enfin, lors d'une conférence de presse à l'ANSM en février 2013, dédiée à l'affaire Diane 35, elle se rappelle qu'une journaliste pose une question précise sur l'utilisation du Cytotec liée aux accouchements. Très peu de temps après, l'ANSM sort son alerte de 2013 (évoquée plus haut), une rapidité qu'Anne Loirette relie, sans pouvoir l'affirmer bien sûr, à ces interrogations posées sur l'utilisation hors AMM des médicaments devant un parterre de journalistes.

« Par rapport à d'autres maladies, nous ne jouons pas avec les mêmes armes médiatiques : pour l'endométriose, il y a des porte-parole connues, comme la présentatrice Enora Malagré ou la comédienne Laetitia Milot, Anny Duperey est devenue le visage du Levothyrox... » Lucide, Emmanuelle Huet-Mignaton aurait, elle, aimé trouver une figure de proue qui attire la lumière médiatique pour parler de l'Androcur.

La famille, soutien ou frein...

Emmanuelle Huet-Mignaton le dit simplement. « Quand vous traversez un truc comme ça, si vous n'êtes pas entourée par une amie, un psy, vous ne pouvez pas tenir. Ce soutien, tous les gens ne l'ont pas et c'est essentiel pour tenir. » À défaut d'avoir un·e partenaire à ses côtés, ses fils ont été présents pour elle. « Je prendrai des jours de congé pour t'accompagner pour l'opération », avait proposé l'aîné, sans hésiter une seule seconde. Des mots qui ont résonné comme un véritable baume aux oreilles d'Emmanuelle Huet-Mignaton, persuadée qu'elle n'aurait pas la force de surmonter tout ça.

Face à la maladie, la solitude est un fléau. Quand il s'agit de mener un combat associatif ou judiciaire, elle est un frein. Pour les femmes en couple, c'est toute l'économie du couple qui est chamboulée, comme l'analyse le sociologue Francis Chateauraynaud. En cas de maladie, « il existe différents modèles de couples. Il y a ceux qui ont contractualisé la distribution des rôles, réparti les tâches domestiques et tentent de gérer les conflits par de la communication non violente ou des thérapies. Mais il y a aussi ceux pour qui la question des tâches domestiques est un non-sujet, qui n'ont pas du tout cette culture, et pour qui, lorsqu'une crise surgit, il faut serrer les dents. Enfin, il existe le couple dans lequel celui ou celle qui n'est pas malade verbalise et communique énormément sur la situation avec ses proches, et pour qui, le fait d'en parler, est salutaire ». Les alertes lancées par les patientes sont des tentatives de poursuivre la discussion, au-delà d'un cercle trop « fermé ». « Parfois les lanceurs d'alerte peuvent avoir le sentiment qu'ils sont dans une boucle, sans appui extérieur. D'où leur volonté de créer "une arène de controverse", ce qui mobilise une intelligence collective », éclaire Francis Chateauraynaud. Ce faisant, elles brisent leur solitude et c'est un premier pas déterminant pour la suite.

En effet, les femmes dont nous retraçons le parcours n'auraient pas pu mener leur combat, si, dans le premier cercle, celui des proches et de leur famille, elles n'avaient pas fait l'objet d'un soutien sans faille. Cela est particulièrement vrai pour les usagères de médicament, car les femmes sont encore aujourd'hui celles qui, en France, assument 72 % des tâches strictement ménagères et domestiques. Faire le ménage, les courses, s'occuper des enfants, tout ce qui constitue la charge mentale, repose majoritairement sur elles. Un temps et une énergie considérables qui peuvent les (main)tenir éloignées d'autres activités. Comme celles du militantisme. Avoir un·e partenaire qui assume ces tâches semble donc la condition *sine qua none* pour pouvoir envisager de livrer un combat. Mais ce n'est pas la règle[1]. Toutes les études, qu'elles soient

1. S.Z., « Une femme a six fois plus de risque d'être quittée à l'annonce d'un cancer qu'un homme », 27 décembre 2017.

françaises ou internationales, le montrent : la qualité de l'accompagnement n'est pas la même qu'on soit un homme ou une femme malade.

Dans une étude menée aux États-Unis[1] datant de 2015, des chercheurs de l'université d'État de l'Iowa et de l'université d'Indianapolis ont examiné la relation entre maladie grave (cancer, maladie cardiaque, maladie pulmonaire ou AVC) et la dissolution du mariage (soit par divorce, soit par veuvage). Les résultats sont clairs : alors que le développement de la maladie chez le mari n'est pas associé à un divorce ultérieur, le développement de la maladie chez la femme est, lui, associé à une probabilité plus élevée de 6 % de divorce ultérieur. Autrement dit, si l'homme est malade, le couple reste ensemble, mais si la femme est atteinte, il s'effondre plus facilement. Est-ce parce que la femme devenue incapable de réaliser ses tâches domestiques, est moins valorisée ? Moins soutenue ? Considérée comme un fardeau dont il faut se « débarrasser » ?

Pour Francis Chateauraynaud, spécialiste des questions sanitaires, il faut y voir « la violence de la construction sociale du marché sexuel », avec l'injonction de perfection dont les femmes semblent encore faire les frais… Cette étude montre également que le cancer ou la maladie cardiaque semblent moins associés à la dissolution du mariage que la maladie pulmonaire chez l'épouse. Peut-on y voir le signe qu'une pathologie potentiellement très invalidante au quotidien, qui peut empêcher tout accomplissement des tâches domestiques dont les femmes sont encore très majoritairement les exécutrices, vulnérabilise les femmes dans leur vie privée et amoureuse ? Une autre étude, publiée dans la revue anglo-saxonne

1. A. Karraker, K. Latham, « In sickness and in health ? Physical illness as a risk factor for marital dissolution in later life », *Journal of Health and Social Behavior*, 5 mars 2015.

Cancer[1], démontre que les femmes ont six fois plus de risque de se faire quitter après la découverte d'un cancer ou d'une sclérose en plaques qu'un homme dans la même situation ! Le taux de séparation atteint ainsi 20,8 % pour les femmes malades, contre seulement 2,9 % pour les hommes…

En France, les chiffres vont également dans ce sens. Dans une étude menée par le ministère de la Santé et des Solidarités, portant sur les conséquences du cancer sur la vie privée[2], il apparaît que « quel que soit l'âge, le niveau d'aide affective et morale des conjoints déclaré par les femmes est plus faible que celui des hommes ». La différence de situation se chiffre, puisque « la situation de toutes les personnes déclarant ne pas recevoir d'aide concerne 28 % des femmes contre 18 % des hommes ». Enfin, « si les trois quarts des hommes interrogés indiquent être très soutenus sur le plan matériel par leur conjointe, la réciproque n'est pas vraie : seule une femme sur deux en fait état, et moins d'une sur quatre pour les plus de 80 ans ».

Alors que l'étude américaine n'osait pas s'avancer sur les hypothèses du plus grand nombre de divorces imputé à la présence d'une femme malade dans le couple, l'étude française, elle, avance des arguments : « Ce constat doit être interprété à la lumière de la répartition courante des tâches domestiques entre les hommes et les femmes. Dans la mesure où, en dehors de tout effet de la maladie, les femmes effectuent d'ordinaire la majeure partie des tâches ménagères [Ponthieux et Schreiber, 2006], on peut s'attendre à ce que, sous l'effet de la maladie, elles éprouvent plus souvent un besoin d'aide, sans nécessairement obtenir dans tous les cas une réponse à ce besoin. Pour les

1. C. Acquati, Z. J. Zebrack, A. C. Faul, « Sexual functioning among young adult cancer patients : a 2-year longitundinal study », *Cancer*, janvier 2018.

2. C. Mermilliod et M.-C. Mouquet, « Les différents soutiens déclarés par les malades », *in* « Les conséquences du cancer sur la vie privée ».

femmes, le déficit d'aide du conjoint n'est pas totalement compensé par les autres proches. » Les femmes malades souffrent ainsi de dommages collatéraux souvent invisibilisés.

Marielle Klein se rappelle, justement. En 2015, « une année noire », l'une de ses filles passait son bac. « Je ne dirais pas qu'elle a mis ses études entre parenthèses, mais cela l'a un peu coupée de son milieu scolaire. Au lieu de rester avec ses copains, elle rentrait en expliquant "ma mère a besoin de moi", se rappelle-t-elle. Elle est passée à côté de plein de choses, s'est beaucoup occupée de sa petite sœur de 4 ans. » Marielle a pu bénéficier du soutien sans faille de son mari, qui a carrément créé le site internet, mais c'est encore sur elle que reposait la mission éducative des enfants. « Il a compris qu'il avait intérêt à me soutenir ! », plaisante-t-elle. « Avec mon mari, cela a été un investissement de couple. Sans lui, je ne serais pas allée très loin. Nous n'avions pas évalué le temps que cela allait nous prendre, on ne s'est pas posé la question de la somme de travail, on a avancé sur un chemin sans trop savoir où cela nous mènerait », reconnaît-elle, lucide. Lors de cette triste « année noire », son époux, qui assure tout ce qu'elle ne peut pas faire au quotidien, est littéralement épuisé par la charge de travail domestique. Information d'autant plus intéressante que les femmes malades doivent par ailleurs très souvent continuer leur part de ménage. Mais cela lui permet de se concentrer sur sa guérison, puis sur le travail lié à l'association. « Je ne pensais pas prendre la tête d'une association nationale un jour », reconnaît-elle, humblement. Mais se battre était devenu une nécessité. « Vous vous retrouvez dépossédée de votre vie, un trou s'ouvre sous vos pieds, tant que vous ne faites pas le lien, rien ne peut arrêter tout cela. » Marielle Klein était bien déterminée à faire ce lien, mais, encore fallait-il avoir le cœur bien accroché.

Une fois que la colère s'est transformée en détermination, une fois que la machine est lancée, que le « problème » personnel devient un « scandale » public, commence un autre combat. Cette fois, face aux détenteurs du savoir médical et aux institutions qui n'aiment pas être questionnés ou remis en cause dans leurs pratiques et leurs savoirs, surtout par des citoyennes ordinaires. Des femmes simplement animées d'une grande soif de justice, qui viennent mettre leur grain de sable dans la machine bien huilée de l'industrie pharmaceutique. Le combat de la légitimité peut dès lors commencer.

9
Le combat de la légitimité

> « Ceux qui ne bougent pas ne remarquent pas leurs chaînes. »
>
> Rosa Luxemburg.

Dans les couloirs lambrissés de l'Assemblée nationale, les discussions vont bon train. On prend des nouvelles, on discute des dernières avancées d'un dossier, pendant que dans la salle attenante, recouverte de tapisseries contemporaines, les malades venu·e·s de toute la France ont déjà pris place. Le 26 septembre 2019, le député de la première circonscription de la Somme, François Ruffin, organise un colloque sur les médicaments, intitulé « Scandales sanitaires, scandale démocratique ». De la solitude de leur chambrée aux ors de la République, la tenue du colloque permet de mesurer le chemin parcouru par ces malades, ayant pour point commun d'avoir subi des effets secondaires dus à un médicament. Ils, mais surtout elles se montrent impatient·e·s de pouvoir prendre la parole, avec l'espoir d'être écouté·e·s, et mieux, entendu·e·s. En effet, de nombreuses associations ont fait spécialement le déplacement, de l'Apesac (Dépakine), au réseau DES (Distilbène), en passant par l'Amavéa (Androcur) ou encore R.E.S.I.S.T. (Essure). En guise d'introduction, le trublion de la France insoumise évoque sans hésiter « un déni des patients, et bien souvent des patientes », conscient de la surreprésentation des femmes parmi les victimes de médicaments. Il parle aussi d'un nouveau vent qui se lève, de cartes du pouvoir en train d'être rebattues : « Il n'y a pas d'un côté des patients passifs et de l'autre, les sachants et les puissants », assène François Ruffin.

Le rééquilibrage des pouvoirs serait-il donc en marche ? Sûrement. « Dès l'épidémie du sida, les malades sont clairement sortis de la passivité », rappelle le sociologue Francis Chateauraynaud, connu pour avoir créé la notion de lanceur d'alerte en 1996, initialement dans le domaine de l'environnement et des risques sanitaires. Depuis, ils ont développé une compétence médicale sur leur pathologie, connaissent les médicaments, leurs effets secondaires… Ce qui a changé, « c'est qu'avant il s'agissait de cas particuliers, de patients qui s'intéressaient à leur propre pathologie, mais dans un micro-environnement ». Aujourd'hui, l'action collective, en témoigne ce colloque où les associations étaient bien déterminées à agir ensemble pour l'avènement d'une vraie démocratie sanitaire, a pris le relais. L'avocat Charles Joseph-Oudin, également présent, confirme l'importance d'agir collectivement. « Tous ces dossiers, ce sont des violences faites aux femmes. La Dépakine, pour faire des enfants, le Mediator, pour être belle, l'Androcur, pour ne pas être trop poilue », résume-t-il. Dans son cabinet, il n'est pas rare de croiser Emmanuelle Huet-Mignaton, Marine Martin et Irène Frachon, attablées dans la petite cuisine, en train de prendre un café ensemble. « Certes, elles ont toutes des combats ciblés, produit par produit, et la problématique des unes n'est pas celle des autres, mais ça n'empêche pas les discussions. Elles se soutiennent les unes les autres. Une vraie convergence des luttes », conclut-il, reprenant à son compte la sémantique marxiste, souvent utilisée par les féministes, lui qui cite à l'envi les paroles de l'hymne du MLF. « Le temps de la colère, les femmes/ Notre temps est arrivé/ Connaissons notre force, les femmes/Découvrons-nous des milliers ! »

Irène Frachon, figure de proue

Se forme là un front commun vers plus de transparence et davantage d'information de qualité délivrée aux patientes. Dans les scandales que nous avons abordés au cours de ce livre – Mediator, Levothyrox, Androcur, Dépakine, Distilbène, Cytotec et tant d'autres –, les lanceuses d'alerte ont joué le rôle de véritables catalyseurs. Elles ont à la fois « créé » le moment et sont arrivées au bon moment. Car « pour que le phénomène prenne, il faut la rencontre de deux facteurs : l'insatisfaction de quelqu'un et une société qui est prête », analyse Francis Chateauraynaud.

La société est sans doute prête à entendre leur parole. « Le recours aux médicaments est de plus en plus discuté, tout comme celui aux vaccins. Les gens sont conscients qu'il existe de gros enjeux financiers, le cancer lui-même est devenu un business », poursuit le sociologue. Une époque favorable à la dénonciation de l'opacité. « Quand on regarde une notice, les effets secondaires sont monstrueux, même sur l'aspirine ! », souligne-t-il. « Par ailleurs, dans les pays du Nord, dans les villes, dans les classes moyennes et supérieures, prendre soin de son corps, de sa santé est devenu une valeur. Et dans ce cadre-là, prendre un médicament n'est jamais anodin. Par ailleurs, on voit l'enrichissement des études critiques, et les gens se posent des questions, comme sur Doctissimo [l'un des sites web francophones les plus populaires, consacré aux questions de bien-être et de santé]. »

Par ailleurs, si chacune de ces femmes a expérimenté une épreuve douloureuse, un même nom revient dans toutes les bouches, comme s'il était devenu le moteur des luttes actuelles. Celui de la médecin et lanceuse d'alerte Irène Frachon. Ce nom-totem, indissociable de l'affaire du Mediator, revient, souvent avec admiration, dans l'ensemble des bouches des patientes victimes d'effets secondaires. « Irène Frachon représente une rupture. Elle vient d'une famille avec une haute idée de l'intérêt général et la détestation du mensonge organisé, surtout le mensonge industriel ou politique, cette "criminalité en col blanc" », analyse Francis Chateauraynaud. Parmi ses aïeux, on compte en effet un grand-père amiral, chargé de la reddition en 1944 du commandant allemand de La Rochelle et de Rochefort, ou encore un doyen de la faculté de théologie protestante de Paris, qui fut en son temps dreyfusard.

Mais devenir une lanceuse d'alerte, même quand on est une femme médecin, n'a pas été un long fleuve tranquille, concède-t-elle lorsque nous l'interviewons en 2018. Elle profite alors d'un moment de répit dans sa maison de bord de mer, avant la tempête du procès Mediator qui doit s'ouvrir en septembre 2019. Elle se prépare mentalement, car elle sait que les attaques vont être dures. Quand elle se replonge dans ses souvenirs, elle se rappelle que tout le long de cette affaire, elle a « été confrontée à une misogynie qui ne dit pas son nom ». Un obstacle de taille. Ce sentiment, d'ailleurs, est unanimement partagé par les patientes que nous avons interviewées. Dans le cas du Mediator, la haine était tenace et motivée par de la rancœur. « Les cardiologues sont passés à côté de ces pathologies (valvulopathies, hypertension artérielle pulmonaire), alors que le médicament était sur le marché depuis des décennies (depuis 1976). Et je suis, en plus d'être une femme, une pneumologue, et de surcroît, originaire de province, pas professeure à l'université mais praticienne hospitalière. Il y a là tous les ingrédients pour me mépriser souverainement », analyse-t-elle, rétrospectivement. Mais comme elle le confie, « être praticienne m'a beaucoup aidée. Ce travail d'enquête, de terrain, c'était du concret et il m'a été fondamental d'avoir cette approche, de partir du petit bout de la lorgnette et d'étayer mes hypothèses en échangeant avec les patients que je connaissais ». Pour fournir des preuves irréfutables de la dangerosité de la molécule, afin d'être crédible.

Avec le Mediator, la vision qu'avait Irène Frachon du monde médical a été complètement bouleversée. « J'ai été atrocement déçue par les directeurs de sociétés savantes, les leaders d'opinion, les responsables des spécialités comme la cardiologie. Cette communauté a mal réagi face au Mediator, certains en niant, d'autres en prenant carrément la défense de Servier et en affirmant que c'était de la connerie, qu'il n'y avait pas de morts. C'est incroyable, il y a un vrai courant négationniste ! »

Heureusement, face au déni ou à l'opposition notoire que soulèvent les lanceuses d'alerte, la relève est assurée. Francis Chateauraynaud évoque la nécessité, dans les affaires de scandales sanitaires, « que d'autres [figures] se saisissent du flambeau, afin de ne pas tomber dans la pure personnification. C'est exactement ce qui se produit avec l'arrivée sur les premières lignes de nouvelles militantes ». Irène Frachon se révèle d'ailleurs franchement admirative de la force déployée par Marine Martin, figure de proue du combat des femmes enceintes et épileptiques ayant pris de la Dépakine. « Marine Martin est exemplaire. Ce qu'elle dénonce est un mépris de la gestation et un mépris de la femme enceinte. Il est incroyable qu'on les ait exposées à de telles substances. Il y a un problème du corps médical avec les femmes, les femmes gestantes, les femmes vieillissantes. Ce scandale a mis à bas la confiance aveugle que les consommateurs et patients plaçaient dans les médicaments. » Mais elle va plus loin : « Derrière, il y a aussi une remise en cause, l'envol d'un esprit critique qui s'est beaucoup affûté. Les femmes ont pris les choses en main. »

Entre Irène Frachon et la présidente de l'Apesac, les deux fers de lance de la fronde contre l'industrie pharmaceutique, les poils à gratter des institutions sanitaires, le respect et l'admiration semblent réciproques. À l'évocation de la pneumologue brestoise, les yeux de Marine Martin s'éclairent. « Quand j'ai vu Irène Frachon pour la première fois à la télévision, c'était en 2011. L'affaire du Mediator venait d'éclater. Je suis restée scotchée devant ma télévision. Quelle verve ! J'adore quand elle parle de "pharmacodélinquance". Encore aujourd'hui, je me dis que j'ai des progrès à faire dans ma manière de m'exprimer. » Au-delà de la fascination qu'exerce la pneumologue pour les victimes, elle leur offre un modèle peu commun, auquel s'identifier : la femme en colère. « Irène Frachon nous a permis de faire un grand bond dans la verbalisation, dans l'expression, poursuit Marine Martin. Elle est quand même assez violente dans ses termes. C'était la première fois qu'on entendait parler comme ça. »

Celles qui ouvrent la voie

Dans son bras de fer avec le laboratoire Servier et les autorités de santé, même la « grande » Irène Frachon a eu du mal à se faire entendre. Pour Marielle Klein, Anne Loirette, Marine Martin ou Emmanuelle Huet-Mignaton, peu familières des lumières médiatiques (en tout cas au début), le chemin a été encore plus ardu. Parfois, elles ont été malmenées, parfois méprisées. On a tenté de minimiser leur expérience, de les singulariser, de casser la mécanique collective, comme si elles avaient juste manqué de chance. Ces femmes malades ou rendues malades, sans aucune formation scientifique, médicale, statistique, sorties de nulle part, ont débarqué comme un cheveu sur la soupe dans un système bien rodé. Leur espoir tenait en quelques mots : réussir à faire entendre leur voix jusqu'à présent inaudible. Afin de plaider leur cause et d'être enfin prises au sérieux, elles ont dû créer des associations, élaborer un discours, apprendre sur le tas et démontrer aux institutions qu'elles n'étaient pas des malades imaginaires.

Dans ce rapport de forces qui était dès le départ en leur défaveur, les victimes ont fourbi leurs armes, bâti une stratégie et appris les unes des autres.

« Tiens… c'est qui, lui ? Sa tête me dit quelque chose… » Marine Martin plisse les yeux et suit du regard cette silhouette en costume gris à travers la vitrine du Bourbon, un café à deux pas du palais du même nom, à Paris. « Comment il s'appelle, déjà… ? » Inconnu au bataillon ? Le soldat Martin plonge son nez dans le trombinoscope des députés affiché sur son ordinateur portable. Celui-ci est calé entre une tasse de café, son téléphone et une liasse de dossiers qu'elle a préparés pour l'occasion. Ce café germanopratin, c'est un peu son quartier général à Paris. « J'en ai un autre, une brasserie au pied du ministère de la Santé », glisse-t-elle, un sourire en coin. Sur ces tables de bistrot, devant son ordinateur relié à une connexion internet parfois vacillante, ses fichiers d'adhérentes ouverts, pendu à son téléphone, le soldat Martin mène sa guerre. Dans ses QG de fortune, Marine Martin a mis à exécution des plans fomentés depuis le pavillon familial à plus de 800 kilomètres de là, au siège de l'Apesac, près de Perpignan. Une fois par semaine, munie d'un billet de train à tarif réduit, elle monte à Paris pour y poursuivre son opération de lobbying artisanal, fait de moyens du bord, d'entêtement et d'une impudence que la mère de famille ne se connaissait pas.

Ce jour de février 2018, elle est à l'affût, prête à alpaguer les députés qu'elle a dans son collimateur, les membres de la commission des affaires sociales. À chaque voyage à Paris, elle en rencontre quelques-uns et, entre deux rendez-vous, elle glisse à ceux qu'elle accroche dans les couloirs ou les abords du Palais-Bourbon un de ces petits dossiers empilés à côté de son ordinateur. « On n'est jamais mieux servi que par soi-même », justifie Marine Martin lorsqu'elle détaille le contenu de la chemise en papier : aux côtés d'une brochure et d'un agenda du mois à venir de l'Apesac, figurent des extraits d'un rapport de l'ANSM, des textes réglementaires, un communiqué de presse sur la mise en place de logos sur les boîtes de médicaments alertant les femmes enceintes de la fœtotoxicité de certains produits – alors, le dernier fait d'armes de l'association – et une copie d'un mail adressé à Agnès Buzyn, à l'époque ministre de la Santé. Un dossier fait maison que ne renierait pas un·e attaché·e de presse chevronné·e. Le parfait kit prêt-à-l'emploi pour tout député qui souhaiterait interpeller la ministre dans l'Hémicycle sur l'exposition *in utero* d'enfants à la Dépakine (valproate de sodium).

« Mais parfois, ça ne suffit pas, observe-t-elle. Il arrive qu'il y ait des grosses coquilles dans leurs questions. Alors, on se rend compte que c'est comme avec les correspondants de presse des quotidiens régionaux : si on écrit à leur place, ils ne sont pas mécontents, surtout si ce n'est pas trop mal fait », ajoute Marine Martin en désignant une dernière fiche du dossier où sont rédigées *in extenso* chacune des questions qu'elle aimerait voir posées lors d'une des séances hebdomadaires de « questions au gouvernement » à l'Assemblée nationale. L'ancienne responsable logistique d'une PME perpignanaise, un temps chômeuse en fin de droits pour s'occuper de son association, a ainsi l'audace de croire qu'elle peut jouer dans la même cour que ses adversaires, les laboratoires pharmaceutiques. Le même jeu, mais pas à armes égales : sans les millions d'euros de budget. À peine 70 000 euros annuels, soit celui de tout l'Apesac qui s'appuie sur une seule employée et plusieurs dizaines de bénévoles dans presque toutes les régions de France.

Depuis deux ans et demi, Marine Martin, qui se consacre à temps plein à l'Apesac, touche 800 euros mensuels « pour survivre ». « J'ai hésité longtemps, j'avais peur qu'on me le reproche. » Dans le détail du budget, on compte 50 000 euros d'adhésions, 1 000 euros de dons du député François Ruffin, et 13 000 euros versés par le ministère de la Santé. « Que je le tarabuste ou pas, si une année le ministère décide de ne plus me donner cette subvention, eh bien, ils ne me la donneront pas. Mais je le ferai savoir haut et fort. » Voilà la méthode « Marine Martin » : « mettre sa politesse de côté » et faire des vagues. Elle a fait ses preuves. En huit ans de combat, la quadragénaire a mis sur le devant de la scène médiatique « l'affaire Dépakine », forcé les portes de l'ANSM et du ministère de la Santé, où plus aucune décision sur le dossier ne peut être prise sans qu'elle en soit avertie, et même fait bouger la réglementation française.

« On n'a rien inventé, précise Marine Martin. Ce que je fais, d'autres l'ont fait avant nous. » Elle s'est ainsi inspirée du réseau DES, des femmes exposées *in utero* au Distilbène, créé dans les années 1990, dont elle s'est rapprochée « pour identifier les écueils, apprendre aussi de leurs succès et de leurs échecs ». Elle intègre aussi différents réseaux, comme le collectif des victimes de médicaments, lancé par la revue *Prescrire*. Mais dans sa manière de faire, la méthode innove par une véhémence qui fait mouche et un sens affûté de la stratégie. Marine Martin la résume : « Il faut partir d'en haut pour arriver en bas et non l'inverse. »

Mais pour viser les sommets de la République, il faut quand même se constituer des bases solides. « Avant la création officielle de notre association, le Collège national des gynécologues et obstétriciens français (CNGOF) ne nous prenait pas au sérieux. En revanche, une fois constituées en association, nous avons retenu l'attention. À partir du moment où nous avons bénéficié d'une reconnaissance officielle, la donne a changé. » Marielle Klein a eu beau lancer une pétition adressée au ministère de la Santé en février 2016, qui a récolté presque 80 000 signatures, ce n'est qu'avec la création de l'association R.E.S.I.S.T., un acronyme pour Réseau d'entraide, soutien et informations sur la stérilisation tubaire, que le vent tourne et que sa cause commence à être entendue.

L'avocat Charles Joseph-Oudin abonde dans ce sens. Lui qui, depuis l'affaire du Mediator, est devenu la figure de proue des dossiers de scandales de médicaments, a acquis une longue expérience en la matière. Afin de crédibiliser une cause, il est en effet déterminant de créer une association : « Quand elle existe légalement, l'association peut devenir un interlocuteur officiel pour parler à la puissance publique, explique Me Joseph-Oudin. Cela permet d'ouvrir un compte en banque, d'attaquer en justice. » À ses yeux, il est clair que « se constituer en association légale et officielle permet d'obtenir plus d'égards que les collectifs ou des groupes informels ». Une étape indispensable face aux « puissants ». Ce mouvement d'émancipation a débuté en 1996, avec l'ordonnance Juppé, qui reconnaît une plus grande prise en considération du point de vue des usagers, dans la perspective d'une amélioration de la santé publique et dans un contexte de « montée en charge des associations de lutte contre le sida[1] ». Ce rôle des usagers sera réaffirmé le 4 mars 2002 avec la loi Kouchner, qui stipule que les associations acquièrent un rôle officiel. Désormais elles sont présentes au conseil d'administration des établissements publics de santé, et deviennent donc « un lobby à part entière pour faire entendre la voix des malades[2] ».

Tout ce processus en faveur de davantage de démocratie sanitaire permet d'indiscutables progrès : « Au final, les associations de malades et d'usagers de la santé sont apparues légitimes parce que défendant un point de vue différent des autres acteurs : celui de l'utilisateur du système de soins, qui en attend qualité, sécurité et respect de ses droits, indépendamment des autres enjeux. Aujourd'hui, la présence des usagers est connue et reconnue à divers endroits du système et puise sa force dans celle du mouvement associatif[3]. »

1. L. Albertini (directrice du pôle Démocratie sanitaire à l'ARS), « Le dispositif de représentation des usagers avant et après la loi du 4 mars 2002 », *ADSP* (revue trimestrielle du Haut conseil de la santé publique), n° 68, septembre 2009.

2. https://www.allodocteurs.fr/se-soigner/politique-sante/lobby/les-associations-de-patients-financees-par-les-labos-quels risques_13800.html

3. V. Ghadi (sociologue de la santé), « Évolution et légitimité de la représentation des usagers dans le système de santé français », *ADSP*, n° 68, septembre 2009.

Connaissant ce contexte, c'est Charles Joseph-Oudin, qui, bon manœuvrier, a soufflé à l'oreille d'Emmanuelle Huet-Mignaton de créer une association. Ce qu'elle a fait, aiguillée par les conseils de sa consœur Marine Martin, passée avant elle par ces démarches. Elle se souvient que cette formalité a été décisive. « Si nous étions seulement restées un groupe Facebook, cela n'aurait pas eu le même effet. Par exemple, aux yeux de l'Agence nationale de sécurité du médicament (ANSM), avant de constituer l'association, nous étions de "gentilles" victimes. Le rapport de forces a changé après. Avant, quand nous avions des interlocuteurs à l'ANSM, ils avaient toujours une parole de "psy" à nous dire, en mode "racontez-nous ce qui vous est arrivé, oui, c'est horrible". Les gens se font un peu "endormir" par ce baume, ils sont heureux de se dire qu'ils ont été écoutés. Pour l'Androcur, c'est clairement ce que j'ai ressenti. »

Avec le temps Emmanuelle Huet-Mignaton reconnaît volontiers être devenue « stratège ». Car la gestion de l'association prend un temps fou. Amavéa – son association – constitue autant un outil indispensable que le risque de s'éparpiller. « En tant que présidente, on doit s'allier aux bonnes personnes, celles qui vous font gagner du temps. » Ce travail en souterrain est nécessaire pour rester concentré sur sa mission. Pour les victimes, le temps presse. La colère doit être canalisée et leur crédibilité, définitivement assise.

« Je ne me disperse pas, je reste concentrée sur ma préoccupation première », assène Marine Martin. Les effets du valproate de sodium *in utero* sont depuis huit ans son unique cheval de bataille. Quand des usagers l'alertent sur les effets secondaires du médicament sur tous les patients, ou pour se pencher sur les enfants nés de pères exposés à l'anticonvulsivant et qui présenteraient possiblement des troubles autistiques, elle décline ces nouvelles missions, quitte à essuyer des reproches. « Si je m'éparpille, je perds en crédibilité », affirme-t-elle. « Je n'ai pas le temps de lire [la littérature scientifique sur le sujet] et de tout analyser, plaide-t-elle. Mais je conseille [ces personnes] si elles souhaitent créer une association. » Car en plus de bâtir au cordeau un argumentaire scientifique et réglementaire solide, Marine Martin doit mener ses adhérent·e·s en ordre de bataille, les fédérer : « C'est une manière pour moi de me protéger des laboratoires qui pourraient discréditer ma parole, qui tenteraient de me faire passer pour la folle du fin fond des Pyrénées-Orientales qui dit que la Dépakine est un mauvais médicament. »

Elle anime le réseau de victimes, les mobilise, les forme pour mettre en musique le plan de communication qu'elle a pensé dans les moindres détails, auprès des médias et des institutions locales. En janvier, elle envoie en ordre dispersé les délégués régionaux aux vœux de leurs députés. « Ensuite, ils tentent de décrocher un rendez-vous, et parfois je rencontre les élus à Paris, lors des sessions parlementaires. » Le plan semble pensé à la perfection : répertoire des familles prêtes à témoigner dans les médias, élaboration des « éléments de langage » à adopter devant les journalistes. « On ne doit pas tomber dans les pièges des journalistes. Il faut qu'on aille tous dans la même direction. »

Mais « l'information ne suffit pas à armer l'action du représentant des usagers ; il ou elle a besoin de décrypter ces informations, de les articuler entre elles. Il ou elle doit également comprendre les enjeux et les codes de l'institution où il ou elle pénètre, de trouver en lui les ressources qui lui permettront de prendre une part active dans une "arène" de professionnels au mieux intimidante, au pire "confondante", de connaître les "jeux" d'acteur, d'avoir une vision globale du système de santé, de prendre de la distance par rapport aux situations de terrain, de réfléchir à son engagement… », rappelle Sylvia Lacombe, formatrice au Collectif interassociatif santé (Ciss)[1].

1. S. Lacombe, « D'une légitimité de droit à une légitimité de fait : la mission formation du Ciss », *ADSP*, n° 68, septembre 2009.

Dans ce théâtre social aux codes bien particuliers, les réunions avec les détenteurs du savoir officiel constituent des moments parfois douloureux dans le parcours des associations d'usagères. Les médecins ou les autorités de santé n'aiment guère se voir dicter leur conduite par des citoyennes lambda qui, à leurs yeux, n'ont rien à faire dans des débats de spécialistes. Ainsi, quand Marielle Klein évoque les relations établies avec le CNGOF, elle précise : « Du côté de l'association, il n'y avait pas d'agressivité du tout, ce n'était pas notre but, jure-t-elle. On n'était pas là pour leur faire un procès. On était là pour expliquer nos faits, notre vécu et être entendues. Or au début c'était compliqué : ce sont eux les médecins, eux qui ont les diplômes. Certains d'entre eux nous ont même parlé de symptômes ésotériques », se rappelle-t-elle, quand elle évoquait tous les effets indésirables ressentis par les femmes portant les implants Essure. « Il a fallu l'intervention d'un médecin hollandais, qui a appuyé nos propos en soutenant aussi que cela se produisait aux Pays-Bas, pour que l'atmosphère change et soit plus favorable à une écoute », se rappelle-t-elle.

Autrement dit, sans la parole d'un médecin « allié », aurait-on fait autant de cas des griefs de Marielle Klein ? Le professeur Olivier Graesslin, chef de service de l'unité de gynécologie-obstétrique du CHU de Reims, secrétaire général du CNGOF et à la tête du groupe de travail constitué en 2017 au sein de la société savante, « très rapidement après les premières remontées de problèmes », tempère ces propos. Dans un entretien téléphonique, il reconnaît que, pour des praticiens qui étaient habitués à poser les implants Essure depuis plus de dix ans, la découverte de possibles effets indésirables a été difficile. Ils ne comprenaient simplement pas ce qui était en train de se produire, notamment concernant le syndrome plurifocal (douleurs articulaires et musculaires, anémie, troubles digestifs…) qui peine encore à être expliqué. « Il faut se poser la question d'autres maladies sous-jacentes, prendre le temps d'éliminer toutes les autres causes », conseille-t-il, afin d'acquérir la conviction qu'il existe bien un lien apparent entre les implants et certains symptômes. Parfois aussi, l'arrêt de la pilule, qui a l'avantage de « prendre en charge des troubles fonctionnels gynécologiques, comme l'adénomyose, dont souffrent 25 % des femmes entre 40 et 50 ans », a pour conséquence de voir réapparaître ces désagréments, précise Olivier Graesslin.

Mais, rassure-t-il, « travailler main dans la main avec les associations de patientes » a été l'une de ses priorités. « Peut-être qu'il y a quinze ou vingt ans, les patientes n'étaient pas écoutées de la même façon », mais il estime que de nos jours, elles « doivent devenir des partenaires ».

Ce n'est pourtant pas encore la règle, la parole des victimes étant régulièrement muselée ou dénigrée. Ainsi, le même son de cloche ressort de l'affaire du Cytotec. « Quand nous avons rencontré l'ANSM, en mai 2013, j'ai eu le sentiment qu'ils n'avaient pas d'informations. Ils ne savaient pas, par exemple, combien de maternités avaient recours au Cytotec ou combien de ruptures utérines ils comptabilisaient. Ils manquaient clairement de précisions. Nous leur avons transmis plein d'informations qu'ils n'avaient pas, remontées par des membres de notre association », se rappelle-t-elle. « Ce qui embêtait l'ANSM, ce n'était pas tant les effets indésirables du Cytotec que son utilisation hors AMM. » Alors, quand l'Angusta a été mis sur le marché, Anne Loirette n'a pas été étonnée : enfin l'ANSM pouvait compter sur un médicament équivalent au Cytotec mais exclusivement dédié à une utilisation dans le déclenchement du travail. Seulement, l'ANSM n'avait pas pour mission de regarder « comment le dossier de demande d'AMM de l'Angusta avait été réalisé ». En effet, bien que la bioéquivalence soit absente des données, l'autorisation a été donnée le 19 janvier 2018. Les questions soulevées par le Cytotec ne pouvaient donc être tranchées, puisque aucune étude complémentaire n'a été réalisée pour assurer la totale innocuité du nouveau médicament.

Cependant, maigre consolation, Anne Loirette constate que la HAS a émis, à demi-mot, des réticences à l'arrivée de ce nouveau médicament sur le marché, en imposant que le remboursement de l'Angusta ne se fasse que si d'autres médicaments n'étaient pas disponibles, en cas de rupture de stock, par exemple.

Emmanuelle Huet-Mignaton relate un souvenir qui lui a été raconté par la future secrétaire de l'association. Lors d'une réunion à l'ANSM, un endocrinologue aurait lancé : « Vous n'êtes pas si mal que ça vu que vous êtes venues. » « Ce qu'il voulait dire, c'est qu'en gros, nous étions des pleureuses », estime-t-elle. Alors que l'association envisage d'envoyer un courrier, seulement pour « informer des risques », ce dont Emmanuelle Huet-Mignaton aurait souhaité bénéficier elle-même, la réponse de l'ANSM fuse : « Si vous envoyez un courrier, vous allez semer un vent de panique. » Comme si, du côté des usagères et des autorités de santé, les intérêts étaient irréconciliables. Comme s'il fallait que les autorités sanitaires soient les seules à communiquer des informations aux autres usagères.

Finalement, d'ailleurs, l'ANSM enverra un courrier informatif aux femmes concernées en juillet 2019 pour le régime général, plusieurs mois après selon les régimes particuliers. À ce sujet, l'agence du médicament n'a pas répondu à notre question portant sur la chronologie d'une telle décision.

Dans ces assemblées de blouses et de cols blancs, toutes ces femmes à la tête d'associations de victimes rappellent combien elles ont dû se faire violence pour s'imposer. « Parfois, je ne suis pas agréable, reconnaît avec un certain angélisme Marine Martin. Il n'y a que comme cela qu'ils comprennent certaines choses. » Comme cette fois en 2016 où elle apprend au détour d'une conversation avec une déléguée régionale que l'IGAS (Inspection générale des affaires sociales) allait remettre au ministère de la Santé un rapport sur l'affaire Dépakine, fruit d'une enquête que l'association avait obtenue de haute lutte, à force de pression médiatique. Marisol Touraine, alors ministre, allait présenter les conclusions de l'IGAS sans en avertir Marine Martin, présidente de l'association, celle qui pourtant avait fait connaître le scandale. La lanceuse d'alerte voit rouge, saute dans le premier avion pour Paris et force les portes de l'ANSM où se tenait la conférence, accompagnée de caméras de France 2 qui tournaient un reportage sur elle. « Là, à ce moment-là, ils comprennent qui je suis », affirme Marine Martin sans feindre une quelconque modestie. Dans les autres réunions stratégiques, où elle côtoie à nouveau des fonctionnaires, elle doit encore s'imposer, dit-elle. « Moi, je ne les avais jamais vus avant, ces hommes, et je me disais que je ne les reverrais peut-être jamais… j'en avais rien à faire. » Marine Martin ne s'est donc pas embarrassée de diplomatie pour faire sa place. « Je voyais bien à leur tête qu'ils se demandaient : mais c'est qui celle-là ? », rit-elle, en se souvenant d'une réunion dans les bureaux feutrés d'une administration. Oniam (Office nationale d'indemnisation des accidents médicaux), ANSM, ministère de la Santé, Marine Martin finit petit à petit par être entendue par tous les acteurs institutionnels qui travaillent sur l'affaire Dépakine. Elle est devenue incontournable.

Mais sa place, autour de la table des discussions, n'est jamais acquise. Depuis juillet 2019, elle est nommée par l'ANSM dans le comité scientifique permanent « Reproduction, grossesse et allaitement » pour les quatre prochaines années. Aux côtés de chercheurs, de spécialistes et d'une autre association de patients, elle participe aux discussions sur la prescription de médicaments aux femmes enceintes ou aux mères allaitantes. Le poste est stratégique. Lors des réunions, « je m'attarde surtout sur la communication en direction des patientes », explique Marine Martin. Mais en janvier 2020, elle reçoit un courrier en recommandé : Sanofi attaque l'ANSM devant le tribunal administratif. Le laboratoire conteste la participation de la lanceuse d'alerte au comité scientifique permanent, arguant que Marine Martin étant en procès contre l'agence et le laboratoire, sa nomination constituait une « violation des principes d'impartialité et d'indépendance ». « Compte tenu des positions adoptées par l'Apesac et des procédures judiciaires en cours engagées par cette association à l'encontre de Sanofi et de l'ANSM, argue le laboratoire dans un mail transmis par son service de presse, une telle nomination ne paraît pas compatible avec l'exigence d'impartialité. »

Marine Martin est citée comme témoin lors d'une prochaine audience. Son avocat, Charles Joseph-Oudin, considère, dans une note d'observation, qu'« il est dans l'ADN même des associations agréées des usagers du système de santé d'introduire des actions en justice pour permettre aux usagers du système de santé de faire valoir leurs droits ». Le conflit d'intérêts ne serait donc pas justifié, selon l'avocat. Pour l'instant, l'ANSM n'a pas annulé la nomination de Marine Martin dans le comité. Avoir voix au chapitre, c'est toujours une première victoire pour Marine Martin, qui voit dans ces instances des lieux où s'exerce un rapport de forces qui lui permet de monter au créneau. « C'est une petite satisfaction, soupire-t-elle. J'ai tellement subi le mépris des médecins. Ça fait du bien de les remettre à leur place. Et si ça peut faire avancer les choses, tant mieux. »

Au cœur d'un rapport de forces

« Chaque fois que vous interrompez une patiente, vous l'empêchez de dire ce qui est essentiel pour elle. Chaque fois que vous remettez en question la véracité de ce qu'elle dit, vous la faites douter.

– Mais si elle dit quelque chose de faux ?

– D'abord, ce n'est pas “faux”. C'est ce qu'elle ressent. »

Ce dialogue issu du roman déjà cité *Le Chœur des femmes*, du médecin-écrivain Martin Winckler, entre un médecin généraliste féministe et bienveillant, et une interne brillante, mais froide et carriériste, destinée à la chirurgie réparatrice des organes génitaux, montre combien la question de l'écoute est essentielle à la bonne relation entre médecins et malades. Il est vrai que dans les affaires de médicaments toxiques, les médecins se retrouvent parfois dans une position délicate, de temps à autre sur le banc des accusés, considérés comme des complices avérés ou involontaires de traitements mal supportés par leurs patientes, parfois pointés du doigt pour précisément avoir manqué d'écoute devant une patiente en souffrance. Comme l'explique Francis Chateauraynaud, « les médecins sont moins des scientifiques que des “techniciens”, des “praticiens” qui mettent en rapport des systèmes de normes, de la pharmacologie, des symptômes, des facteurs de comorbidité, des descriptions de maladies… ». Alors, quand on sort des cas habituels, ils sont désarçonnés.

Bien sûr, il est impossible et trop simplificateur de ranger l'ensemble des médecins dans la même catégorie. Leur degré de responsabilité varie énormément selon les cas, les médicaments, les informations disponibles à un moment donné… Nombre d'entre eux n'ont rien à se reprocher et ont assuré un suivi sérieux de leurs malades. Mais force est de constater que les lanceuses d'alerte dont nous relatons les parcours ont souvent eu affaire à des spécialises qui n'étaient pas prompts à reconnaître les préjudices subis.

En 2013, l'ANSM émet une alerte quant à l'utilisation gynécologique du Cytotec dans le déclenchement du travail, en mettant en garde contre le risque de rupture utérine. Les réactions ne se font pas attendre du côté des gynécologues, dont le médicament est l'un des outils thérapeutiques pour les IVG médicamenteuses. « Suite à cette alerte, trois gynécos ont écrit un billet d'humeur en mars 2013, en affirmant que l'ANSM leur mettait des bâtons dans les roues », se rappelle Anne Loirette. Dans ce document[1], les gynécologues en question écrivent,

1. http://www.cngof.fr/images/cngof/presse/130228_misoprostol.pdf

passablement énervés : « Le syndrome du sang contaminé atteint les politiques et leur fait brandir à tout bout de champ le trop fameux principe de précaution. Il faut aussi désormais compter sur l'impact de l'histoire des pilules sur le comportement des agences sanitaires mises en cause par la plainte d'une patiente » (sans doute Aurélie Joux, NDLA). Oui, les pilules de deuxième et troisième générations ont été l'objet de toutes les inquiétudes au cours des années 2010, mais les usagères n'étaient-elles pas en droit de connaître les risques encourus, notamment les thromboses, embolies ou AVC ?

Anne Loirette va plus loin : « Par la même occasion, ils nous [les victimes du Cytotec] traitaient d'anti-IVG [car le médicament était aussi utilisé dans le cas des avortements médicamenteux], et tenaient un discours un peu fataliste genre “il y a des cas qu'on ne peut malheureusement pas éviter, même s'il est légitime que les gens cherchent des réponses”. Ces cas, c'étaient nous. Ils employaient un ton condescendant, se souvient-elle. Assez rapidement, ils ont cependant changé de discours. » Les pratiques ont commencé à évoluer. À Strasbourg, par exemple, les médecins ont arrêté le Cytotec dès 2013-2014. Une étude de 2015[1] faisait état de sept cas de rupture utérine dont deux sous Cytotec.

Côté Androcur, ce n'est pas beaucoup mieux. Emmanuelle Huet-Mignaton a eu le sentiment qu'à travers l'épisode qu'elle a traversé, se dessinait en creux un rapport de pouvoir assez clair entre les médecins et elle. « Le médecin prescrit, car c'est lui qui sait. La patiente n'a pas à savoir. C'est un pouvoir qu'ils gardent pour eux, ce n'est pas un échange avec la patiente. Le principal, c'est l'information et le pouvoir que le médecin

1. A. Pinton, A. Joal, N. Sananes, F. Severac, B. Langer, C. Youssef, « Risks factors and clinical presentation of uterine rupture in the unscarred uterus: a case control study », *Journal of Pregnancy and Child Health*, 3:284, octobre 2016.

a sur sa patiente. » Elle évoque même le silence coupable de certains d'entre eux.

Quand sa propre gynéco lui lâche, presque sur un ton de confidence : « Est-ce que ce n'est pas trop ? Tout ce bruit pour rien ? », Emmanuelle Huet-Mignaton tombe des nues. « Elle m'avait devant les yeux, elle savait que j'avais été gravement opérée du cerveau. J'étais dans un état lamentable, je ne parlais plus… Et le pompon, c'est qu'elle a été l'une des premières à retirer les implants Essure ! Mais là, dans cette histoire, il y a quelque chose qui ne passait pas. » L'ancienne analyste financière se serait bien passée de ces violences verbales. Même du côté de la ministre de la Santé de l'époque, Agnès Buzyn, elle aussi médecin (hématologue), les reproches tombent. « Ce n'est pas un cancer », ni un « scandale sanitaire » avait-elle d'ailleurs maladroitement déclaré, le 13 septembre 2018, lors d'une intervention télévisée sur Cnews[1]. « Sa façon de minimiser ce que je traversais a été une violence supplémentaire », confie Emmanuelle Huet-Mignaton.

Marielle Klein évoque aussi l'apparente véhémence des gynécologues, notamment ceux du CNGOF, lorsqu'elle a commencé à dénoncer les effets secondaires liés selon elle à Essure. « Mon ressenti, c'est que le dispositif a été perçu comme un saint graal. Ils [les médecins] y ont tous cru, d'où une utilisation massive en France[2]. » À ses yeux, leur déni était presque normal, comme une « forme de protection ». Mais elle ne comprend pas qu'ils soient restés ancrés à leurs certitudes alors que l'état de la science avançait. Longtemps, ils ont affirmé par exemple que « les implants ne relarguaient pas de nickel, alors que même Bayer l'admet dans son livret d'information », résume-t-elle.

1. https://www.francetvinfo.fr/sante/medicament/androcur-buzyn-invite-a-se-rapprocher-de-son-generaliste_2938505.html

2. Selon l'avocat Stephen Duval, environ 200 000 femmes en France ont été implantées avec Essure.

Marielle Klein raconte encore : « Dans un premier temps, nous avons été reçues par le CNGOF comme par formalité puis par le ministère de la Santé. Que fallait-il faire pour éteindre le feu ? Au début, c'était plus une conversation. Puis nous avons réussi à mettre sur place une commission temporaire sur Essure, qui a certes certifié que la balance bénéfices-risques restait positive. Mais au moins ont-ils été attentifs à nos inquiétudes », souligne-t-elle. Alors, quand le laboratoire a perdu son marquage CE, « cela a été une vraie victoire ». Le produit ne pouvait plus être vendu en Europe ! Mais que de temps perdu, puisque cela a pris près de deux ans. Marielle Klein est formelle : le principe de précaution aurait dû être appliqué avant. En face de l'association, le CNGOF comme l'ANSM répondaient de concert que les chiffres ne le justifiaient pas et qu'il ne fallait pas semer la panique. « J'aurais pu me planter, mais je voyais bien qu'il se passait la même chose chez des milliers de femmes », rappelle Marielle Klein.

Mais cette attitude de défiance est-elle étonnante, quand déjà dans son cercle proche de praticiens, les effets secondaires liés à Essure ont tardé à être envisagés, comme nous l'avons montré ?

Cette connaissance du dossier Essure et de ses complexités, Marielle Klein l'a acquise au fur et à mesure de ses recherches. À chaque fois que nous lui avons parlé, elle avançait des chiffres précis. Son argumentation était claire, simple, les questions nécessaires. « Les seules études portant sur la fiabilité du dispositif viennent de Bayer ». Selon le *British Medical Journal*, 19,7 % des patientes Essure développaient des troubles contre 13 % pour celles qui optaient pour une ligature classique des trompes. Et le risque de réopérer est dix fois supérieur », expliquait-elle lors de notre premier entretien. Les études cliniques, nécessaires à la mise sur le marché, « personne n'en a jamais eu entre les mains, pas même l'ANSM », affirme-t-elle. « Les seules données que l'on a, c'est le rapport d'études entre 2010 et 2013, réalisé par Bayer, mais pas les études entières ! », s'agaçait-elle. Lors de notre entretien, elle posait des questions sur l'innocuité du dispositif. « L'ANSM et le ministère de la Santé disent qu'ils ne disposent pas des études de mise sur le marché. On peut donc se poser la question de la biocompatibilité du dispositif Essure et de la sécurité du dispositif avec le corps humain. » Mais ce n'est pas tout. Quid des études pivots, qui montrent que tous les effets secondaires loin de la sphère gynécologique étaient écartés des données ?

Véritable éponge, Marielle Klein absorbe tout, aussi bien ce qui se passe en France qu'à l'étranger. C'est ainsi qu'elle nous met la puce à l'oreille en évoquant une affaire étrange se déroulant aux États-Unis. « Apparemment, là-bas, ce sont des dizaines de milliers de cas d'effets indésirables qui n'auraient pas été déclarés à la Food and Drug Administration (FDA). » D'où tenait-elle cette information ? Les cas de femmes abîmées par Essure étaient-ils clairement sous-reportés outre-Atlantique… Et donc peut-être également en France ?

Nous avons retrouvé l'Américaine qui a permis de lever le voile sur le nombre réel de cas indésirables s'étant produit aux États-Unis. Madris Tomes est convaincue qu'Essure a bouleversé la vie de plus de 30 000 femmes dans son pays, soit deux fois plus que les chiffres officiels. Avant de créer sa propre plateforme de déclaration des effets secondaires, Device Events, Madris Tomes a travaillé pendant quatre ans en tant que consultante à l'analyse des données à la FDA. Mais devant le manque de données facilement accessibles sur les complications et les mésusages des dispositifs médicaux, elle décide de quitter le navire et de créer sa propre plateforme de reporting en 2015. Quand elle crée Device Events, son but est d'extraire, de consolider et de rendre les millions de reports d'effets indésirables beaucoup plus accessibles que sur la banque de données de la FDA.

L'affaire devient plus politique le 24 septembre 2015, à l'occasion d'une audition organisée entre la commission d'experts obstétriciens et gynécologues de la FDA, les associations de patientes américaines et Bayer à propos des craintes suscitées par Essure. Madris Tomes suit de près les échanges écrits en direct sur Twitter. Elle réalise alors que la FDA semble occulter un certain nombre de données. « De nombreux commentaires débattaient de la présence de nickel. La question avait été posée au cours des échanges, et la FDA disait ne pas avoir d'informations là-dessus. Alors j'ai pris mon ordinateur et j'ai tapé "essure-nickel" dans ma base de données de Device Events », se rappelle Madris Tomes. Résultats immédiats. En un clic, elle trouve 544 rapports sur 2015, et même 2 300 en 2018. « Ces rapports avaient été envoyés par Bayer à la FDA, et pourtant, pendant l'audience, la FDA disait ne pas les avoir ! »

Ulcérée par cette défaillance dans le système de pharmacovigilance de la FDA, elle décide de soutenir autant qu'elle le peut les groupes de patientes Essure. « Au début, elles voulaient savoir qui j'étais, si j'étais une espionne de Bayer ! rit-elle. Mais c'est normal, elles ne me connaissaient ni d'Ève ni d'Adam. À partir de ce moment-là, j'ai commencé à leur fournir des données pour aider leur groupe de défense. Elles étaient déjà environ 20 000 membres. » Ce qui a été décisif ? Le moment où « la FDA se tenait bien droit devant ces femmes qui avaient voyagé jusqu'à Washington DC pour raconter leur histoire. Elles avaient deux ou trois minutes pour parler de ce qui leur était arrivé. Quand la FDA a demandé à Bayer des chiffres, ceux qui ont été présentés par le laboratoire ne correspondaient pas à ceux que j'avais trouvés. Et les chiffres n'étaient pas différents à quelques occurrences près, mais de plusieurs milliers ».

D'autres exemples achèvent de la convaincre que les cas d'effets indésirables sont largement sous-estimés, par exemple le nombre de morts fœtales. La FDA n'en dénombrait que 5. Mais rapidement, Madris Tomes trouve que la FDA fait quelques raccourcis dans sa méthodologie de recherche. D'abord, l'institution ne fait que chercher dans le titre les occurrences de morts fœtales, au lieu de faire les recherches dans l'ensemble du système de données. Ensuite, la FDA ne cherchait pas avec d'autres termes descriptifs, comme « grossesse ectopique (extra-utérine) » ou « fausse couche » qui étaient omis dans la recherche. Mais quand on les utilisait, plus de 300 cas de morts fœtales de tout type (mort-né, fausse couche, grossesses involontaires...) apparaissaient ! Comme elle l'expliquait au *New York Times* en juillet 2018, « avec tous ces effets secondaires, de la perte de cheveux ou de dents, à la douleur chronique, en passant par les saignements, les fausses couches, voire la mort, la balance bénéfices-risques vantée par Bayer ne collait simplement pas à la réalité des données qui inondaient la FDA, à la fois de la part des patients et des médecins[1] ». L'expérience outre-Atlantique aurait-elle pu trouver le moindre écho en France ? Nos autorités de santé ont-elles correctement pris en compte les remontées des effets secondaires associés à Essure ?

Au bout, des batailles remportées

Malgré les obstacles, la sociologue de la santé Véronique Ghadi confirme que « les associations de malades et d'usagers de la santé [ont fini par apparaître] légitimes parce que défendant un point de vue différent des autres acteurs : celui de l'utilisateur du système de soins, qui en attend qualité, sécurité et respect de ses droits[2] ». Et qui mieux que des patientes victimes d'effets secondaires pour défendre leur cause ?

Quand ces associations d'usagères finissent par gagner le respect des autorités de santé ou les comités d'experts auxquelles

1. S. Kaplan, « Bayer will stop selling the the troubled Essure birth control implants », 20 juin 2018.

2. V. Ghadi, « Évolution et légitimité de la représentation des usagers dans le système de santé français », art. cité.

elles sont confrontées, c'est déjà une victoire. Mais elles ont aussi à leur actif de véritables faits d'armes, qui ont changé posologie, application ou même abouti au retrait de certains traitements.

Le scandale le plus récent, l'Androcur, a connu des rebondissements jusqu'en février 2020. Devant les inquiétudes des femmes ayant pris ce médicament et ayant développé des méningiomes, l'Agence européenne du médicament (EMA), responsable de la sécurité des produits de santé dans l'Union européenne, a émis le 14 février 2020 des restrictions d'utilisation des produits contenant de la cyprotérone. Ces préconisations complètent en fait des recommandations entrées en vigueur le 1er juillet 2019 en France qui exigent la signature d'une lettre d'information (consentement) des patientes concernant le risque de méningiome. L'Amavéa n'y est sans doute pas pour rien, même si Emmanuelle Huet-Mignaton souligne un combat « collectif », mené également par d'autres associations, notamment celles des personnes transgenres, qui ont été également « très combatives ».

Pour le cas de l'Essure, lorsqu'elle décide de passer la main de la présidence à Émilie Gillier (elle-même victime) le 15 mars 2019, Marielle Klein, fière que R.E.S.I.S.T. soit devenue la référence du gouvernement en termes de recensement officiel des victimes, s'en va avec le sentiment du devoir accompli. « J'avais deux objectifs : le retrait d'Essure du marché et la création d'un protocole de retrait. » C'est chose faite. Après des années, les choses se sont accélérées. « Suite à la perte du marquage CE (en août 2017, qui devait être temporaire), Bayer a aussi annoncé le retrait de la vente d'Essure. Ce sont deux moments clés dans notre combat », se rappelle-t-elle. Officiellement, les motivations étaient économiques. Le laboratoire, que nous avons contacté, affirme que « cette décision d'arrêt de la commercialisation n'était pas liée à un problème de sécurité ou de qualité du produit. Différentes évaluations scientifiques, menées par des organismes ou autorités de santé, notamment par le Comité scientifique spécialisé temporaire réuni en France en avril 2017 par l'ANSM, se sont intéressées en détail à la sécurité d'Essure, et ont toutes conclu à une balance bénéfices-risques favorable du dispositif médical ».

De son côté, le Cytotec, commercialisé par Pfizer, a finalement été retiré du marché le 1er mars 2018, a annoncé l'agence du médicament. Même s'il a rendu de très bons services en matière gynécologique (dans le cas d'IVG médicamenteuse ou de fausses couches spontanées), c'est son usage dans le déclenchement du travail, avec risque de surdosage, qui a eu raison du fragile équilibre de la balance bénéfices-risques.

L'Agréal, médicament neuroleptique indiqué dans le traitement des bouffées de chaleur de la ménopause, est retiré du marché en France en octobre 2007. « La réévaluation européenne du véralipride a en effet conclu à une balance bénéfices-risques défavorable du fait des risques d'effets indésirables psychiatriques et neurologiques, dont certains potentiellement irréversibles », annonce l'ANSM. Une fois n'est pas coutume, ce n'est pas une femme qui porte le combat des victimes, mais un homme, le président de l'AAAVAM, Georges-Alexandre Imbert.

Quant au Levothyrox, il aura fait couler beaucoup d'encre. Après des mois de combat, la ministre de la Santé de l'époque, Agnès Buzyn, annonce en février 2018, au grand soulagement des 3 millions d'usagers (dont une majorité d'usagères), que l'ancienne formule sera temporairement réintroduite (sous le nom d'Euthyrox) sur le marché français, pour faire face à l'explosion des déclarations d'effets secondaires provoqués par la nouvelle formule. L'Euthyrox sera finalement disponible jusqu'à fin 2021, mais après ? Les associations de malades craignent de voir des patient·e·s enfin équilibré·e·s sous Euthyrox prendre le risque de changer de médicament à nouveau. Toutefois, la crise sanitaire engendrée a permis l'arrivée sur le marché de cinq alternatives au Levothyrox, laissant davantage d'options thérapeutiques aux malades.

En termes de réglementation, l'explosive Marine Martin affiche aussi quelques belles victoires à son tableau de chasse : le valproate de sodium n'est plus prescrit en première intention aux femmes en âge de procréer ou enceintes. Toute femme qui serait cependant exposée doit signer une « feuille d'accord de soins » qui présente tous les risques encourus. Désormais, il est possible sur le site de l'ANSM, pour les mères, de signaler un effet indésirable sur leur fœtus si elles ont pris un médicament quand elles étaient enceintes. Les médicaments tératogènes affichent un logo « interdit ». Sous la pression de l'Apesac, un dispositif d'indemnisation simplifiée pour les victimes directes et leurs proches a été mis en place. Mais à peine satisfaite de ces premières victoires, Marine Martin en voit d'autres se profiler : devant les tribunaux, l'extension de la prescription en cas d'effet secondaire de médicament au-delà de dix ans, la mise en place de projets de recherche sur les effets du valproate de sodium. Un combat sans fin, semble-t-il, malgré les crises d'épilepsie qui surviennent aux pics de stress. « C'est pas facile de ruer dans les brancards, tous les jours. C'est même harassant, mais quand on a des résultats, on a tendance à vouloir continuer. »

Les combats qu'elles ont déjà menés trouvent leur continuité désormais dans une autre sphère : la justice.

10

En découdre pour se reconstruire

> « Jamais sans la justice, il n'y eut de bonheur véritable : c'est sur elle qu'il faut fonder son salut et ses espérances. »
>
> *Andromaque*, Euripide.

« Moi, je leur dis, aux filles de l'Avep, cherchez pas… Vous avez déjà tout perdu, vous n'avez plus rien à perdre de plus. Alors, allez-y. » Marion Larat n'a pas l'habitude de mâcher ses mots. Alors, quand il s'agit de galvaniser les autres membres de l'association des victimes d'embolies pulmonaires liées à la contraception hormonale, sa colère devient très communicative. À 33 ans, la Bordelaise fait figure de vétéran en matière de procédure judiciaire : elle a déjà passé un tiers de sa vie, presque dix ans, à naviguer dans les rouages de l'indemnisation des effets secondaires des médicaments. Son fait d'armes le plus médiatique : avoir déposé en décembre 2012 une plainte devant le tribunal pénal contre le directeur général du laboratoire pharmaceutique Bayer et contre celui de l'ANSM pour « atteinte involontaire à l'intégrité de la personne humaine ». Une première en France qui a fait souffler un vent de panique dans les cabinets gynécologiques de France, dans les bureaux de l'agence de surveillance des médicaments et jusqu'au ministère de la Santé.

En lançant cette procédure, elle mettait en cause un symbole de la libération sexuelle des femmes, la pilule, prescrite à l'époque à 60 % des femmes sous contraception. Plus précisément, par ce procès, Marion Larat mettait au jour les effets secondaires possibles de pilules contraceptives de troisième et quatrième générations, plus nombreux que ceux causés par celles de première et deuxième générations. Le coup de tonnerre provoqué par cette plainte au pénal a fait la une des journaux et s'est ainsi fait entendre y compris par Marisol Touraine, alors ministre de la Santé, qui annonçait trois mois plus tard, le 31 mars 2013, le déremboursement par la Sécurité sociale de la pilule de troisième génération, commercialisée depuis les années 1990 et composée de dérivés synthétiques de la progestérone, celle que prenait Marion Larat.

Un tremblement de terre qui n'était en réalité qu'une réplique de celui qui avait brisé sa vie, le 6 juin 2006. Ce jour-là, à 18 ans, l'étudiante en khâgne tombe, terrassée par un accident vasculaire cérébral ischémique massif. Un caillot de sang s'était formé, obstruant une artère. Son cerveau, privé d'oxygène, est profondément endommagé. Quand elle reprend connaissance à l'hôpital, elle est aphasique et hémiplégique, paralysée sur toute la partie droite de son corps. Quatre ans plus tard, presque fortuitement, au hasard d'examens pour la prescription d'un nouveau contraceptif, un hématologue lui apprend qu'elle souffre d'un déficit en facteur II de Leiden, une anomalie génétique de la coagulation du sang, qui la prédispose à un risque accru de thrombose. La pilule, qui lui avait été prescrite trois mois avant son AVC, lui était contre-indiquée. Elle n'en avait jusqu'ici jamais été informée, et n'avait jamais lu sur la notice de son contraceptif les risques encourus. Depuis, elle a « enfilé [ses] gants de boxe » et s'est lancée dans toutes les procédures possibles pour faire reconnaître son statut de victime.

Saisir la justice, un nouveau départ

En 2011, ulcérée par la découverte de la possible nocivité de sa pilule, elle saisit l'Oniam (Office national d'indemnisation des accidents médicaux, des affections iatrogènes et des infections nosocomiales), fonds d'indemnisation public créé en 2002 pour dédommager les victimes d'erreurs médicales ou d'effets secondaires de médicaments. En 2012, l'expertise médicale organisée dans le cadre de cette première procédure établit que la pilule est bien responsable de son AVC[1]. Première victoire. L'organisme doit ensuite lui proposer une indemnisation pour les préjudices subis. L'offre ne convainc pas la jeune femme qui décide de saisir le tribunal de grande instance de Bordeaux pour obtenir une indemnisation plus conséquente. Par cette procédure, elle espère également faire reconnaître la faute de sa gynécologue, alors que l'Oniam n'a admis qu'un simple « aléa thérapeutique », ou accident médical non fautif, dont la responsabilité n'est imputable à personne, ni au laboratoire, ni au gynécologue.

Poussée par une colère sourde et intacte, elle dépose ainsi plainte au pénal en décembre 2012 pour faire reconnaître un crime, selon elle, commis par Bayer : n'avoir pas suffisamment informé les patientes des risques qu'elles encourent. « Moi, je m'en fiche de l'exposition médiatique, martèle-t-elle, dans un débit de parole haché, signe des atteintes persistantes de l'aire de Broca dans son cerveau, celui du langage. J'ai tout perdu, vous comprenez ? » Reconnue handicapée à 80 %, la brillante étudiante a dû faire une croix sur un avenir professionnel prometteur et devra se satisfaire d'une allocation handicapée de 800 euros mensuelle. Malgré de longs mois de rééducation,

1. https://www.lequotidiendumedecin.fr/archives/pilules-3g-la-justice-reconnait-lavc-de-marion-larat-comme-un-accident-medical-non-fautif

à réapprendre à parler, à marcher, à refaire des petits gestes du quotidien, Marion Larat n'a toujours pas retrouvé l'usage de sa main droite, alors qu'elle est droitière, et son pied droit reste raide. Surtout, quelques mois après son AVC, des crises d'épilepsie la clouent régulièrement au sol. « Moi, j'ai tout perdu, répète-t-elle, mais médecins et dirigeants de laboratoires pharmaceutiques se couchent chaque soir tranquilles », fulmine-t-elle. Son coup d'éclat judiciaire va en entraîner d'autres. La colère essaime.

Dans l'histoire de Marion Larat, Pauline[1] a reconnu la sienne. Elle l'entend pour la première fois en décembre 2012 sur le petit poste de télévision de sa chambre d'hôpital. La jeune femme écoute chaque mot du reportage qui relate le lancement de la bataille judiciaire de Marion Larat. Pauline comprend soudainement ce qui s'est produit ce 29 juillet 2012, six mois plus tôt, jour où elle a été foudroyée à 24 ans. L'AVC, le coma, la pilule… Cette épiphanie, elle devra pourtant la garder pour elle car, pour l'heure, Pauline parle difficilement, elle est encore partiellement paralysée, enfermée dans son propre corps. Après cette attaque qui l'a fauchée alors qu'elle était en vacances en Mongolie et qui l'a rendue un temps muette, elle ne pouvait plus ni écrire, ni marcher, ni bouger, ni même rire. Elle a dû réapprendre, comme Marion Larat quelques années plus tôt avant elle, à refaire le moindre geste de la vie quotidienne. Quelques jours avant Noël, Pauline est enfin autorisée à quitter l'hôpital. Dans les mois qui suivent, la routine de la rééducation en hôpital de jour et l'envie obsédante de retrouver sa vie d'avant prennent alors le pas. Son cursus interrompu en dernière année d'étude, elle veut décrocher son diplôme d'architecte, puis son premier job. « J'ai traversé une période de déni », admet aujourd'hui la jeune femme.

1. À sa demande, son nom ne sera pas cité.

Pendant les mois suivants, Pauline s'accroche tant qu'elle peut, obtient son diplôme en février 2015, mais au bout de son deuxième CDD, en novembre 2016, elle cède, exténuée, emportée par un *burn-out*. Elle doit finalement admettre que sa vie ne sera plus la même. La fatigabilité chronique due aux séquelles de l'AVC a fini par la rattraper. Elle entame alors les premières démarches pour faire reconnaître son handicap auprès de la MDPH (Maison départementale des personnes handicapées) et obtenir une pension d'invalidité. Elle abandonne aussi sa carrière naissante d'architecte, un rêve qu'elle s'était pourtant patiemment construit en sept ans d'études. Un métier « trop stressant, trop multitâche », lâche-t-elle.

Mais malgré le déni des mois passés, une conviction persiste : cette pilule, appartenant à la classe des « deuxième génération » (commercialisées dès les années 1970), prescrite six mois avant son AVC en est la cause. Presque un an jour pour jour après son AVC, elle prend rendez-vous chez sa gynécologue. « Je voulais entendre ses réponses à mes doutes », explique Pauline. « Vos propos me serrent le cœur », lâche, lors de l'entrevue, la spécialiste qui s'indigne des doutes soulevés par Pauline et rejette alors toute responsabilité. Elle finit cette consultation en prescrivant une nouvelle pilule microdosée, qui s'avère être fortement déconseillée aux femmes ayant subi un AVC. Elle conclut en affirmant qu'« elle ne regrettait rien, et que si c'était à refaire, elle procéderait de la même façon », relate Pauline. Déçue et en colère, la jeune femme se rapproche alors de membres de l'Avep, discute avec Marion Larat. Elle décide finalement de se lancer à son tour, et d'entamer une procédure auprès de l'Oniam malgré les réticences de ses parents. « Ils ont beaucoup morflé pendant l'accident. Ils voulaient que je tourne la page, que j'arrête de me prendre la tête avec ça. Sauf que moi, je porte le traumatisme tous les jours. Ce n'est pas possible de tourner la page. » Et puis, « ça ne coûte rien d'essayer », pense-t-elle. Rien, hormis les conseils d'un avocat, même si celui-ci est en théorie facultatif dans ce type de procédure. Elle y laissera toutes ses économies, soit 4 000 euros.

L'expertise, une épreuve de plus

Créé en 2002, l'Oniam repose sur une idée louable : proposer aux victimes une solution d'indemnisation « amiable, rapide et gratuite », lit-on sur son site internet. Il doit ainsi permettre aux victimes, comme Pauline, d'éviter de se lancer dans de longues et coûteuses procédures judiciaires, et de se passer de l'aide d'un avocat. Avant la création de l'Oniam, la jurisprudence obligeait les victimes à démontrer qu'une faute avait été commise pour obtenir réparation. Désormais, les « aléas thérapeutiques » sont reconnus par l'organisme qui verse alors à la victime une indemnisation financée par la solidarité nationale, actant que le risque zéro accompagnant la prise d'un médicament n'existe pas. Ainsi, la victime doit pouvoir toucher une indemnisation moins d'un an après le dépôt de son dossier, si celui-ci est jugé recevable. C'était ce à quoi s'était engagé l'Oniam à sa création. Sur le papier, l'organisme constitue une avancée indéniable pour la reconnaissance du statut des victimes, déjà malades, et leurs proches. Mais dix-huit ans après la création de l'organisme, la réalité est tout autre.

« Quand il vous arrive un accident comme le mien, personne ne vous parle de l'Oniam à l'hôpital. On vous relâche en vous disant : "vivez votre vie comme avant" et puis c'est tout. Je ne pouvais pas connaître l'Oniam, moi, je ne suis pas assistante sociale… » Avec l'aide des adhérentes de l'Avep, Pauline constitue son dossier, et un an après l'avoir déposé, en janvier 2018, elle est convoquée par la Commission de conciliation et d'indemnisation (CCI) de l'Île-de-France où elle doit subir une expertise médicale. Ce qui devait être une première étape avant une proposition d'indemnisation de l'Oniam, si l'expertise reconnaissait les préjudices, a été une vraie épreuve pour Pauline, malgré la préparation de son avocat et le *coaching* de Marion Larat. « On m'avait dit que c'était un jeu, que je ne devais pas le prendre personnellement, qu'il fallait que je me détache de tout ce qui serait dit », ânonne Pauline, comme si elle répétait les instructions martelées alors par son avocat et les adhérentes de l'Avep. Elle était prévenue.

Elle se présente donc, cette fin d'après-midi de janvier, devant le cabinet médical parisien où se tient la commission, uniquement accompagnée de son avocat, comme l'oblige l'Oniam. Ce dernier, bien que toléré, n'est pas autorisé à intervenir. S'entassent ainsi dans le cabinet médical les deux médecins-experts de l'Oniam, un neurochirurgien et une pharmacologue, qui font face à Pauline et son avocat. Derrière elle, prennent place son ancienne gynécologue, l'avocat et le médecin-conseil de celle-ci, ainsi que l'avocat et le médecin-conseil du laboratoire. Pendant ce huis clos, la commission va tenter d'établir l'imputabilité du médicament et la responsabilité de la gynécologue dans la survenue de l'AVC de Pauline, mais aussi d'évaluer les préjudices causés.

En premier lieu, les deux experts de l'Oniam retracent l'historique de la patiente, depuis sa première consultation chez la gynécologue jusqu'à ce jour où se tient la commission, ainsi que les circonstances de l'accident et la prise en charge qui a suivi. « En fait, il s'agit plus d'un interrogatoire de garde à vue », considère aujourd'hui Pauline. « Pendant cette première partie, les deux experts nient les faits et en oublient certains pour voir si je connais bien mon dossier. Mais ils ont tous les papiers, le dossier médical sous les yeux, les rapports de l'assurance pour retracer tout l'historique, sans se tromper. En dix minutes, ils auraient dû voir que j'étais honnête. » Mais cet entretien, première phase de l'expertise avant l'examen médical, durera 2 heures 40 minutes. Pauline était prête, elle avait travaillé sa posture, détachée, impassible. Elle a paré les coups, sans broncher. « Vous n'avez pas été rapatriée de Mongolie en avion médicalisé spécialement affrété, vous n'étiez donc pas dans un état si grave », notent les experts. Pauline précise qu'elle a en effet voyagé sur un vol commercial, mais sous oxygène, sur un brancard qui occupait toute une rangée de l'avion, accompagnée d'une équipe médicale. Sous le feu roulant des questions, Pauline fatigue. Sa dysarthrie, trouble de la parole, qui rend son élocution plus difficile à cause de son cervelet endommagé, a repris le pas. Elle demande que son avocat réponde aux questions à sa place. L'un des experts pouffe, réprimant un « ricanement », selon Pauline. L'entretien se poursuit et Pauline est seule à répondre aux questions des experts. « Vous n'avez pas lu la notice ? C'est pourtant à vous de peser le pour et le contre avant de prendre la pilule », lui lance l'experte. Pauline reste stupéfaite. « Non, je n'ai pas lu la notice, reconnaît-elle aujourd'hui. Je faisais confiance à ma gynécologue à cette époque. Je pensais que c'était elle, la professionnelle de santé. » Mais au cœur de l'audition, les faits s'alignent et s'éclaircissent. Le dossier médical de la patiente, chiffonné et écrit avec des pattes de mouche, vaut les réprimandes des experts. « Ce sont des habitudes de collégienne », tente de s'excuser la gynécologue. Ainsi s'égrènent les précautions jamais prises, notamment suite à une crise d'urticaire causée par la pilule un mois après la première prise, qui aurait dû pousser la spécialiste à prescrire une nouvelle contraception. Une négligence, pour Pauline, qui dénote « un suivi gynécologique routinier et peu scrupuleux ».

Vient ensuite l'examen médical. « On se sent alors plus qu'à poil », se souvient Pauline. « J'espère que vous avez des sous-vêtements », lui lance, narquois, l'un des deux experts pendant qu'il tire le rideau qui sépare l'espace où elle sera auscultée, du reste du cabinet où attend la partie adverse. Pauline n'est pas à son aise face aux médecins « en costard cravate ». Vient la scrutation minutieuse « des pieds à la tête » de la demandeuse. Un mouvement de bras à la verticale fait souffrir Pauline depuis son AVC : « Vous essayez de gagner des points ? » lance l'un des deux experts en la voyant grimacer. Auscultant sa main gauche devenue gourde, qui l'empêche désormais de jouer du piano qu'elle pratiquait depuis dix ans, les experts plaisantent : « C'est embêtant, en effet. Et puis ça se saurait si Ravel avait écrit des pièces pour une seule main. » Littéralement mise à nu, confuse et frigorifiée sur la table d'examen, Pauline n'a pas envie de rire. Enfin, l'expert masculin s'éclipse, la laissant seule avec l'experte-pharmacologue. Et derrière le rideau qui doit préserver une illusoire intimité d'avec le reste des participants, elle l'interroge une dernière fois : « Et sexuellement, comment ça se passe ? Vous avez toujours envie ? »

Au total, la commission aura interrogé et examiné Pauline pendant quatre heures. Elle ressort du cabinet médical lessivée, hagarde. Son avocat lui propose de faire le bilan de cette expertise le lendemain, tant sa cliente semble à bout de forces. Sur le chemin du retour, elle manque de se faire écraser par une voiture. « Pour échapper à la violence de cette expertise, je me suis vraiment beaucoup distanciée, à tel point que je n'étais comme plus là, je m'étais comme dissociée », analyse aujourd'hui Pauline. Commence alors l'attente de l'avis des experts médicaux, un document crucial pour obtenir une indemnisation.

Le constat de la brutalité des expertises médicales envers les victimes fait l'unanimité parmi les avocats spécialistes du droit de la santé, habitués de l'Oniam et des tribunaux qui jugent aussi ces affaires. Manipulations, provocations, déstabilisations sont courantes dans ces procédures. « On prévient nos clientes que le processus d'expertise va être très pénible. La personne en face va essayer de leur faire croire qu'elles ne sont pas victimes », observe Me Juliette Nattier, avocate au sein du cabinet Montpensier à Paris. « C'est une épreuve de vie », renchérit Me Sarah Febrignon-Piguet, son associée. « C'est toujours assez traumatisant, très douloureux, on remet beaucoup en doute la parole de la victime », admet Me François Gaborit, avocat au barreau de Poitiers. Contacté, l'Oniam n'a pas donné suite à nos demandes d'interview.

L'expertise, ce « mal nécessaire »

L'expertise est pourtant, selon ces avocats, un mal nécessaire. « Il y a un système juridique en France, tempère François Gaborit, et c'est à nous [les plaignants ou demandeurs] de prouver qu'en face, il y a eu une faute de commise, que la prise d'un médicament a provoqué tel préjudice. C'est normal que la victime se justifie, il faut amener des éléments sur la table. » Et les avocates du cabinet parisien d'abonder : « Dans une expertise médicale, il faut démontrer une faute, un préjudice, un lien de causalité pour obtenir l'engagement d'une responsabilité. » Et dans les affaires provoquant le plus de remous médiatiques, « les experts peuvent se montrer un peu frileux », observe Sarah Febrignon-Piguet. « Ils ont toujours cette crainte de provoquer une défiance [des patients] vis-à-vis de tel médicament... », considère-t-elle avant que son associée ne poursuive : « [...] et même une défiance vis-à-vis de la communauté scientifique ».

Pour tous ces avocats, un auteur de ces violences pendant les expertises est à pointer du doigt : les médecins-conseils des laboratoires. Ces derniers sont payés par les laboratoires pharmaceutiques pour donner leur point de vue technique sur le dossier, sur les examens médicaux, ils analysent les études scientifiques qui pourraient étayer la défense du laboratoire et mettre en doute les arguments du plaignant, devant un tribunal, ou du demandeur, dans le cas d'une procédure Oniam. Dans cet affrontement, le rapport de forces n'est pas en faveur des victimes. « Les moyens financiers ne sont pas les mêmes de chaque côté. Le laboratoire peut faire mouliner un nombre incalculable de médecins qu'il va rémunérer autant que nécessaire. Le laboratoire va avoir un médecin-conseil si ce n'est deux, un avocat si ce n'est deux. »

Dans la procédure Oniam, le patient peut ainsi, s'il s'en tient aux recommandations de l'organisme et décide de venir sans avocat, se retrouver seul face à cette armada.

Le « jeu » dans cette confrontation consiste à pointer les incohérences du dossier, la fragilité d'un lien de causalité, amoindrir la gravité du préjudice subi sur la base de constats médicaux. « C'est un jeu de déstabilisation », reconnaît Sarah Febrignon-Piguet, là où les deux parties s'affrontent. Des ricanements, des attitudes désinvoltes, des blagues au goût douteux susurrées à l'oreille du client, des techniques auxquelles se prêtent même les avocats des plaignants, confessent certains d'entre eux. Mais parfois, le « jeu » va plus loin.

Me Martine Verdier, avocate au barreau d'Orléans, dénonce chez certains médecins-conseils des « attitudes négationnistes ». « Devant une radio d'utérus en T, typique d'une exposition *in utero* au Distilbène (diéthylstilbestrol) et qui marque une stérilité chez la plaignante, j'ai vu des médecins-conseils nier l'évidence » pourtant attestée par un autre médecin, s'estomaque-t-elle. « Ils contestent tout tant que leur client n'est pas condamné », résume-t-elle. C'est aussi pour les laboratoires le moment de réclamer des pièces quasi impossibles à réunir pour les plaignantes. Au début de l'affaire Mediator, les victimes devaient ainsi fournir toutes les prescriptions pour prouver leur exposition au médicament. Une attestation du médecin prescripteur n'était pas recevable. « Dans ces affaires où les faits remontent à dix, quinze ou vingt ans, c'est impossible de retrouver toutes les prescriptions », constate François Gaborit qui représentait certaines de ces victimes. Dans le cadre de ses procès de l'affaire « Distilbène », Martine Verdier se souvient aussi d'une équipe d'avocates, toutes enceintes, plaidant face à des femmes DES venues réclamer une indemnisation pour leur stérilité. Une coïncidence malheureuse ? Impossible à dire, bien sûr. Mais la somme de ces dispositions, de ces mots, peut faire perdre leurs moyens aux plaignantes au bénéfice de la partie adverse.

Pendant cette expertise, celles-ci doivent pourtant « sortir l'artillerie lourde », résume Sarah Febrignon-Piguet, savoir exprimer leurs doléances, sans gêne ni détours, garder leur sang-froid. Au moment de l'affaire Mediator, François Gaborit a vu une de ses clientes se laisser submerger par la colère face à un médecin-conseil insistant sans relâche sur le surpoids de la plaignante, pour expliquer ses atteintes cardiaques. « C'est bon, Monsieur, je crois que nous avons compris », avait-elle fini par aboyer au médecin-conseil du laboratoire. « Du coup, la cliente se braque, ça la pousse à se dire que tout ça n'en vaut pas le coup, à renoncer », considère Juliette Nattier. « La recherche de la vérité ne nécessite pas de mépriser les gens », martèle Martine Verdier. « Une victime est par définition vulnérable », rappelle Sarah Febrignon-Piguet. Pour tous ces avocats – certes, plaidant aussi pour leur profession – face à tant de brutalité, il est impensable d'envoyer un client seul en expertise, même à celle de l'Oniam. Un constat d'échec pour cet organisme qui semble avoir perdu de vue une de ses ambitions : être une instance de conciliation, gratuite et facile d'accès. C'est aussi le constat que dresse la Cour des comptes, dans un rapport daté de février 2017[1]. Les inspecteurs-magistrats y étrillent l'office. « Quinze ans après la promulgation de la loi du 4 mars 2002 qui l'a institué, y notent-ils en conclusion de leur rapport, son exercice est très éloigné des objectifs initiaux et s'avère décevant. »

L'Oniam, un espoir tué dans l'œuf

« Je considère que l'Oniam se comporte comme un assureur, lâche Juliette Nattier. Cela va à l'encontre de sa mission puisqu'il

1. « L'indemnisation amiable des victimes d'accidents médicaux : une mise en œuvre dévoyée, une remise en ordre impérative », Rapport annuel 2017 de la Cour des comptes, février 2017.

est censé intervenir au titre de la solidarité nationale. Je ne comprends pas qu'on fasse autant les marchands de tapis. » En clair, l'office aurait ainsi tendance à sous-estimer les indemnités à accorder, selon l'avocate. « Si vous avez un dégât des eaux, votre assureur va minimiser vos frais. L'assureur vous accordera 400 euros pour refaire vos peintures alors qu'en réalité ça vous en coûtera 1 200 euros. » Ainsi, l'Oniam impose une grille de référence des indemnités qui provoque de nombreuses critiques. « Pour l'intervention d'une tierce personne (comme aide ménagère ou assistante de vie), le montant est fixé à 13 euros de l'heure, que vous habitiez à Paris ou dans la Creuse. Qui peut trouver à Paris une femme de ménage, toutes charges comprises pour 13 euros de l'heure[1] ? » s'indigne Juliette Nattier, se basant sur le référentiel indicatif d'indemnisation par l'Oniam. Même si l'Oniam a augmenté sa grille de 30 % depuis l'inspection de la Cour des comptes, le dédommagement du recours à une tierce personne n'a pas progressé, alors qu'il est un des postes les plus élevés dans les demandes d'indemnisation.

« Aujourd'hui les barèmes de l'Oniam nous sont imposés alors qu'ils ne reflètent aucune réalité économique », poursuit Juliette Nattier. « Le problème, confirme François Gaborit, c'est que l'offre [d'indemnisation] faite par l'Oniam est à prendre ou à laisser. Il n'y a aucune négociation possible, à la différence de la Civi [Commission d'indemnisation des victimes d'infractions[2]]. Il est possible de demander au juge

1. Cela représente, toutes charges payées, un salaire horaire net d'environ 6,50 euros alors que le Smic horaire net en 2020 s'élève à 8,03 euros. En moyenne une femme de ménage coûte 9,82 euros net de l'heure en France, et monte à 11,01 net de l'heure en Île-de-France.

2. Fonds de garantie qui indemnise les victimes d'infraction pénale (vol, violence, incendie de voiture). Elles peuvent ainsi être indemnisées lorsqu'elles ne peuvent l'être par l'auteur de l'infraction ou par d'autres organismes.

qu'il réexamine son offre d'indemnisation si la victime la trouve trop insuffisante. »

La pingrerie de l'Oniam serait encore plus flagrante en regard de la compensation du travail domestique que ne peut plus assumer une victime de médicaments, selon l'avocat Charles Joseph-Oudin, du cabinet parisien Dante. « Il est évident que quand vous passez en expertise devant un médecin PU-PH (professeur des universités-praticien hospitalier) de 60 ans, qui n'a jamais cuisiné un repas, jamais fait le ménage chez lui, ne s'est jamais occupé de ses enfants… Quand vous allez le voir en lui expliquant : "Cette dame ne peut plus faire aucune activité chez elle, elle a besoin d'une aide ménagère à hauteur de quatre heures par jour." Il peut répondre : "Enfin, moi je ne passe pas quatre heures à réaliser des travaux domestiques dans ma maison." Pourtant, les derniers relevés Insee montrent qu'en moyenne, une femme retraitée, en province, passe cinq heures par jour à s'occuper de son intérieur. Alors, oui, évidemment qu'il y a un biais de genre, avec la difficulté d'expliquer à des experts hors-sol ce que c'est de s'occuper d'une maison et des enfants. »

Ce manque de largesse a également alerté la Cour des comptes. « L'établissement intervient ainsi comme un assureur qui s'attacherait à limiter sa charge de sinistre », constate également la Cour des comptes dans son rapport de 2017. Les inspecteurs y pointent notamment les moyens par lesquels l'office a limité l'indemnisation des victimes même lorsqu'elles ont été reconnues comme telles par les experts de la CCI (chambre de conciliation et d'indemnisation) qui effectuent les expertises. Ils relevaient ainsi que l'Oniam avait fait barrage aux avis positifs d'indemnisation de la CCI, s'attribuant une mission qui n'était à l'origine pas la sienne, sans que les victimes ne puissent faire entendre leur point de vue. L'office « s'est investi dans un réexamen systématique de tous les avis [rendus par les CCI], coûteux en personnel et en temps, secrets et non contradictoires », note le rapport. Ainsi, l'Oniam écartait 8,5 % des avis positifs des CCI alors que celles-ci, entre 2011 et 2016, avaient déjà « rejeté pour incompétence les trois quarts des 21 728 dossiers reçus, en l'absence d'un degré de gravité suffisant ». Ainsi, les demandes d'indemnisation subissaient un double écrémage, par les CCI puis par l'Oniam. Aujourd'hui, suite à ce rapport cinglant, l'office a tenté de rectifier le tir, comme il l'affirme dans son rapport d'activité de 2018[1]. Ainsi, cette année-là, il a « suivi 97 % des avis directs des CCI ». Le montant moyen des indemnisations par dossier clos pour les accidents médicaux qui a eu « tendance à stagner depuis 2008 », selon la Cour des comptes, s'établit en 2018 à 98 000 euros par dossier soit une « augmentation de 10 000 euros depuis 2016 ».

La parcimonie de l'Oniam serait à mettre sur le compte d'une gestion de budget problématique. En effet, l'office aurait dû réclamer de l'argent qu'il a avancé aux victimes indemnisées auprès des assureurs des laboratoires ou des médecins reconnus fautifs. « Sur 49,5 millions d'euros d'indemnisations réglés entre 2011 et 2015 en substitution aux assureurs, près de 30 millions n'ont pas donné lieu à démarche de recouvrement », observe la Cour des comptes. À cette fleur accordée aux assureurs s'ajoute une autre largesse révélée par le rapport : plus de 2 millions d'euros de frais d'expertise également avancés par l'Oniam et jamais réclamés auprès des assureurs qui auraient dû les régler.

Enfin la Cour des comptes dénonce un autre grief : la longueur de la procédure Oniam. En principe, celle-ci ne devait durer qu'un an. En réalité, en 2017, il fallait attendre deux ans et neuf mois entre le début de la procédure et le versement de l'indemnité (contre deux mois auprès du Civi). Devant les tribunaux civils, la procédure dure en moyenne deux ans, si

1. https://www.oniam.fr/indemnisation-accidents-medicaux/rapport-d-activite

aucune des parties ne fait appel. Il n'y a donc rien d'étonnant à voir que de nombreuses victimes se détournent de l'Oniam pour saisir les tribunaux.

Mais quand des scandales touchent un très grand nombre de patients, des fonds d'indemnisation spécifiques pour les victimes concernées sont créés par l'Oniam. Ces dispositifs doivent permettre de raccourcir le temps de traitement des dossiers et rendre la procédure plus simple et moins pénible pour les malades et leurs proches. Cependant, encore une fois, ces intentions louables ne suffiront pas à rendre ces dispositifs performants et durables.

Ainsi, le 15 novembre 2016, la création d'un dispositif spécifique pour les victimes de la Dépakine, cet antiépileptique commercialisé par le laboratoire Sanofi qui a provoqué des malformations et le développement de syndrome autistique chez des enfants exposés *in utero*, est votée à l'unanimité par l'Assemblée nationale. Marine Martin, présidente de l'Apesac, bataillait depuis plusieurs mois pour obtenir cette facilité auprès de l'Oniam, comme six ans plus tôt les victimes du Mediator : « On bossait dessus et puis finalement *Le Canard enchaîné* a sorti une bombe, un article qui révélait le nombre de femmes exposées au valproate de sodium [le principe actif de la Dépakine]. Entre 2007 et 2014, 14 000 femmes enceintes avaient pris ce médicament. » Devant l'ampleur du scandale, Marisol Touraine, alors ministre de la Santé, hâte le mouvement, quitte à couper l'herbe sous le pied des magistrats qui planchaient sur un éventuel projet de dispositif d'indemnisation. Mais après quelques semaines de soulagement, l'enthousiasme retombe. « On nous a vite dit de ne pas présenter tout de suite trop de dossiers, l'Oniam n'était pas prêt », se souvient Marine Martin. Et puis les promesses de procédures allégées, puisque réduites à l'examen de dossiers médicaux, sans expertise *de visu*, finissent par décevoir. « On s'attendait à de la bienveillance », se souvient Marine Martin. Face aux avis rendus par les experts médicaux, les familles de victimes déchantent. « Les experts de l'Oniam se permettaient de reposer un diagnostic », tempête Marine Martin. L'autisme de son fils, Nathan, est ainsi « non avéré » aux yeux des experts malgré le rapport d'un psychiatre l'attestant. Ils décident de ne pas reconnaître certains symptômes du trouble autistique, figurant pourtant dans le PNDS, le protocole national de diagnostic et de soin, vade-mecum rédigé par des spécialistes de pathologies rares à destination de leurs pairs.

La procédure censée faciliter les démarches pour les victimes et leurs proches s'enlise. Les offres d'indemnisation ne sont pas à la hauteur. Une femme enceinte traitée à la Dépakine, ayant subi une interruption médicale de grossesse (IMG) à plus de six mois de gestation, car le fœtus présentait une malformation neurologique, se voit ainsi proposer 4 500 euros d'indemnisation[1]. Une autre patiente, dont le fœtus présentait également des malformations, s'est vu proposer par l'Oniam 5 000 euros de réparations suite à une IMG.

Dès la fin 2018, la députée de l'Orne, Véronique Louwagie, membre de la commission des finances à l'Assemblée nationale, rapporteure de la mission santé, chargée d'examiner les crédits budgétaires alloués entre autres à l'Oniam, s'alarme, dans un premier rapport remis aux députés[2], des retards pris par l'office dans le traitement des dossiers « Dépakine ». Elle constate alors que très peu de crédits alloués en 2017 au dispositif ont été utilisés : seulement 500 000 euros sur les 9,2 millions prévus. En octobre 2019, elle rédige un second rapport[3] dans lequel elle observe que la situation ne s'est que très peu améliorée, deux

1. https://www.apesac.org/presse/dans-la-presse-en-2019/871-dommages-medicollateraux.html

2. V. Louwagie, rapport n° 1302, annexe n° 38, projet de loi de finance pour 2019, octobre 2018.

3. V. Louwagie, rapport n° 2272, annexe n° 38 santé, projet de loi de finance pour 2020, octobre 2019.

ans après la création du dispositif : seuls 52 dossiers de victimes ont reçu un avis définitif des experts. Une goutte d'eau face à l'ampleur de la tâche : l'Oniam avait en effet estimé en 2016 à 10 290 le nombre de victimes indemnisées par ce dispositif.

La députée pointe notamment un processus « trop complexe » pour les patients dont « les dossiers médicaux nécessaires pour les expertises faisaient en moyenne 800 pages, ce qui rend *de facto* inopérante la dispense d'avocat prévue par le dispositif ».

Autre facteur de ralentissement : Sanofi qui conteste sa responsabilité dans l'exposition des femmes enceintes à la Dépakine, et « considère que seuls les tribunaux sont en capacité de juger, de façon indépendante, la responsabilité des acteurs mis en cause », a annoncé en janvier 2019[1] qu'il ne participerait pas à l'indemnisation des victimes. Le laboratoire nous a fourni par mail plus de précisions quant à ce refus de participer au dispositif : « En effet, ces avis [de l'Oniam] ne prennent pas en considération les éléments historiques », considère le laboratoire, dans un mail que son service de presse nous a adressé. Notamment, « le fait que Sanofi avait fourni aux autorités les données disponibles au fur et à mesure de l'évolution des connaissances scientifiques sur ces questions ». Le laboratoire dénonce « les décisions prises à l'époque par les autorités publiques refusant de modifier les documents d'information, y compris la notice patient, et ce malgré les demandes du laboratoire. »

L'indemnisation est ainsi prise en charge par l'Oniam. L'office est pourtant obligé d'attendre pendant un mois une offre d'indemnisation de la part de Sanofi – que le laboratoire ne fera pas – avant de pouvoir en proposer une à la victime. À cela s'ajoute la lourdeur du fonctionnement du dispositif : chaque demande d'indemnisation est examinée par deux instances : la première, un collège d'experts chargé de valider l'imputabilité

1. « Sanofi refuse de contribuer au dispositif d'indemnisation des victimes de la Dépakine », AFP, 16 janvier 2019.

de la Dépakine, et la seconde, un comité d'indemnisation qui identifie les responsables et évalue les préjudices causés. À cause de cet enlisement, « la dotation allouée au dispositif [...] s'établit à 39,4 millions d'euros en 2020 contre 65,7 millions d'euros en 2019, ce qui représente une baisse de 40 % des crédits[1] ».

Face à cet échec, Véronique Louwagie obtient la fusion des deux instances d'attribution des indemnisations[2], espérant que davantage de familles touchées par le scandale Dépakine s'adresseront à l'Oniam pour obtenir réparation. Mais rien n'assure que la barre soit redressée si rapidement. La Cour des comptes avait alerté : « Le dispositif amiable d'indemnisation des victimes d'accidents médicaux n'apparaît pas plus avantageux aujourd'hui pour la victime que le droit commun devant les juridictions, non sans risque de poser la question de son bien-fondé. » Beaucoup, face à la lenteur et à l'intransigeance de l'Oniam, se tournent donc vers les tribunaux.

Partir au civil ? Rempiler ? Devant un tribunal, cette fois-ci ? Payer pour une nouvelle expertise, un avocat ? Repartir au combat ? Ne rien lâcher ? Pour Pauline, la décision est prise après l'avis rendu par les experts médicaux de la CCI : elle arrête les frais. « J'y ai beaucoup pensé mais maintenant, je suis sûre, je ne veux pas continuer les poursuites », souffle-t-elle aujourd'hui, deux ans après cette expertise qui l'a durablement « traumatisée ». « Je ne me sens pas armée, je suis financièrement affaiblie, et cela m'affaiblirait encore plus de continuer », poursuit-elle. D'autant que, même si elle obtient le feu vert de la CCI pour être entendue par l'Oniam, l'avis des experts ne plaide pas en sa faveur. Entre les lignes du rapport, elle comprend que ses séquelles ne sont « pas assez importantes » pour obtenir une

1. V. Louwagie, rapport n° 2272, annexe n° 38 santé, projet de loi de finance pour 2020, octobre 2019.

2. https://www.apesac.org/presse/dans-la-presse-en-2019/891-depakine-la-reforme-de-l-indemnisation-adoptee-a-l-assemblee.html

indemnisation. Pour ces médecins, l'AVC de Pauline était un « incident médical qui n'est pas un accident médical ». En clair, ils ne voient aucun responsable aux malheurs de Pauline. Ils en concluent qu'« il n'y a pas d'argument qui permette de rattacher de façon robuste l'AVC à un FOP [foramen oval perméable, une anomalie du cœur] et à une thrombose veineuse favorisée par la prise d'un contraceptif oral ».

Pauline est déçue mais pas abattue. Car entre-temps, la vie a poursuivi son chemin. Elle a trouvé un nouvel emploi en CDI de dessinatrice-projeteuse en 4/5 de temps plein, va déménager d'ici quelques semaines dans le nouvel appartement qu'elle a acheté avec son compagnon. « Ceci dit, je ne regrette rien », affirme-t-elle. « Tout cela était pour moi très opaque. J'ai pu mener mon enquête, recontacter les hôpitaux où j'ai été soignée, récupérer mes dossiers médicaux, ça m'a beaucoup aidée à y voir plus clair. »

Cette expertise dont elle parle avec toujours autant d'amertume lui aura au moins permis de se confronter à son ancienne gynécologue. Elle se souvient des derniers instants, au moment de quitter ce cabinet médical : « Elle voulait me serrer la main, mais je suis partie. » Dans la voix au bout du fil, la colère de Pauline semble encore très vive. Mais la résignation s'est finalement imposée, puis est venue l'acceptation de son « statut » de personne en situation de handicap – elle est reconnue handicapée à 79 % – qui doit faire sa place dans « le monde intransigeant des valides », comme elle l'écrit dans ses doléances transmises aux experts. Un monde, dit-elle, qui ne perçoit pas les handicaps invisibles, « les plus incompris » et qui touchent 80 % des personnes en situation de handicap. Cette nouvelle bataille judiciaire, « je l'aurais perdue, de toute façon, ma pilule n'était pas de troisième ou quatrième génération, le lien avec l'AVC n'était pas aussi clairement établi que chez Marion Larat ». De guerre lasse, Pauline a abandonné toute poursuite.

Procès au pénal : l'ultime combat

Marion Larat, à la lecture de l'indemnisation que lui propose l'Oniam en 2011, avait senti la même frustration. La somme proposée, près de 45 000 euros pour 3 postes de préjudices sur 11, lui semblait dérisoire et augurait d'une proposition finale largement insuffisante pour couvrir tous les frais à venir pour mener une vie décente. Car elle ne pourra jamais travailler pour subvenir à ses besoins. Elle a donc décidé de refuser l'offre de l'Oniam. « La chance de Marion Larat, commente Me Jean-Christophe Coubris, son avocat, c'est d'être bien entourée, de pouvoir supporter des mois d'attente supplémentaires. » Elle a aussi pu supporter les frais supplémentaires pour une nouvelle expertise qui s'élève à 5 000 ou 6 000 euros. Le jeu peut en valoir la peine : « Les offres de l'Oniam sont 30 à 50 % inférieures à ce qu'il est possible d'obtenir devant un tribunal judiciaire », assure l'avocat.

Mais Marion Larat avait aussi le sentiment que la procédure devant un tribunal civil, autant que ses démarches devant l'Oniam, ne feraient pas assez de bruit et lui laissaient un goût d'inachevé. « Je savais que chaque semaine, des filles qui prenaient la pilule mouraient. À ce moment-là, je me suis dit : "Coco, on va faire un truc en grand". » En plus du procès en civil, Marion Larat et son avocat se lancent donc dans une procédure au pénal. Voilà de quoi faire des vagues.

« Je voudrais une *condamnation* », assène Marine Martin, qui a elle aussi obtenu en février 2020, avec 37 familles qui ont porté plainte à ses côtés, que Sanofi soit mis en examen pour "tromperie aggravée" et "blessure involontaire" devant le tribunal pénal dans l'affaire Dépakine. Une troisième mise en examen s'est ajoutée à celles-ci le 20 juillet 2020 pour « homicide involontaire » pour 4 bébés exposés in utero et décédés quelques jours ou quelques mois après leur naissance. Des premières victoires pour l'Apesac, dans ce volet judiciaire, tandis que l'instruction est toujours en cours. « On n'y croyait pas, avoue la présidente, parce qu'il y a eu des directeurs successifs et la responsabilité est complexe. » Mais avant de voir les représentants de l'entreprise sur le banc des accusés, il faudra encore patienter… quelques années. Les avocats mettent alors en garde leurs clients. « Avant de déposer plainte, j'ai prévenu Marion Larat et sa famille que ce serait long, difficile, et que le taux d'échec est très élevé », se rappelle Jean-Christophe Coubris.

Pour les victimes du Mediator, il aura fallu attendre huit ans, entre la mise en examen du laboratoire Servier, et de son dirigeant Jacques Servier, et la première audience. Le procès par son retentissement fera date avec 2 700 personnes qui se sont constituées parties civiles, représentées par 370 avocats, et six mois de procès débuté en septembre 2019. Mais si, pour les victimes, l'ouverture de l'audience a été vécue comme un soulagement, beaucoup, très malades, manquaient à l'appel. Rien que pendant ces longs mois d'audience, 10 clients de Jean-Christophe Coubris, qui représente 2 450 victimes[1] du médicament, sont décédés des suites des effets secondaires du médicament.

Dans ce procès mémorable, les victimes s'accrochent à un espoir : « plus que l'argent », explique Jean-Christophe Coubris, ses clients attendent « des condamnations à de la prison » parmi les responsables de l'entreprise. Voilà, selon l'avocat l'unique condition pour qu'il y ait un « avant » et un « après » Mediator. « Car sinon, rien n'aura changé. Regardez, l'entreprise Servier est toujours là, même après le décès de son fondateur en 2014, la structure continue d'exister et réalise des bénéfices colossaux. »

Un cas d'emprisonnement dans un scandale sanitaire avait pourtant jeté un froid : la condamnation de Jean-Pierre Mas, ex-président et fondateur de Poly Implant Prothèse (PIP), qui avait

1. Parmi elles, 450 ont accepté une transaction et ont abandonné les poursuites.

fait des milliers de victimes en France et à travers le monde. Son entreprise avait fabriqué et commercialisé dans les années 1990 et 2000 des implants mammaires à partir d'un gel toxique, non conforme aux normes sanitaires, mais économiquement très rentable. En avril et mai 2013, le procès devant le tribunal correctionnel de Marseille, pour lequel plus de 5 000 victimes françaises mais aussi étrangères s'étaient constituées parties civiles, avait dû se tenir dans le parc d'exposition, faute de place. Face au déferlement de plaintes, la PME varoise, anciennement numéro 4 sur le marché mondial de l'implant mammaire et employant 120 personnes, avait périclité en 2010. Jean-Pierre Mas a finalement été condamné en cassation le 16 mars 2016 à quatre ans de prison ferme et 75 000 euros d'amendes pour tromperie aggravée et escroquerie. Mais l'homme d'affaires s'est éteint, à 79 ans, en septembre 2019, lors d'une opération chirurgicale. Plus de trois ans après sa condamnation, il n'avait pas fait l'objet d'une incarcération et était inquiété dans deux autres procédures pénales en lien avec le scandale. Les poursuites dans le cadre de ces deux affaires se sont éteintes à sa mort.

Dans le cas de Marion Larat, la poursuite de cette action au pénal reste fragile : en juin 2017, l'affaire a été classée sans suite. Le 6 juin 2020, quatorze ans jour pour jour après son AVC, son avocat a plaidé une ultime fois devant la chambre d'instruction pour qu'un juge d'instruction soit désigné et qu'une expertise médicale soit conduite. L'avocat semble pessimiste. Pour ces affaires médicales, les magistrats ont déjà été échaudés par les procès retentissants de l'amiante et du vaccin contre l'hépatite B. « Dans les deux cas, raconte-t-il, tout a été balayé. Des années d'instruction, pour n'arriver à rien. Tout cela a donné envie aux magistrats de passer à autre chose et de ne consacrer ni du temps, ni de l'argent sur ce qu'ils peuvent considérer comme des fantasmes de victimes. » Si la chambre refuse d'ouvrir une instruction, la plainte au pénal prendra définitivement fin. Le laboratoire Bayer n'a pas souhaité commenter les procédures de justice en cours mais argue que « le tribunal de justice (ex-tribunal de grande instance) de Bordeaux, dans sa décision datée de février 2018 a exclu la responsabilité de Bayer dans l'accident thérapeutique de Mlle Larat ».

Au printemps 2020, à l'heure du confinement, enfermée chez elle avec Armand, son fils de 3 ans, Marion semble comme toujours à l'autre bout du fil au bord de l'ébullition. Elle a mille projets à raconter alors que son débit de parole la ralentit encore. Parce que malgré tout, depuis ses premières actions en justice en 2012, la vie a suivi son cours. Après un livre coécrit avec sa sœur Pauline[1], elle a imaginé un projet de pièce de théâtre, puis celui d'un téléfilm qui n'a finalement pas vu le jour. Elle continue également à conseiller d'autres victimes. Elle voit aujourd'hui de nouvelles perspectives, surtout qu'en juin 2018, elle a remporté une première victoire : le tribunal de grande instance lui a accordé une indemnisation « temporaire et minimale » de 550 000 euros. Un premier pas, selon elle, mais une somme encore insuffisante. En septembre 2020, le tribunal devrait rendre une décision finale et lui octroyer enfin une indemnisation. Elle saura également cet automne-là si une instruction pénale sera ouverte. Si elle ne l'était pas, poursuivra-t-elle la bataille devant la Cour européenne des droits de l'homme ? « Nous verrons bien », glisse-t-elle, avec une nonchalance qu'on ne lui connaissait pas. Et pour cause, son énergie est depuis quelques mois concentrée sur un nouveau projet, très prenant, l'arrivée d'un second enfant attendu également pour l'automne 2020. De quoi faire mentir pour la seconde fois le médecin-conseil qui glissait à l'oreille de sa gynécologue, lors de l'expertise médicale de la CCI, « Elle, faire des enfants ? Encore faut-il qu'elle puisse en avoir un… »

1. M. Larat et P. Larat, *La pilule est amère*, Paris, Stock, 2013.

11

Les femmes, nouvelle donne de la médecine

> « L'admission des femmes à l'égalité parfaite serait la marque la plus sûre de la civilisation, et elle doublerait les forces intellectuelles du genre humain. »
>
> Stendhal.

« La gynécologie a sans doute été la première spécialité médicale du point de vue historique. » Dans son bureau exigu de chercheuse, dont l'aspect est encore rétréci par la multitude de livres disposés sur de grandes étagères, Ilana Löwy, historienne, est en train de jeter un œil à une photo de la fameuse « machine » de Mme Du Coudray. Cette sage-femme parcourut la France de Louis XV dès le milieu du XVIIIe siècle, pour délivrer son savoir, théorique et surtout pratique. « Vous ne la connaissez pas ? » demande-t-elle, admirative. Et pour cause. Mme Du Coudray révolutionna la « formation » des sages-femmes, notamment en modélisant le corps de la parturiente et de différents fœtus, à divers stades de leur développement, à l'aide d'un mannequin fait de bois, carton et tissus. En reproduisant grandeur nature le bassin d'une femme en couches, cette représentation du vagin, de la vessie, de l'intestin, de l'anus et des ligaments permettait l'apprentissage des différentes manipulations nécessaires au travail précédant la mise au monde. Avant-gardiste, la portée de l'enseignement de Mme Du Coudray n'empêchera pourtant pas la récupération de ce savoir par les hommes : bientôt les chirurgiens seront les seuls référents lors des accouchements, reléguant les femmes savantes à l'écart des chambrées.

Son statut de reproductrice suscitant fascination comme volonté de contrôle plaça très tôt la femme au cœur des réflexions des médecins. Pas étonnant, donc, que la gynécologie représentât la première discipline médicale à voir le jour, dès l'Antiquité.

Nahema Hanafi, historienne, spécialiste de la place des femmes dans la médecine et des études de genre, rappelle l'origine très lointaine des principes d'une médecine sexuée. Ainsi le corpus du Grec Hippocrate (vers 460-370 av. J.-C.) puis celui du Romain Claude Galien (129-216) forment le fondement de la médecine occidentale. Avec sa théorie de la médecine humorale, Hippocrate plante le décor d'une humanité divisée entre les hommes, chauds et secs, et les femmes, humides et froides. Non seulement il évoque des organes différents, mais il envisage également une essence distincte entre hommes et femmes. Le corps de ces dernières est présenté comme une étoffe spongieuse, apte à se gorger de fluides. « Ainsi les règles, tout comme l'accouchement, permettaient de vider ce surplus », explique Nahema Hanafi. L'évacuation de ces flux préservait le corps des maladies, perçues comme le résultat de dérèglements des éléments corporels.

Jusqu'au XVIIIe siècle, « la médecine distingue des pathologies féminines ou masculines. Elle est donc très fortement genrée, précise Nahema Hanafi. Les corps sont distincts, ce qui entraîne des incidences sociales fortes », notamment sur la prétendue faiblesse et vulnérabilité des femmes. Paradoxalement, la Révolution française, véhiculant son lot d'espoirs égalitaires, va se refermer sur les femmes comme une chape de plomb médicale. Ne suivant pas les aspirations aux changements sociaux, les discours des révolutionnaires choisissent de revendiquer l'existence d'une « nature de femmes », faible, au moment même où elles auraient pu prétendre à une égalité politique avec les hommes[1].

Le XIXe siècle marque un changement de paradigme très fort dans l'approche médicale, avec l'avènement de la recherche clinique moderne. Si les hommes forment la totalité du bataillon scientifique, aucune approche sexuée de leur santé n'est réalisée, ce qui fait même dire à l'historienne Francesca Arena[2], que le « corps de la femme reproductrice a invisibilisé celui de l'homme[3] ». Un vrai paradoxe car c'est l'homme qui sert de référent dans la biologie humaine. Par ailleurs, si la place de la femme est importante, « c'est pour la ramener constamment à sa condition d'être inférieur et inféodé à l'homme », rappelle Nahema Hanafi. C'est à ce moment de l'histoire que les techniques d'analyses et d'observations progressent : la taille du cerveau – en moyenne plus petite chez la femme – devient le signe de leur moindre intelligence. La science justifie ainsi, sur des observations présentées comme scientifiques, l'infériorité biologique et sociale de la femme.

1. *In* C. Vidal et M. Salle, *La Santé des femmes, encore une affaire d'hommes ?*, Paris, Belin, 2017 : « Loin de marquer la naissance d'une femme libre et égale de l'homme, la Révolution française reste un bouleversement dont seuls les hommes – et encore, certains hommes – bénéficient et pour qui la science devient un outil d'inféodation. »

2. Historienne, Francesca Arena a soutenu en 2012 une thèse de doctorat à l'université d'Aix-Marseille intitulée « "Folles de maternité". Théories et pratiques d'internement autour du diagnostic de la folie puerpérale, XVIIe-XXe siècles, France-Italie », sous la direction d'Anne Carol. Depuis 2016, elle participe à l'enseignement de l'histoire de la médecine à l'université de Genève, avec une perspective de genre.

3. Lors d'un entretien téléphonique réalisé en septembre 2017.

La redécouverte des différences biologiques

C'est de la contestation de cette « science » qui hiérarchise que naîtront les revendications des mouvements féministes des années 1960 et 1970 dans l'ensemble des pays occidentaux. Au cœur de leur lutte : « la revendication des femmes de disposer librement de leur corps ainsi que la critique de leur infériorisation sociale au nom d'arguments biologiques et de la médicalisation[1] ». Mais si, jusqu'aux années 1980, les questions gynécologiques constituent encore l'essentiel des réflexions, la décennie suivante voit naître une autre volonté : celle d'étendre ces questionnements à l'ensemble de la santé des femmes, au-delà de la sphère reproductive. « Certaines féministes ont pointé les limites de cette approche coupable de reproduire ce qui avait été reproché au corps médical, à savoir réduire la santé des femmes à leur seule santé génésique[2]. »

Bien sûr, le féminisme est loin de former un bloc monolithique. Ses composantes principales s'opposent d'ailleurs en France depuis soixante ans. Alors que le féminisme universaliste revendique l'identité féminine comme une construction culturelle, le féminisme essentialiste (ou différentialiste) base ses fondements sur l'existence d'une nature de femmes et pense le monde en fonction des différences entre les sexes. Le débat a lieu également aux États-Unis, mais dans des termes un peu différents. S'opposant aux féministes « égalitaires », les féministes « différentialistes » « rejetaient la perspective égalitaire

1. Cf. M. Vuille, C. Fussinger, S. Rey et G. Cresson, « La santé est politique », *Nouvelles questions féministes*, vol. 25, n° 2, 2006.
2. *Ibid.* (citation extraite de L. Laurence et B. Weinhouse, 1994 : 9 ; Eckman, 1998).

jugée androcentriste et assimilationniste[1] ». Elles « proposaient donc, en toute logique, une interprétation nouvelle, positive, de la différence de genre. Les femmes étaient, selon elles, réellement différentes des hommes, sans que cette différence soit le signe d'une quelconque infériorité. [...] En résumé, pour rendre justice aux femmes, il fallait non pas minimiser mais *reconnaître* la différence de genre », rappellent Nancy Fraser et Marie Ploux, dans leur article « Multiculturalisme, antiessentialisme et démocratie radicale[2] ». Ainsi, depuis les années 1990, certaines féministes nord-américaines poursuivent-elles le travail mené par leurs aînées, et continuent d'explorer les différences biologiques et physiologiques entre les femmes et les hommes, comme facteur d'inégalités de prise en charge médicale. Aux États-Unis, territoire où « revendiquer une identité non "universaliste" ne signifie pas briser le pacte républicain », rappelle Nahema Hanafi, cette approche genrée et non universaliste de la santé ne pose pas autant question que dans l'Hexagone.

La France, frein idéologique ou simple retard ?

En France, ces recherches restent encore assez rares. L'Académie de médecine ne déclare-t-elle pas que « la médecine française a tendance à lisser ces différences sous prétexte de parité » ? En conséquence de quoi elle en appelle d'ailleurs « à s'inspirer des approches des autres pays européens, davantage centrées sur la médecine différenciée[3] ».

1. N. Fraser, M. Ploux, « Multiculturalisme, anti-essentialisme et démocratie radicale, genèse de l'impasse actuelle de la théorie féministe », in *Cahiers du genre*, n° 39, 2005/2, p. 27-50.

2. *Ibid.*

3. Comme en témoigne le site de l'Académie de médecine. Cette dernière, fondée en 1820, réunit des médecins, des chirurgiens, des

Alors pourquoi avons-nous l'impression que ce sujet, même évoqué avec les pincettes de la rassurante neutralité scientifique, semble crisper nos interlocuteurs et interlocutrices ? Peut-être parce que plusieurs écoles de pensée s'y affrontent, non seulement sur le terrain scientifique, mais aussi idéologique.

Des différences significatives de réaction aux médicaments entre hommes et femmes ? Le professeur Stéphane Mouly, vice-président de la Société française de pharmacologie et de thérapeutique, que l'on rencontre dans son bureau de l'hôpital Lariboisière, n'adhère pas à cette thèse : à ses yeux, il est impossible de savoir si le genre joue sur la iatrogénie médicamenteuse, c'est-à-dire sur les effets secondaires. « Sachant que la répartition masse grasse-masse maigre, la taille, le poids sont différents entre les hommes et les femmes, il peut exister des différences d'accumulation des médicaments. C'est vraisemblablement l'une des hypothèses qui fait que l'on donne le Stilnox à demi-dose chez la femme aux États-Unis par rapport à l'homme [voir chapitre 2] », explique-t-il. Mais il pondère son propos. « Ce sont de belles idées pour des pharmacologues qui travaillent avec des tubes à essai, dans des modèles cellulaires. Les résultats montrent alors en effet des variations statistiques de 10-20 % dans le niveau d'activité des enzymes. Mais on sait qu'en dessous de 30 % de différences, c'est *cliniquement* imperceptible dans la vraie vie. » Telle est son explication sur l'absence d'une littérature abordant l'influence du genre sur le métabolisme du médicament. Pourtant, il ne ferme pas complètement la porte : « Dans l'optique d'une médecine personnalisée, le genre peut compter, mais comme une variable d'ajustement,

---

biologistes, des pharmaciens et des vétérinaires reconnus pour leurs travaux scientifiques. Elle s'intéresse à des thématiques médicales à fort impact social comme l'aménagement du temps scolaire de l'enfant, les cellules-souches et les perspectives thérapeutiques ou encore la sécurité du médicament et la pharmacovigilance…

au même titre que le sont le poids, la taille, la pathologie, la taille des organes, la pharmacogénétique. »

Catherine Vidal, elle, neurobiologiste et spécialiste de la plasticité cérébrale, considère comme primordiale l'influence du milieu culturel et insiste sur le caractère acquis des formes de comportement des individus. À ses yeux, il est dangereux de se contenter du biologique. Aborder les questions de genre et de sexe en sciences « n'est jamais neutre », met-elle en garde. Elle ne nie pas, c'est vrai, les différences potentielles de symptômes chez les femmes et les hommes lors d'attaques cardiaques, que nous avons d'ailleurs exposées, mais si elle les évoque avec des pincettes, c'est qu'elle craint la récupération qu'on pourrait en faire, en cherchant à hiérarchiser les femmes derrière les hommes par le biais de la biologie… « Il est bien évident que personne ne nie les différences biologiques, mais ce qu'il faut toujours, c'est s'intéresser à l'articulation entre sexe et genre. Il n'y a jamais de sexe "pur" dans les maladies, il y a du sexe *et* du genre, autrement dit, du biologique *et* du social », répète-t-elle.

À l'opposé de ces conceptions, Claudine Junien, professeure émérite en épigénétique, base son argumentation sur la prédominance de la biologie sur le social. Sur les questions de dimorphisme sexuel, l'ensemble des différences morphologiques entre individus mâles et femelles d'une espèce, c'est souvent elle que l'on entend. Elle est membre de l'Académie de médecine et enseigne notamment à l'université Versailles-Saint-Quentin-en-Yvelynes (UVSQ) Paris-Saclay. En février 2018, nous avions pu assister à un cours que donnait la généticienne sur les différences liées au sexe devant un parterre de médecins, venus décrocher, en formation continue, un diplôme universitaire sur la « biologie de l'évolution et la médecine » à l'université de Lyon. Pour elle qui affirme que « 30 % de nos gènes en moyenne s'expriment différemment selon notre sexe dans tous nos tissus et donc dans chacune de nos cellules », aucune influence sociétale ne trouve grâce à ses yeux. « Il existe encore quelques prémices de remplacement de la culture par la nature, mais à mon avis, on est loin, loin, loin [du compte] », déclare-t-elle à son auditoire. Lors d'un entretien mené en 2017, elle reconnaissait être, par exemple, « en désaccord avec l'anthropologue Françoise Héritier, qui pense que c'est parce que les mères nourrissent plus leur petit garçon qu'il est plus gros qu'une fille. Mais c'est ignorer ce qui se passe *in utero* : déjà à la naissance, les petits garçons sont plus gros que les filles ! Il se trouve que le métabolisme du sucre est différent chez les mâles et les femelles ».

Dans une tribune publiée en avril 2017 dans *Causeur*, magazine aux positions très conservatrices, la philosophe Peggy Sastre et Claudine Junien affirment que les différences biologiques entre une femme et un homme sont supérieures… à celles entre un chimpanzé et un autre être humain ! De là à dire que les femmes et les hommes font partie de deux espèces différentes, il n'y a qu'un pas. La généticienne est volontiers citée par les partisans de la Manif pour tous[1]. Lors de notre entretien, à l'évocation des combats égalitaristes, elle semble s'agacer. « Il faut arrêter avec l'idée d'infériorité ou de supériorité [entre les femmes et les hommes], mais il y a des différences biologiques. Femmes et hommes sommes égaux, mais dans la complémentarité. » Un argument bien souvent utilisé par des milieux conservateurs, qui voient à travers cette idée de complémentarité entre les sexes une rhétorique pour contrer toute velléité de remise en cause des rôles sociaux des femmes et des hommes au nom de l'égalité des sexes. Lors de son intervention devant les médecins, elle lance carrément : « On est femme depuis la conception. Simone de Beauvoir a complètement tort ! Le genre est construit socialement mais ensuite, je vais vous montrer qu'il est aussi construit biologiquement. Et ça, c'est quelque chose que les féministes pures et dures ne peuvent pas avaler. »

1. https://www.lamanifpourtous.fr/actualites/figaro-sante-on-soigner-femmes-hommes

La philosophe Peggy Sastre, qui, pour rappel, avait lancé la tribune « Liberté d'importuner » en 2018 dans *Le Monde*, en réaction au mouvement #MeToo, affirme elle aussi clairement la prédominance du biologique sur le social, dans ce qu'elle appelle « l'évoféminisme » ou le féminisme évolutionniste.

Seul point d'accord avec Claudine Junien de notre côté : le fait qu'il n'existe toujours pas de module sur le genre et le sexe dans les études de médecine. Mais à quelles fins ? Car si nous écoutons cette généticienne, nous sommes en droit de nous poser cette question : quand elle prône la présence plus importante de femmes dans les essais cliniques, est-ce par réel souci d'égalitarisme ? Ou faut-il y voir un prétexte pour affirmer des différences irréconciliables entre les femmes et les hommes ?

Fort heureusement, aborder le genre dans les sciences n'est pas forcément l'occasion d'activer des positions idéologiques. Le débat peut aussi se mener de façon dépassionnée, en se basant sur des éléments factuels, incontestables. Et force est de constater que, quand il s'agit d'aborder l'impact du genre et du sexe dans la santé, les femmes forment le gros des chercheuses, médecins ou scientifiques qui s'y intéressent.

Les femmes, agentes du changement

Mais où sont les hommes ? Lorsque l'on aborde l'influence du genre ou du sexe dans la science, le constat est limpide : ils sont quasiment absents. En 2012, le *Guardian* publiait un article dans lequel la journaliste Jane Martinson faisait état[1] d'une absence d'étudiants masculins dans son cursus de *gender studies*, les études de genre… Elle faisait néanmoins remarquer la présence d'un homme : le professeur en charge du cours. Plus

1. https://www.theguardian.com/lifeandstyle/the-womens-blog-with-jane-martinson/2012/nov/19/so-few-men-gender-studies

récemment, en mai 2019, un article des *Échos*[1] expliquait par le menu le « boom » des études de genre en France. Parmi la quinzaine de masters existant désormais sur le territoire, celui de Paris 1-La Sorbonne est très sollicité (200 candidatures pour 30 places). On y lit que « l'éventail des âges va de 20 à 55 ans dans la promotion actuelle. Une seule constante à travers les années, les femmes représentent trois quarts des promotions de ce master d'études sur le genre. Un sujet de recherche tout trouvé pour un futur étudiant… »

Un déséquilibre manifeste des forces en présence qui n'étonnerait pas l'historienne des sciences américaine Londa Schiebinger. En novembre 2017, cette enseignante de la prestigieuse université Stanford publiait un article dans la revue *Nature*, dont les résultats donnent du sens à ces faits isolés[2]. Utilisant un échantillon de plus de 1,5 million d'articles médicaux, cette étude examine le lien potentiel entre la participation des femmes au domaine scientifique et l'attention portée aux facteurs sexo-spécifiques dans la recherche contre les maladies. L'équipe de chercheurs a ajusté les variations culturelles dues aux pays, les sujets de maladies et les domaines de la recherche médicale, puis a comparé la participation de femmes auteures dans des études qui étudient ou non une analyse de biais de genre et de sexe. Résultat : « De façon générale, nos résultats montrent une forte corrélation entre le fait que des femmes soient auteures et la tendance d'une étude à inclure une analyse de genre et de sexe. » Et cela ne relève pas du tout de l'anecdotique : « Ces découvertes corroborent des débats sur combien la participation

1. https://start.lesechos.fr/apprendre/universites-ecoles/masters-en-gender-studies la-ruee-des-etudiants-tres-diplomes-15055.php

2. M. Wullum Nielsen, J. Peter Andersen, L. Schiebinger, J. W. Schneider, « One and a half million medical papers reveal a link between author gender and attention to gender and sex analysis », *Nature*, novembre 2017.

des femmes à la recherche médicale est liée aux résultats de recherche et montre les bénéfices mutuels de la promotion et de l'avancée scientifique des femmes, et de l'intégration de l'analyse de genre et du sexe dans la recherche médicale. »

Contactée, Londa Schiebinger a accepté de revenir sur quelques points. « Historiquement, ce sont les femmes qui se sont intéressées à ce genre de sujet. Mais aujourd'hui tout le monde devrait apprendre à ventiler les résultats selon le genre et le sexe dans les études de médecine. Cela signifie que tous les chercheurs ont besoin d'apprendre les outils pour faire cette analyse sexuée et genrée, afin d'être capables d'inclure le sexe comme variable biologique dans la recherche. »

Des illustrations de l'influence du sexe/genre, elle en a des tonnes. Son exemple favori prend la forme d'un petit ver d'un millimètre[1], le *C. elegans*, qui se compose d'individus mâles et d'hermaphrodites. Un groupe de chercheurs de Stanford s'est demandé quelle était l'influence des interactions entre le sexe masculin et les éléments hermaphrodites dans le processus de vieillissement. Ils ont trouvé que l'espérance de vie, plus longue chez les hermaphrodites, se réduisait quand ils avaient eu des contacts avec des mâles. En effet, si des mâles sont présents, les hermaphrodites meurent plus jeunes, car ils sentent les phéromones masculines. « Ce n'est pas que les mâles leur font du mal, c'est juste qu'ils sentent leur présence. Ainsi, si l'on n'avait pas étudié la donnée du sexe dans cet exemple, on serait passé à côté de l'information importante, celle de l'interaction entre les sexes. Et il peut se produire la même chose chez les animaux ou les humains, lorsque la donnée "sexe" interagit », explique l'historienne. Aucun argument idéologique, jure-t-elle. Juste de la science.

1. La simplicité de ce ver s'est imposée dans l'étude du génome, de la régulation de l'expression des gènes, de la polarité cellulaire, de l'apoptose, de l'organogenèse et du vieillissement.

Au début des années 2000, Londa Schiebinger démocratisait le concept d'« agnotologie », une notion qui enveloppe l'ensemble du savoir que nous n'avons pas découvert. Vertigineux. Mais aussi très concret. Dans un article du *Monde*[1], l'historienne utilise un exemple simple, qui permet d'illustrer l'invisibilisation des savoirs : au XVIIe siècle, Maria Sibylla Merian a été la première Européenne à voyager dans une perspective scientifique. Cette naturaliste se rend notamment au Suriname pour observer et décrire les insectes de cette région. Dans son ouvrage publié en 1705, elle écrit : « Les esclaves indiennes et africaines qui ne sont pas bien traitées par leurs maîtres hollandais utilisent les graines de cette plante [le « petit flamboyant » ou *Caesalpinia pulcherrima*] pour avorter, afin que leurs enfants ne naissent pas esclaves, comme elles. Elles-mêmes me l'ont raconté. » Pourtant, malgré la curiosité des voyageurs masculins successifs pour le biotope environnant, l'article du *Monde* souligne que « les propriétés abortives de l'arbuste aux fleurs écarlates, repérées par des femmes esclaves, rapportées en Europe par une femme naturaliste, sombrèrent dans l'oubli. Et ce, alors que les botanistes européens sont pourtant lancés à cette époque, dans les forêts du Nouveau Monde, dans une frénétique recherche de nouvelles plantes médicinales… »

On le voit donc, la science a besoin des femmes. La médecine ne fait pas exception. La présence des femmes améliorerait-elle la qualité des soins rendus ? C'est la question que s'est posée l'article intitulé « Médecine et genre : quels enjeux pour la pratique[2] ? » On y lit que « plusieurs études ont suggéré que le sexe des soignant·e·s influençait également le devenir des patient·e·s. Une étude nord-américaine a démontré que

1. S. Foucart, « Londa Schiebinger, l'historienne qui dénude la science », *Le Monde*, 15 décembre 2017.

2. C. Clair, J. Cornuz, P.-A. Bart et J. Schwarz, *Revue médicale suisse*, 14, 2018, p. 1951-1954.

des patient·e·s qui étaient suivi·e·s par une femme médecin avaient des taux de mortalité et de réhospitalisation moindres que ceux ou celles suivi·e·s par un homme[1]. Une étude canadienne s'est intéressée à l'influence du sexe des médecins lors d'interventions chirurgicales[2] ». Dans l'étude, 104 630 patients étaient traités par 3 314 chirurgiens, dont 2 540 hommes et 774 femmes. Après lissage des résultats, dans les trente jours qui ont suivi leur prise en charge, seuls 5 810 sur 52 315 furent réadmis à l'hôpital ou connurent des complications pour les patients traités par une femme chirurgien, contre 6 046 pour les chirurgiens masculins. « Le pronostic était donc meilleur pour les patient·e·s opéré·e·s par une chirurgienne », souligne l'article déjà cité.

Une autre étude récente a suggéré que le pronostic après un infarctus du myocarde était également meilleur chez les patient·e·s pris·e·s en charge par une femme[3]. « Ces études, bien que montrant des différences cliniques parfois minimes (mais statistiquement significatives du fait du grand collectif de patient·e·s inclus·e·s), sont intéressantes dans le sens où elles confirment les compétences médicales des femmes pour une profession majoritairement masculine [...] Les hypothèses expliquant ces différences sont un meilleur suivi des recommandations

1. Y. Tsugawa, A. B. Jena, J. F. Figueroa *et al.*, « Comparison of hospital mortality and readmission rates for medicare patients treated by male vs female physicians », *Journal of the American Medical Association*, 177, 2017, p. 206-213.

2. C. J. Wallis, B. Ravi, N. Coburn *et al.*, « Comparison of postoperative outcomes among patients treated by male and female surgeons : A population based matched cohort study », *British Medical Journal*, 359, 2017, j4366.

3. B. N. Greenwood, S. Carnahan et L. Huang, « Patient-physician gender concordance and increased mortality among female heart attack patients », *Proceedings of the National Academy of Sciences*, 115, 2018, p. 8569-8574.

cliniques ainsi que des soins davantage centrés sur les patient·e·s par les femmes médecins. On peut également évoquer, pour les générations plus anciennes, une sélection de femmes plus motivées et travaillant plus dur pour arriver à s'imposer dans un milieu majoritairement masculin. »

Ces études ne font pas encore consensus : d'autres montrent qu'au contraire la prise en charge par des femmes médecins n'induirait pas une meilleure guérison[1]. Mais l'émergence de ces questions sonne comme une revanche après des siècles où les femmes ont été tenues à l'écart de la profession, ou même interdites d'exercice. En effet, la médecine occidentale a orchestré cette mise au ban. D'abord par l'extermination des sorcières. Celles-ci étaient en réalité bien souvent des femmes érudites, détentrices d'une connaissance poussée des plantes et de leur pouvoir de guérison. Entre 50 000 et 100 000 d'entre elles furent décimées en Europe[2]. Puis l'obligation formulée en 1270 en France d'être formé à l'université, institution fermée aux femmes, pour exercer la médecine a mis fin aux carrières des dernières guérisseuses. Le procès de Jacqueline Félicie de Almania en 1322 accusée d'exercice illégale de la médecine par la Faculté de médecine de Paris, a aussi encouragé les dernières femmes médecins d'abandonner le métier. En France, il fallut attendre 1875, avant qu'une femme, Madeleine Brès, obtienne un diplôme de docteur en médecine. L'obstétrique resta plus longtemps une affaire de femmes, avant qu'autour des XVIIe et XVIIIe siècles les barbiers n'interviennent et que l'usage du forceps, objet décrété médical, soit interdit aux femmes. Les

1. Y. Tsugawa, A. B. Jena, J. E. Orav, D. M. Blumenthal, T. C. Tsai, W. T. Mehtsun et A. K. Jha, « Age and sex of surgeons and mortality of older surgical patients : Observational study », *British Medical Journal*, avril 2018.

2. M. Chollet, *Sorcières, la puissance invaincue des femmes*, Zones, 2018.

sages-femmes durent se résoudre à faire appel aux barbiers en cas d'accouchement difficile.

Finalement, dans la médecine occidentale, les femmes furent reléguées au rôle de garde-malade, avant qu'elles ne s'affirment au XIXe siècle dans un rôle et une expertise propres[1], celle d'infirmière, encore aujourd'hui exercée à 80 % par des femmes. Elles sont aussi majoritaires parmi les aides-soignants, comme dans tous les métiers du *care*, ce que la récente crise du coronavirus n'a pas manqué de mettre en lumière. Ces métiers d'aide à la personne et du soin, très féminisés, et sous-payés, sont encore le reflet des assignations sociales des femmes, celles qui au sein du foyer prennent soin, éduquent, prennent en charge les tâches domestiques. Une réalité qui est apparue au grand jour pendant le confinement, où l'on réalisa que les femmes, majoritaires parmi les soignant·e·s, les professeur·e·s, les caissier·ère·s, les agent·e·s d'entretien, les assistant·e·s maternel·le·s, métiers indispensables au fonctionnement minimal d'une société, étaient les plus exposées aux risques de contamination par le coronavirus. Cette « prédisposition » féminine aux métiers du *care* n'en est pas une mais plutôt le produit d'une éducation qui oriente les petites filles vers ces rôles, dès le plus jeune âge. De cette assignation à la « sollicitude » pourrait infuser, y compris parmi les soignants et médecins masculins, une nouvelle perspective du soin. En tout cas, sa réappropriation par les femmes et sa généralisation aux hommes fait sens à l'heure où est réclamée une médecine plus humaine, plus empathique. « Pendant des siècles, les femmes furent des médecins sans diplôme, interdites d'accès aux livres et aux cours, apprenant les unes des autres, et se transmettant leur expérience de voisine à voisine et de

1. On considère que la Britannique Florence Nightingale (1820-1910) fit émerger une expertise infirmière, en même temps qu'un savoir-faire qui donnera naissance ensuite au XXe siècle à des formations spécifiques ainsi qu'à une science infirmière.

mère à fille, rappellent Barbara Ehrenreich et Deirdre English[1]. Elles étaient appelées “bonnes femmes[2]” par le peuple, sorcières ou charlatans par les autorités. L'exercice de la médecine fait partie de notre héritage en tant que femmes, de notre histoire, de nos droits fondamentaux. »

Quand savoir, c'est pouvoir

N'est-ce donc pas dès la formation des médecins que la dimension de genre devrait être explorée ? Si la France n'a pas encore inclus ce volet dans les études universitaires de médecine, la Suisse montre une autre voie. Joëlle Schwarz est une sociologue suisse, spécialiste du genre en santé. Avec la docteure Carole Clair, elle participe à l'initiative « Médecine & genre », un projet de l'École de médecine de Lausanne qui vise à intégrer la dimension du genre dans l'enseignement, en faisant prendre conscience aux étudiants du caractère androcentré des connaissances accumulées jusqu'à présent. « Au cours du stage de quatrième année, les étudiants parlent d'un cas clinique rencontré et décliné selon le prisme du genre : quelle prise en charge envisager, quels examens prescrire… » Ainsi sont-ils amenés à s'interroger sur « la pertinence des étapes de leur raisonnement clinique, et si elles sont justifiables d'un point de vue médical ». Joëlle Schwarz donne quelques exemples.

« Le genre peut influencer l'étape de l'anamnèse (le récit des antécédents d'un·e malade) : si c'est un homme qui se présente, on va avoir tendance plutôt à lui poser des questions sur son travail. Si c'est une femme, des questions sur ses enfants en bas âge », détaille-t-elle. Joëlle Schwarz a obtenu en décembre 2019

1. B. Ehrenreich et D. English, *Sorcières, sages-femmes et infirmières, une histoire des femmes soignantes*, Paris, Cambourakis, 2015.
2. Traduction de « *wise women* » dans le texte original.

un financement Spark (dispositif conçu pour soutenir des projets de recherche non conventionnels et des approches scientifiques innovantes) du Fonds national suisse de la recherche scientifique, qui va lui permettre de mettre sur pied un indicateur du genre propre au domaine de la santé. « On n'a pas inventé le sujet », reconnaît-elle, mais nul doute que la création d'un groupe interdisciplinaire comptant des épidémiologistes, des sociologues, des clinicien·ne·s, des spécialistes des études de genre, tout comme des personnes qui travaillent sur les déterminants sociaux de santé, va permettre, une fois ces indicateurs trouvés, de construire un modèle statistique.

En attendant d'obtenir des réponses, une certitude l'anime. Dans l'unité de médecine et genre, il n'y a QUE des femmes. Si Joëlle Schwarz peut se lancer dans de tels projets, c'est que l'enseignement du genre en médecine résulte d'une volonté politique de la part de… la doyenne de l'université de médecine. Cette dernière a donné son accord depuis 2011. Mais peut-on vraiment s'étonner qu'il s'agisse d'une femme ?

« Les mouvements sociaux progressistes de la deuxième moitié du siècle dernier ont produit des millions de pages imprimées, depuis celles des manifestes à celles des romans, en passant par celles des articles de presse, mais aucune n'a eu autant d'influence que celles de *Our Bodies, Ourselves* ». Si la féministe et écrivaine américaine Linda Gordon[1] ne tarit pas d'éloges sur cet ouvrage collectif féministe, né en 1970, c'est qu'il a été un outil d'*empowerment* (développement du pouvoir d'agir) essentiel pour les femmes. En leur fournissant un véritable guide pratique qui abordait les questions de droit liées à la reproduction, la sexualité homosexuelle, l'indépendance financière des femmes, il livrait une vision féministe du corps, de la santé et de la sexualité féminine. Une démarche

1. https://www.thenation.com/article/archive/translating-our-bodies-ourselves/

révolutionnaire, ancrée dans un contexte de réappropriation des corps féminins.

En effet depuis les années 1960, de petits groupes féminins d'autoassistance (*self help groups*) avaient vu le jour, afin d'échanger et surtout d'explorer davantage leur corps. Souvent armées d'un miroir, d'un spéculum en plastique et d'une lampe, ces femmes apprenaient ainsi à mieux connaître leur sexe, partie jusqu'à présent taboue de leur corps, que seuls les médecins exploraient médicalement.

Vendu à plus de quatre millions d'exemplaires, *Our Bodies, Ourselves* est devenu une véritable référence pour les féministes de tous âges. Alors que nous naviguons actuellement dans l'ère post-#Metoo et qu'une nouvelle génération de féministes éclot, une dizaine de femmes politisées ont décidé de réactualiser ce pilier du féminisme. « Les mouvements actuels montrent que les choses avancent, comme avec l'exemple des violences gynécologiques, mais cela montre aussi que nous sommes encore très soumises à de multiples injonctions. Aborder les règles est encore souvent perçu comme un sujet de "bonnes femmes", les effets de la pilule sur la libido, anecdotiques », déplore Mathilde Blézat, journaliste, l'une des coauteures françaises de la nouvelle édition.

Comme dans les années 1970, le message martelé est celui-ci : « Savoir, c'est pouvoir ». « Dans la santé, notre message est que le savoir est une arme. Nous pensons qu'il est essentiel que les femmes soient détentrices de l'information pour qu'elles soient mieux armées dans leur parcours de soins face aux institutions médicales. Parfois, elles ne connaissent pas bien leur corps, alors qu'il existe des symptômes qu'on peut repérer. C'est leur droit de faire respecter le consentement et d'être informées. C'est pourquoi nous donnons des conseils sur les consultations gynécologiques : qu'est-ce qui est normal ? Qu'est-ce qui relève d'une forme de violence ? On peut exiger que notre douleur et nos symptômes soient pris en compte. Et quand il s'agit de femmes racisées, les stéréotypes sont encore plus forts », estime-t-elle. Une rhétorique familière à la jeune génération, puisque 76 %[1] se disent féministes en France, un chiffre en constante augmentation depuis 2014.

Paola Craveiro en est l'exemple type. La presque trentenaire débarque dans ce café parisien du 10e arrondissement, le visage entouré de boucles brunes, l'air déterminé. Manager et *strategic planner*, elle milite pour une meilleure représentation des femmes au sein de l'industrie numérique. Biberonnée au féminisme postmoderne et sensibilisée aux questions de santé, elle pense que, pour aller plus loin dans l'*empowerment* des patientes, il faut qu'elles se mettent en réseau. Après avoir lancé un questionnaire en ligne sur les questions de fertilité, elle reçoit 450 réponses qui la laissent sans voix. « Les femmes qui ont répondu avaient un tel besoin d'échanger », constate-t-elle. Expériences traumatisantes dans leur parcours de soins, douleur chronique non prise en compte… « J'étais révoltée ! Il fallait que je fasse quelque chose. »

Munie de ses idées, de ses compétences numériques et d'un réseau de femmes vidéastes, Paola Craveiro vient de lancer une plateforme dédiée à la santé des femmes. Le projet en est encore à ses débuts, mais il a déjà un nom, « FXMMES ». « Je suis persuadée qu'un produit innovant influence réellement la société en proposant un nouveau prisme », en abordant des questions encore trop taboues, « comme le déni du syndrome prémenstruel ou de la ménopause ». À la fois plateforme de mise en relation (entre femmes ou entre femmes et praticien·ne·s), guide santé et outil de « prédiagnostic » (donner des indications pour une prise en charge optimale par des professionnels), FXMMES assume son côté militant : Paola Craveiro aimerait donner aux internautes « des outils afin de mieux se faire respecter par les

1. https://harris-interactive.fr/opinion_polls/qui-se-dit-feministe-aujourdhui-vraiment/

praticien·ne·s » (consentement systématique avant un examen gynécologique, possibilité de refuser…) comme permettre aux femmes de mieux connaître le fonctionnement de leur corps. Prochain rendez-vous ? Un atelier vidéo sur la symptothermie, soit une méthode naturelle de contraception.

Mais si la manager est militante, elle aimerait aussi rendre sa plateforme rentable. Pour que cela décolle – car elle voudrait en faire un business, vertueux certes, mais un business tout de même –, elle est en train de faire grossir sa communauté Instagram. Puis il lui faudra la jouer fine stratège. « Face à moi, trois attitudes : les réactionnaires que je ne changerai pas. Les acquis à la cause. Et au milieu, tous ces médecins qui veulent bien faire mais ne savent pas comment procéder. » Elle a déjà un modèle ? « Charles.co. Le site, qui aborde les problèmes de dysfonctionnements érectiles, a réussi à lever 2 ou 3 millions d'euros. » Mais le biais de genre n'épargne pas non plus le secteur digital, puisque « seuls 3 % des fonds attribués dans la tech vont à des femmes », rappelle Paola Craveiro.

Féminisation de la profession : le plafond de verre va-t-il craquer ?

Ainsi un vrai changement de la médecine prenant plus en compte la santé des femmes pourrait être porté par les premières intéressées. Elles pourraient alors jeter un regard différent sur la clinique, mettre en lumière de nouvelles problématiques de recherche. Mais les femmes parmi leurs confrères médecins ont-elles les mêmes chances de se faire entendre ? Pas tout à fait, notamment parce que les parcours jusqu'aux postes prestigieux de recherche leur sont encore peu accessibles. Le constat fait encore grincer des dents chez les aspirantes PU-PH, professeur des universités-praticien hospitalier, grade le plus élevé dans la recherche, qui ne parviennent que difficilement à briser le plafond de verre qui les empêche d'accéder aux plus hautes fonctions. Le 28 décembre 2018, un collectif de 130 médecins signait ainsi dans le quotidien *Le Monde*[1] une tribune réclamant une meilleure représentation des femmes parmi cette élite de la recherche. Seulement 28 % des médecins qui accédaient cette année-là à ces postes prestigieux dans les centres hospitalo-universitaires étaient des femmes, elles n'étaient que 38 % parmi les maîtres de conférence-praticiens hospitaliers nouvellement nommés. Pour l'heure, les femmes n'occupent que 32 % des postes hospitalo-universitaires[2]. Plus elles montent en grade, moins elles sont nombreuses : seulement 15 % des PU-PH sont des femmes.

Cette sous-représentation des femmes finit par se remarquer un peu trop alors que la féminisation de la profession est galopante dans les promos de PACES (première année de médecine) qui se succèdent. En 2018, il y avait, selon le Conseil national de l'ordre des médecins (CNOM), 43 % de femmes parmi les médecins inscrits à l'Ordre et 57 % d'hommes. Et parmi ceux qui s'inscrivaient pour la première fois à l'Ordre et débutaient leur carrière, 59 % étaient des femmes contre 41 % d'hommes.

Une discrimination et un sexisme persistants, à l'égard des femmes médecins, constatés par les premières intéressées, autant que par leurs collègues masculins, consolident ce plafond de verre. C'est ce que relève un sondage[3] commandité

1. Tribune collective, « Accès des femmes aux postes hospitalo-universitaires : il est temps de passer à l'action », *Le Monde*, 28 décembre 2018.

2. C. Rosso, A. Léger et O. Steichen, « Plafond de verre pour les femmes dans les carrières hospitalo-universitaires en France », *La Revue de médecine interne*, février 2019.

3. Sondage par Ipsos, réalisé entre le 6 et le 30 janvier 2020 auprès de 500 médecins, dont 230 femmes et 270 hommes.

par l'association « Donner des elles pour la santé », qui a pour vocation de promouvoir les femmes dans la médecine et la recherche médicale. Ainsi, à l'hôpital, 82 % des femmes médecins déclarent avoir déjà été victimes de comportements sexistes ou de harcèlement (propos choquants, gestes inappropriés). L'étude observe aussi que ces déclarations sont corroborées par les trois quarts des hommes-médecins interrogés. Ceux-ci vont même plus loin dans le constat d'une institution imprégnée de sexisme : un médecin homme sur quatre, voire un sur deux, a même observé des atteintes et des propos relevant d'atteintes sexuelles à l'égard des femmes alors qu'une femme sur trois (32 %) affirme avoir été victime de gestes ou d'attitudes à connotation sexuelle, voire d'attouchements.

Unanimement, 93 % des femmes et hommes confondus[1] constatent « une situation discriminante à l'égard des femmes dans le milieu hospitalier ». Cette situation prend racine dès la formation des futurs médecins. Ainsi, « 87 % des femmes se sont senties discriminées du fait de leur sexe dans leur carrière, depuis leurs études jusqu'à aujourd'hui. Et parmi elles, 36 % ont déjà eu le sentiment de l'avoir été beaucoup… ». Partant de ce constat sans équivoque, les femmes médecins peuvent-elles espérer un soutien de la part de leurs homologues masculins ? Les auteurs de l'étude ne sont pas optimistes : « Le changement risque d'être complexe, commentent-ils, les hommes se montrent beaucoup moins favorables à la mise en place de mesures susceptibles de rebattre les cartes et de permettre aux femmes d'accéder à plus de responsabilité grâce à une meilleure prise en compte des inégalités qu'elles subissent. » Et de détailler : quand 80 % des femmes médecins considèrent les remplacements systématiques des congés maternité comme essentiels, seuls 58 % des hommes soutiennent cette priorité.

1. Avec un écart, tout de même : 89 % chez les hommes et 97 % chez les femmes.

Pour ce qui est d'instaurer une politique transparente des carrières (recrutement, évaluation, formation, mobilité), les femmes estiment à 65 % cette mesure comme essentielle contre 45 % des hommes. Et lorsqu'il s'agit d'instaurer des quotas, 25 % des femmes plébiscitent cette proposition tandis que 16 % sont contre. Chez les hommes, 8 % la jugent primordiale et 48 % s'y disent opposés.

Alors, la réaction parmi les femmes médecins s'organise… timidement pour l'instant. En mars 2020, aurait dû se tenir la quatrième édition de « Donner des elles à la santé », une journée de tables rondes entre femmes médecins[1]. Au programme : des expériences et des témoignages, partagés entre consœurs, des conseils et du mentorat. « Un des leviers importants, martèle Catherine Auzimour, co-organisatrice de l'événement et fondatrice du cabinet de conseil KPL, est notre capacité à être des passeuses pour les plus jeunes femmes. » La consultante, formée à la médecine avant de renoncer à une carrière à l'hôpital pour se consacrer au conseil, affirme avoir mené de nombreux entretiens de préparation auprès de femmes médecins, en poste à l'hôpital, avant de relancer cette journée de discussion aux côtés d'autres professionnelles de santé. « Leur première réaction est de dire : “Je ne vois pas où est le problème, je suis là, et c'est faisable.” Puis au bout de trente minutes, elles craquent et énumèrent toutes les discriminations qu'elles subissent. J'ai parfois senti l'émotion monter à l'évocation d'épisodes particulièrement difficiles et sexistes. » La parole peut alors faire avancer les choses, considère Catherine Auzimour. « On ne peut plus admettre que cela se produise. Mais il faut que ce soit connu, qu'on en parle, que cela devienne un sujet. »

1. Cette quatrième édition, sponsorisée par le laboratoire Janssen, après deux années en suspens a été annulée suite au confinement. Elle devait être reportée en octobre 2020.

Pour faire bouger les lignes et accéder au sommet, l'autre enjeu est la visibilité des femmes chercheuses : et là encore, elles ne sont pas favorisées. Une étude[1] a scruté la parité des orateurs lors des deux plus grands congrès psychiatriques en France de 2009 à 2018. Pour un chercheur, les congrès constituent des rendez-vous importants pour présenter ses travaux, obtenir la reconnaissance de ses pairs, et surtout tisser un réseau professionnel, indispensable pour faire partie des prochains grands projets, obtenir les soutiens nécessaires pour défendre les siens. Selon cette étude, en dix ans, alors que la proportion de femmes parmi les psychiatres est passée de 46 à 51 %, leur proportion parmi les orateurs lors des séances plénières (les plus prestigieuses) passe de 25 % à 32 %. « Il y a eu une amélioration », observe la docteure Coraline Hingray, psychiatre au CHRU de Nancy qui a dirigé cette étude, « mais l'écart de croissance n'est pas significatif ». En clair, cette hausse de la proportion d'oratrices n'est que le reflet de la féminisation de la profession sans parvenir encore à compenser une sous-représentation des femmes lors de ces grands-messes scientifiques. La parité, à 51 %, n'est obtenue que dans les conférences plénières traitant de la pédopsychiatrie : un minimum, étant donné que les femmes dans cette spécialité représentent 75 % des effectifs en 2018. En cause, la proportion moins importante de femmes au statut hospitalo-universitaire et qui conduisent des projets de recherche, comme dénoncé dans la tribune parue dans *Le Monde*. Mais aussi une production scientifique davantage sous pression : les femmes médecins sont plus souvent mères célibataires, et le frein que représentent les enfants dans la progression de la carrière est plus fortement ressenti par les femmes que par les hommes[2]. Pour finir, « les femmes avec enfants publient moins d'études et bénéficient de

1. J. Pierron *et al.*, « Sous-représentation des femmes intervenant dans les congrès de psychiatrie en France », *Encéphale*, 2020.

2. *Ibid.*

moins de soutien institutionnel de la part de leur mentor pour présenter leurs travaux[1] », note la docteure Hingray. « Aussi, le fait que ce soit un homme qui écrit amène plus de crédit. » La psychiatre relève également les « freins intériorisés » par les chercheuses : « les femmes sont moins dans la compétition, elles ont moins conscience de l'intérêt de mettre en valeur leur travail ».

Elle indique un fait observé par une étude : les chercheuses ont moins tendance à citer leurs propres travaux dans leurs publications. Une politesse dont s'embarrassent moins leurs collègues masculins. « C'est pourtant important de s'autociter, souligne la docteure Hingray, cela donne plus de visibilité, on y gagne encore plus de points dans la course universitaire. » Et de conclure : « Tout ceci fait qu'il y a un environnement moins favorable à la prise de parole, à la représentativité, à l'affichage des femmes dans le monde médical. »

La féminisation de la profession forme-t-elle une vague irrépressible ? Les chercheuses interrogées sont prudentes, voire sceptiques. Lorsqu'elles obtiennent leur place au sein du sérail, c'est après un effort plus important que les hommes. Les femmes PU-PH sont généralement très brillantes, plus que leurs collègues. « Elles ont surmonté beaucoup plus d'obstacles que les hommes pour arriver là où elles en sont », confirme la docteure Hingray. Un collègue lui avait soufflé : « C'est vrai qu'elles sont moins nombreuses mais elles sont tellement plus brillantes. » Loin de se contenter de l'admiration dudit collègue, la docteure Hingray s'indigne plutôt : « Cela ne choque pas les hommes, et cette admiration justifie cette situation [d'inégalité]. Pourquoi il n'y

1. P. L. Carr, A. S. Ash, R. H. Friedman, A. Scaramucci, R. C. Barnett, L. Szalacha, A. Palepu et M. A. Moskowitz, « Relation of family responsibilities and gender to the productivity and career satisfaction of medical faculty », *Annals of Internal Medicine*, 129 (7), 1er octobre 1998, p. 532-538.

a que ces femmes ultrabrillantes, pourquoi il n'y a pas le même degré d'exigence chez les hommes ? » Une question qui n'est pas sans rappeler un vœu de la journaliste Françoise Giroud : « La femme serait vraiment l'égale de l'homme le jour où, à un poste important, on désignerait une femme incompétente. »

Conclusion

Tant de femmes.

Après ces mois à éplucher rapports, ouvrages, études, après avoir interrogé médecins, chercheur·euse·s, avocat·e·s, après avoir rencontré victimes, militant·e·s, fondateur·rice·s et président·e·s d'association, élu·e·s, il nous est apparu une évidence qui nous sidère encore alors que nous mettons un point final à cet ouvrage : tant de femmes apparaissent ici dans ces pages et pas seulement parmi les victimes. Ce n'était pas une volonté de départ, mais elles ont sous-tendu toute cette enquête : elles en sont le point de départ, le moteur et l'horizon.

Les femmes s'interrogent et observent le monde avec un regard non pas neuf, mais trop peu considéré jusqu'à présent. C'est par elles que l'étonnement de voir qu'elles sont si nombreuses parmi les victimes des effets secondaires des médicaments est arrivé. Ce sont elles qui observent les différences de métabolisme, leur éviction des essais cliniques. Ce sont encore elles qui dénoncent les injustices dont elles sont la cible derrière ces effets secondaires.

Il suffisait de les entendre. « Le visible ouvre nos regards sur l'invisible », écrivait déjà le philosophe Anaxagore en 500 av. J.-C. À travers cette enquête, nous avons rassemblé leurs voix pour faire apparaître un tableau plus large, qui décrit en partie la place qu'occupe aujourd'hui la femme dans le système occidental de soins.

Avec ce livre, nous espérons avoir levé un voile. Le médicament, malgré son apparente neutralité, est en réalité un objet social, traversé par des biais de genre. Il ne fait pas exception au monde d'aujourd'hui, encore trop représenté et dirigé par les hommes. Il peut être façonné sur une base genrée, il peut être étudié sur des cohortes non mixtes, il peut être prescrit différemment chez un homme et chez une femme, il peut renforcer des injonctions sociales plus fortement subies par des femmes, il peut se métaboliser différemment dans les corps et avoir des effets secondaires plus ou moins importants selon le sexe du malade… La question du genre n'est jamais absente. Elle est prégnante bien que subtile, cachée, parfois inconsciente. Il fallait juste la mettre en lumière.

Pour autant, le constat de cette invisibilité des femmes et des dommages qu'elles subissent n'est pas définitif et des changements sont possibles. L'accès égalitaire à la santé doit être une priorité des politiques de santé publique. Tous les témoignages rapportés ici, étrangement similaires, nous rappellent à quel point il est important d'inclure le genre et le sexe dans tout le parcours de soins des individus, mais également en amont, avec la recherche, et en aval, avec l'implication des laboratoires, des professionnel·le·s de santé. Même un nouveau regard de la justice sur la question est requis. Les femmes et les hommes doivent bénéficier de soins réellement efficaces, pour tous, pour toutes.

Nous espérons avoir pu fournir ici une nouvelle grille de lecture du médicament, et un nouvel aperçu de notre système de soins. Une lecture engagée qui ne cantonne pas la santé de la femme à celle de la mère, et qui permet aux premières concernées de s'exprimer et de faire entendre leur point de vue pour une plus grande égalité. Osons le dire, nous avons proposé ici une lecture féministe de ce phénomène qui révèle le chemin qu'il reste encore à parcourir pour que nous puissions tou·te·s bénéficier de soins de qualité.

Alors… si, dans les essais cliniques, les résultats sont au moins ventilés selon le sexe des patient·e·s ;

si, dans un cabinet médical, quelque part en France, un médecin ne prescrit plus des antidépresseurs à une femme qui, en réalité, souffre d'une maladie cardiaque, des anxiolytiques alors qu'elle se plaint de douleurs, s'il sait déceler et prendre en charge le traumatisme d'une violence ;

si, quand les femmes s'alarment, dénoncent les effets de médicaments, elles ne sont plus taxées d'hystériques, et que leurs protestations sont plus vite entendues par les autorités sanitaires et plus justement indemnisées ;

si, dans leur cursus de médecine, les étudiant·e·s ont plus de trente minutes de cours pour se familiariser avec les questions de genre et de dimorphisme sexuel, si le sexisme n'est plus toléré dans les rangs des amphis ;

si, dans les laboratoires, les chercheuses peuvent espérer briser le plafond de verre, porter de nouveaux projets de recherche, se consacrer à leur carrière et être autant visibles que leurs collègues masculins ;

si, à la lecture de ces pages, une femme victime d'un médicament s'est sentie comprise et reconnue ; si elle comprend qu'elle peut aussi faire changer un système, et protéger d'autres victimes ;

et si, à la lecture de cette démonstration, il vous semble, vous lecteur·trice, homme ou femme, que l'amélioration de la santé des femmes n'est pas un vœu pieux ou un objectif inatteignable, mais commence très concrètement, par exemple, par l'élaboration d'un médicament et un soin idéal pour tou·te·s ;

alors, ce livre n'aura pas été écrit en vain, car il aura peut-être participé à cette vague irrépressible vers plus d'égalité, en santé mais aussi dans toute la société.

Annexe

Répartition des prescriptions de médicaments remboursés et « à éviter » entre femmes et hommes de 2014 à 2019

Pour obtenir les chiffres des médicaments prescrits et remboursés par la Sécurité sociale, nous avons utilisé les données collectées par le SNIIRAM (Système national d'information inter-régimes de l'assurance maladie). Celles-ci sont réparties entre deux bases de données : Open Medic (qui comptabilise les remboursements des médicaments délivrés en officine de ville) et Open PHMEV (qui comptabilise les remboursements de médicaments prescrits par les établissements publics et les ESPIC, les établissements privés d'intérêt collectif). Ces deux bases de données sont accessibles en *open data* sur le site de l'assurance maladie en ligne (Ameli) : http://open-data-assurance-maladie.ameli.fr/medicaments/index.php

Ces ressources sont également disponibles sur le site d'open data de l'administration française :

https://www.data.gouv.fr/fr/datasets/open-medic-base-complete-sur-les-depenses-de-medicaments-interregimes/#_

https://www.data.gouv.fr/fr/datasets/open-phmev-bases-sur-les-prescriptions-hospitalieres-de-medicaments-delivrees-en-ville/

Chaque année, la revue *Prescrire* met à jour son « Bilan des médicaments à éviter ». La liste des médicaments utilisée est celle de l'année 2020. Elle est disponible gratuitement sur le site de la revue : www.prescrire.org

Pour chacune des substances, nous avons agrégé les prescriptions sur les six années disponibles (de 2014 à 2019).

Les chiffres présentés ici sont une reproduction de ceux que l'on peut retrouver en ligne à cette adresse : https://youpressfr.github.io/Mauvais-Traitements/

Le code source ouvert sous licence MIT est à disposition à l'adresse suivante : https://github.com/YoupressFr/Mauvais-Traitements. Les diagrammes en blanc représentent les prescriptions faites aux hommes, et ceux en gris figurent les prescriptions faites aux femmes. Entre parenthèses, sur la ligne des diagrammes, après les pourcentages, apparaissent le nombre de prescriptions faites aux hommes puis celles faites aux femmes.

Ne figurent dans ces graphiques que les substances qui sont délivrées sur prescription et qui sont remboursées par la Sécurité sociale. Ainsi, certaines catégories de spécialité médicale (comme ophtalmologie, sevrage et urologie) ne contiennent ici aucun médicament, car ceux-ci ne sont pas remboursés.

Répartition par domaines médicaux

Cancérologie-Hématologie

Vandétanib

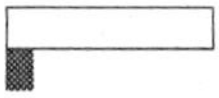

88 % / 12 % (1 952 / 258)

Cardiologie

Aliskirène

52 % / 48 % (330 783 / 303 597)

Bézafibrate

41 % / 59 % (56 473 / 82 573)

Ciprofibrate

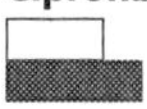

42 % / 58 % (282 706 / 398 378)

Fénofibrate

48 % / 52 % (317 443 / 349 220)

Nicorandil

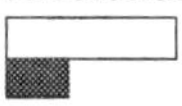

73 % / 27 % (26 638 / 10 039)

Dermatologie-allergologie

Méquitazine

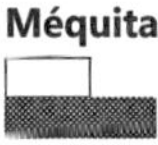

36 % / 64 % (874 000 / 1 567 449)

Diabétologie-Nutrition

Vildagliptine

2% / 48% (2 291 443 / 2 119 335)

Douleur-Rhumatologie

Acéclofénac

39 % / 61 % (9 711 / 15 365)

Célécoxib

30 % / 70 % (129 450 / 307 220)

Diclofénac

44 % / 56 % (31 312 / 39 839)

Étoricoxib

28 % / 72 % (1 739 / 4 469)

Kétoprofène

45 % / 55 % (2 221 305 / 2 669 957)

Méthocarbamol

0 % / 100 % (0 / 19)

Ténoxicam

39 % / 61 % (651 379 / 1 018 034)

Thiocolchicoside

42 % / 58 % (412 475 / 562 704)

Gastro-entérologie

Cimétidine

46 % / 54 % (39 618 / 45 974)

Diosmectite

44 % / 56 % (12 693 924 / 16 261 682)

Dompéridone

▸ 35 % / 65 % (264 379 / 480 767)

Métopimazine

▸ 32 % / 68 % (752 407 / 1 597 093)

Monmectite

▸ 41 % / 59 % (420 314 / 612 181)

Gynécologie-Endocrinologie

Infectiologie

Moxifloxacine

▸ 45 % / 55 % (17 680 / 21 252)

Neurologie

Donépézil

▸ 20 % / 80 % (876 / 3 562)

Galantamine

▸ 34 % / 66 % (30 181 / 59 143)

Mémantine

▸ 26 % / 74 % (5 221 / 14 651)

Naftidrofuryl

▸ 38 % / 62 % (44 749 / 72 013)

Rivastigmine

▸ 32 % / 68 % (7 708 / 16 724)

Tériflunomide

▶  28 % / 72 % (188 913 / 491 702)

Tolcapone

▶ 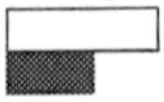 63 % / 37 % (8 554 / 5 061)

Ophtalmologie

Pneumologie-ORL

Oxomémazine

▶  45 % / 55 % (354 823 / 440 833)

Psychiatrie-Dépendance

Agomélatine

▶ 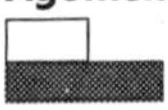 35 % / 65 % (795 / 1 508)

Citalopram

▶ 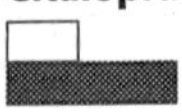 29 % / 71 % (225 191 / 539 855)

Escitalopram

▶  29 % / 71 % (22 208 / 53 080)

Venlafaxine

▶  29 % / 71 % (1 209 574 / 2 953 796)

Sevrage tabagique

Urologie

Bibliographie

Témoignages de victimes de médicaments et de lanceuses d'alerte

Clothilde Cadu, *Effets indésirables, victimes des médicaments*, Hugo Document, 2016.

Irène Frachon, *Mediator, 150 mg, combien de morts ?*, Éditions Dialogues, 2010.

Marion Larat, *La pilule est amère*, Stock, 2013.

Marine Martin, *Dépakine, le scandale : je ne pouvais pas me taire*, Robert Laffont, 2017.

Florence Méréo, *Les Résistantes, 12 femmes qui font bouger la médecine*, HarperCollins, 2019.

Sur la santé des femmes

OUVRAGES COLLECTIFS

Notre corps, nous-mêmes, Hors d'Atteinte, 2020.

« Santé ! », *Nouvelles questions féministes*, revue internationale francophone, vol. 25, n° 2, Éditions Antipodes, 2006.

« La distinction entre sexe et genre : une histoire entre biologie et culture », *Cahiers du genre*, n° 34, L'Harmattan, 2003.

Sabrina Debusquat, *J'arrête la pilule*, Les Liens qui Libèrent, 2017.

Diariatou Kebe, *Maman noire et invisible, grossesse, maternité, et réflexion d'une maman noire dans un monde blanc*, Éditions La Boîte à Pandore, 2015.
Élise Thiébaut, *Ceci est mon sang, petite histoire des règles, de celles qui les ont et de ceux qui les font*, La Découverte, 2017.
Muriel Salle et Catherine Vidal, *Femmes et santé, encore une affaire d'hommes ?*, Belin, 2017.
Martin Winckler, *Contraception, mode d'emploi*, Au Diable Vauvert, 2003.
Martin Winckler, *Le Chœur des femmes*, P.O.L, 2011.

Quelques écrits féministes

Nellie Bly, *10 jours dans un asile, reportage*, Points, 2016.
Mona Chollet, *Sorcières, la puissance invaincue des femmes*, Zones, 2018.
Barbara Ehrenreich et Deirdre English, *Sorcières, sages-femmes et infirmières, une histoire des femmes soignantes*, Cambourakis, 2015.
Susan Faludi, *Backlash : la guerre froide contre les femmes*, Éditions des femmes, 2005 [1991].

Ouvrages sur les médicaments

Philippe Amiel, *Des cobayes et des hommes, expérimentation sur l'être humain et la justice*, Les Belles Lettres, 2011.
Antoine Béguin et Jean-Christophe Brisard, *Effets secondaires le scandale français*, Pocket, 2017.
Steven Epstein, *Inclusion : The Politics of Difference in Medical Research*, Chicago Studies in Practices of Meaning, 2007.
Georges-Alexandre Imbert, *Crimes sous tranquillisants*, Éditions du Dauphin, 2011.
Philippe Pignarre, *Le Grand Secret de l'industrie pharmaceutique*, La Découverte, 2011.

Sur internet

Centre de référence sur les agents tératogènes : www.lecrat.fr
Clumsy Mummy : https://afrosmums.wordpress.com/tag/clumsy-mummy/
Marie accouche là : https://marieaccouchela.net/
IRASF : Institut de recherche pour la santé des femmes : irasf.org
Revue *Prescrire* : prescrire.org

SITES INTERNET DES ASSOCIATIONS :

Association d'aide aux victimes d'accidents de médicaments : https://www.aaavam.eu/
Association des victimes de méningiomes Androcur : https://amavea.org/
Association d'aide aux parents d'enfants du syndrome de l'anticonvulsivant (Dépakine) : https://www.apesac.org/
Association de lutte contre l'endométriose : endofrance.org
Association de lutte contre l'hyperémèse gravidique : associationhg.fr
Association des victimes d'embolie pulmonaire et AVC liés à la contraception hormonale : avep-asso.org
Association d'aide aux victimes de l'Isoméride et du Mediator : victimes-isomeride.asso.fr
Réseau d'entraide de soutien et d'information aux femmes qui ont opté pour le dispositif contraceptif Essure : https://www.resist-france.org/
Timéo et les autres (Cytotec) : https://timeo-asso.fr/
Facebook : 9 mois avec ma bassine (hyperémèse gravidique) : https://www.facebook.com/9moisavecmabassine/

TWITTER, QUELQUES PERSONNALITÉS À SUIVRE

@DariaMarx
@graspolitique
@ElsaDechézeaux

@superendogirl
@MartinWinckler
@Herfoundation
@MHLahaye
@neufmoisavecmabassine

DES PODCASTS

Les couilles sur la table : https://www.binge.audio/category/les-couilles-sur-la-table/
Un Podcast à soi : https://www.arteradio.com/emission/un_podcast_soi
Impatiente : https://www.nouvellesecoutes.fr/impatiente/
Demande-t-on aux carottes : https://podcast.ausha.co/demande-t-on-aux-carottes

Remerciements

En premier lieu, nous tenions à remercier les victimes de médicaments de nous avoir accordé leur confiance. Merci également à la revue *Prescrire* pour son aide et ses conseils.

Merci à Jean-Christophe Brochier, notre éditeur, qui nous a fait confiance, et nous a accompagnées avec bienveillance.

Nous avons pu bénéficier de la relecture attentive et minutieuse de la journaliste Chantal Baoutelman. David Bruant, web-développeur, quant à lui, nous a permis de fouiller dans les données de l'assurance maladie pour en extraire l'essentiel. Qu'ils soient tous deux vivement remerciés.

Merci à Hélène pour son avis éclairé et son œil d'experte.

Nous remercions enfin de tout cœur nos collègues et ami·e·s de notre collectif, Youpress. Depuis douze ans déjà, nous évoluons à leurs côtés, ce qui nourrit tous les jours notre envie de poursuivre le journalisme de nos rêves.

Remerciements d'Ariane Puccini

Un merci à tous ceux qui ont suivi pas à pas la conception de ce beau bébé : à ma famille évidemment, aux consœurs bordelaises, Elsa, Eugénie et Klervi, et aussi aux précieux habitants de la Petite Maison. Et surtout un immense merci à Matthieu ainsi qu'à sa famille.

Remerciements de Delphine Bauer

Un merci inattendu à celles et ceux (mais surtout ceux) qui ne voyaient pas les biais de genre véhiculés dans le secteur de la santé… Cela m'a d'autant plus permis d'affiner mon argumentaire.

À l'opposé, un énorme merci à mes ami·e·s pour vos mots d'encouragement tout le long du chemin. Violaine, Julie, Fred, Marine, Leslie, Aude, Anne, Clio et Charlotte et tous·tes les autres, je suis chanceuse de vous avoir à mes côtés.

À mes parents et à ma sœur Stéphanie. Enfin, à mon fils, Nino. Même s'il n'a que trois ans, j'espère – et Ariane se joint à moi – que cette vision égalitaire de la société lui semblera simplement évidente quand il sera plus grand, et pour le reste de sa vie.

Table

DEUXIÈME PARTIE

Le paradoxe des usagères, ciblées mais mal soignées

TROISIÈME PARTIE

À l'assaut d'un système

RÉALISATION : NORD COMPO À VILLENEUVE-D'ASCQ
ACHEVÉ D'IMPRIMER SUR ROTO-PAGE
PAR L'IMPRIMERIE FLOCH À MAYENNE
DÉPÔT LÉGAL : OCTOBRE 2020. N° 143346 (96723)
IMPRIMÉ EN FRANCE